JN331651

百聞よりも一見
探訪・広島県の考古学

脇坂光彦・小都 隆 編著

溪水社

発刊にあたって
― 遺跡・文化財を豊かな地域づくりに ―

　21世紀の少子高齢化社会では、豊かな地域づくりによって地域の活性化を図っていくことが求められています。地域の自然や地域で育まれた歴史・文化遺産を見つめ直し、その価値を再認識し、有効に活用することで豊かな地域づくりが推進されると思います。

　広島県には、各地域の先人達の生活・文化の足跡である1万数千箇所の遺跡がありますが、それらは時代とともにほとんどが地下に埋もれています。地上に現れている貴重な遺跡については、国や県、市町で史跡などに指定しているものも多くあります。郷土の特色ある歴史・文化遺産の価値を地域全体で共有し、地域の内外にアピール・活用していくことによって地域の結束と活性化が図られ、後世に伝承していく気運も高まるものと考えます。

　県内のどの地域にどのような遺跡・文化財が存在しているのかについては、概説書などで知ることができますが、「百聞は一見に如かず」で、現地に出かけ見学することによって初めて、地域の中での遺跡・文化財の価値を実感することができます。

　本書では、県内の多くの遺跡・文化財の中から、是非見て知っておきたい遺跡を選出し、現地探訪のためのガイドと考古学に基づく基礎資料や最新情報を紹介しました。現地での見学を通して、一人でも多くの市民・学生の皆さんが、郷土の歴史・文化遺産のすばらしさを体感・再認識され、ひいては、豊かな地域づくりの糧としていただければと願ってやみません。

2013（平成25）年5月

編　者

本書の利用にあたって

1　掲載した遺跡・文化財は、県内の主要遺跡の中で、是非見て知っておきたいものを取りあげていますが、現地が探訪でき、遺跡の状況を観察・実感できる環境にあるものに限っています。

　　そのため、主要遺跡でありながら収録しなかったものがあります。また、開発などで発掘調査後、消滅した主要遺跡についても、掲載していません。

2　各遺跡・文化財の記述については、現地探訪にあたっての基礎的な内容に加え、現時点での考古学から見た最新情報や研究の動向・視点などを提供できるよう努めました。

3　各遺跡はどちらかといえば、公共交通機関だけではたどり着くのがむずかしい場所にあったり、案内板や標示が整備されていない場合もみられます。ここでは、車での探訪を念頭におき、目標物を示して現地に赴けるよう案内しています。ただ、道路状況など、交通事情は常に変化していますので留意してください。

4　各遺跡について、さらに詳しく調べたり、研究を進めたい場合は、本文中の「詳しく知る参考文献」などが参考になります。これらの図書は最寄りの図書館や、歴史博物館・資料館などの図書コーナーで利用できると思います。

5　各遺跡に掲載している地形図は、国土地理院発行の2万5千分の1地形図を、挿図は、各参考文献中の図面などを基とし、利用にあたっての必要事項を加筆・補訂して使用しています。　（国土地理院承認番号　平25中複. 第14号）

花崗岩切石の石室に家形石棺―国史跡・御年代古墳（終末期）

切石の石室（玄室）に、花崗岩製の刳抜式家形石棺が2基縦列で納置されているのは、近畿以外では極めて珍しい。（上が後室、下が前室のもの）

沼田川下流域に運ばれてきた兵庫県竜山石(凝灰岩)製の家形石棺

竜山石で造られた家形石棺が4セット(刳抜式2、組合せ式2)搬入されている。(上)南方神社境内の組合せ式、(下)溜箭古墳の刳抜式の蓋

分散している組合せ式家形石棺(竜山石製)―貞丸2号古墳のものか

上から蓋石(大日堂前)・小口石・側石(ともに2号古墳背後上の墓地)

国史跡再発見—歴史公園として整備が進む安芸国分寺跡

　天平勝寶二年の墨書木簡が出土して、創建時期の有力資料が得られたことや、国師の居所としての国師院が検出・確認されるなど、安芸国分寺の特性が明らかになってきている。（上）国師院跡の復元、（下）紀年銘木簡出土地

国史跡再発見―実態がつかめてきた鏡山城跡の堀切・畝状竪堀群

　安芸国の拠点として大内氏が築いた鏡山城跡で、樹木の整理・下草刈りなどの環境整備が進み、遺構の実態が見えてきた。本丸背後を分断する大堀切（上）や、南北斜面に何列も走る畝状竪堀群（下）がよくわかる。

「石つき之もの共」による立石を配した独特の石垣

　立石を適度な間隔で配置し、その間に横石を積んで石垣を築造する職人集団が、吉川氏のもとで活動していたようである。
　　（上）吉川元春館跡の正面石垣　　　（下）万徳院跡の正面石垣

近代の戦争関係遺跡―大久野島の要塞跡

　瀬戸内海の小島である大久野島には、明治時代に芸予要塞が築かれた。砲台跡3か所・兵舎跡・火薬庫跡・探照灯跡などが保存され、見学できる。
　(上) 北部砲台跡の砲座跡、(下) 砲座側壁の砲弾庫 (6弾の縦置痕あり)

近代の戦争関係遺跡―大久野島の毒ガス遺跡

　昭和時代になると、日本陸軍の毒ガス工場が設置され、各種の猛毒ガスが製造された。コンクリートで造られた毒ガスタンク置場（上）や三軒家毒ガス貯蔵庫（下）など、多くの施設が残っている。

目　　次

カラー図版
1　花崗岩切石の石室に家形石棺―国史跡・御年代古墳（終末期）
2　沼田川下流域に運ばれてきた兵庫県竜山石（凝灰岩）製の家形石棺
3　分散している組合せ式家形石棺（竜山石製）―貞丸2号古墳のものか
4　国史跡再発見―歴史公園として整備が進む安芸国分寺跡
5　国史跡再発見―実態がつかめてきた鏡山城跡の堀切・畝状竪堀群
6　「石つき之もの共」による立石を配した独特の石垣
7　近代の戦争関係遺跡―大久野島の要塞跡
8　近代の戦争関係遺跡―大久野島の毒ガス遺跡

本　文
1　旧石器・縄文・弥生時代
　　木の宗山遺跡（広島市）‥‥‥‥‥‥‥‥‥‥‥‥‥‥‥‥‥‥‥‥‥ 2
　　恵下山遺跡群（広島市）‥‥‥‥‥‥‥‥‥‥‥‥‥‥‥‥‥‥‥‥‥ 4
　　西願寺山墳墓群（広島市）‥‥‥‥‥‥‥‥‥‥‥‥‥‥‥‥‥‥‥‥ 6
　　西ガガラ遺跡（東広島市）‥‥‥‥‥‥‥‥‥‥‥‥‥‥‥‥‥‥‥‥ 8
　　帝釈寄倉岩陰遺跡（庄原市）‥‥‥‥‥‥‥‥‥‥‥‥‥‥‥‥‥‥‥ 10
　　帝釈観音堂洞窟遺跡（神石高原町）‥‥‥‥‥‥‥‥‥‥‥‥‥‥‥‥ 12
　　矢谷墳墓（三次市）‥‥‥‥‥‥‥‥‥‥‥‥‥‥‥‥‥‥‥‥‥‥‥ 14
　　花園遺跡（三次市）‥‥‥‥‥‥‥‥‥‥‥‥‥‥‥‥‥‥‥‥‥‥‥ 17
　　佐田谷墳墓群（庄原市）‥‥‥‥‥‥‥‥‥‥‥‥‥‥‥‥‥‥‥‥‥ 20
2　古墳時代
　＜西部・中部地域＞
　　宇那木山2号古墳（広島市）‥‥‥‥‥‥‥‥‥‥‥‥‥‥‥‥‥‥‥ 22
　　湯釜古墳（広島市）‥‥‥‥‥‥‥‥‥‥‥‥‥‥‥‥‥‥‥‥‥‥‥ 26
　　畝観音免古墳群（海田町）‥‥‥‥‥‥‥‥‥‥‥‥‥‥‥‥‥‥‥‥ 28
　　給人原古墳群（広島市）‥‥‥‥‥‥‥‥‥‥‥‥‥‥‥‥‥‥‥‥‥ 30
　　中馬八ッ塚古墳群（安芸高田市）‥‥‥‥‥‥‥‥‥‥‥‥‥‥‥‥‥ 32

山部大塚古墳（安芸高田市）・・・・・・・・・・・・・・・36

戸島大塚古墳（安芸高田市）・・・・・・・・・・・・・・・38

甲立古墳（安芸高田市）・・・・・・・・・・・・・・・・・40

三ッ城古墳（東広島市）・・・・・・・・・・・・・・・・・42

横大道1・2号古墳（竹原市）・・・・・・・・・・・・・・45

梅木平古墳（三原市）・・・・・・・・・・・・・・・・・・48

御年代古墳（三原市）・・・・・・・・・・・・・・・・・・50

貞丸1・2号古墳（三原市）・・・・・・・・・・・・・・・54

溜箭古墳（三原市）・・・・・・・・・・・・・・・・・・・58

黒谷（黒谷暮坪1号）古墳（三原市）・・・・・・・・・・・60

神田2号古墳（世羅町）・・・・・・・・・・・・・・・・・62

＜北部地域＞

辰の口古墳（神石高原町）・・・・・・・・・・・・・・・・66

八鳥塚谷横穴墓群（庄原市）・・・・・・・・・・・・・・・68

唐櫃古墳（庄原市）・・・・・・・・・・・・・・・・・・・70

旧寺古墳群（庄原市）・・・・・・・・・・・・・・・・・・72

粟屋高塚古墳（三次市）・・・・・・・・・・・・・・・・・74

岩脇古墳（三次市）・・・・・・・・・・・・・・・・・・・76

浄楽寺古墳群（三次市）・・・・・・・・・・・・・・・・・78

七ッ塚古墳群（三次市）・・・・・・・・・・・・・・・・・80

三玉大塚古墳（三次市）・・・・・・・・・・・・・・・・・82

＜東部地域＞

迫山1号古墳（福山市）・・・・・・・・・・・・・・・・・84

大坊古墳（福山市）・・・・・・・・・・・・・・・・・・・86

石鎚山1号古墳（福山市）・・・・・・・・・・・・・・・・88

猪の子1号古墳（福山市）・・・・・・・・・・・・・・・・90

掛迫6号古墳（福山市）・・・・・・・・・・・・・・・・・92

山の神古墳（福山市）・・・・・・・・・・・・・・・・・・94

二子塚古墳（福山市）・・・・・・・・・・・・・・・・・・96

大迫金環塚古墳（福山市）・・・・・・・・・・・・ 100
　　大佐山白塚古墳（福山市）・・・・・・・・・・・・ 102
　　尾市1号古墳（福山市）・・・・・・・・・・・・・ 105
　　曽根田白塚古墳（福山市）・・・・・・・・・・・・ 109
　　南山1号古墳（府中市）・・・・・・・・・・・・・ 112
3　古　代
　　安芸国分寺跡（東広島市）・・・・・・・・・・・・ 114
　　下本谷遺跡（三次市）・・・・・・・・・・・・・・ 118
　　寺町廃寺（三谷寺）跡（三次市）・・・・・・・・・ 120
　　宮の前廃寺跡（福山市）・・・・・・・・・・・・・ 124
4　中　世
　　＜西部地域＞
　　　小倉山城跡（北広島町）・・・・・・・・・・・・ 126
　　　吉川元春館跡（北広島町）・・・・・・・・・・・ 128
　　　万徳院跡（北広島町）・・・・・・・・・・・・・ 132
　　　坤束製鉄遺跡（北広島町）・・・・・・・・・・・ 136
　　　今田氏城館跡（北広島町）・・・・・・・・・・・ 138
　　　高松城跡（広島市）・・・・・・・・・・・・・・ 140
　　　鏡山城跡（東広島市）・・・・・・・・・・・・・ 142
　　　御薗宇城跡（東広島市）・・・・・・・・・・・・ 144
　　　木村城跡（竹原市）・・・・・・・・・・・・・・ 146
　　　郡山城跡（安芸高田市）・・・・・・・・・・・・ 149
　　　五龍城跡（安芸高田市）・・・・・・・・・・・・ 154
　　＜北部・東部地域＞
　　　五品嶽城跡（庄原市）・・・・・・・・・・・・・ 156
　　　大富山城跡（庄原市）・・・・・・・・・・・・・ 158
　　　甲山城跡（庄原市）・・・・・・・・・・・・・・ 160
　　　比熊山城跡（三次市）・・・・・・・・・・・・・ 162
　　　高杉城跡（三次市）・・・・・・・・・・・・・・ 164

万福寺跡の石塔群（世羅町）・・・・・・・・・・・166
　　高山城跡（三原市）・・・・・・・・・・・・・・168
　　新高山城跡（三原市）・・・・・・・・・・・・・171
　　浄土寺の石塔（尾道市）・・・・・・・・・・・・174
　　相方城跡（福山市）・・・・・・・・・・・・・・176
　　草戸千軒町遺跡（福山市）・・・・・・・・・・・179
　　神辺城跡（福山市）・・・・・・・・・・・・・・182
　　一乗山城跡（福山市）・・・・・・・・・・・・・184

5　近　世
　　六の原製鉄遺跡（庄原市）・・・・・・・・・・・186
　　古家真屋敷跡（庄原市）・・・・・・・・・・・・188
　　堂々川砂留群（福山市）・・・・・・・・・・・・190
　　金名の郷頭（福山市）・・・・・・・・・・・・・192
　　坊地峠の藩境碑（尾道市）・・・・・・・・・・・194
　　福山城跡（福山市）・・・・・・・・・・・・・・196
　　三原城跡（三原市）・・・・・・・・・・・・・・198
　　亀居城跡（大竹市）・・・・・・・・・・・・・・200
　　広島城跡（広島市）・・・・・・・・・・・・・・202

6　近　代
　　三高山要塞跡（江田島市）・・・・・・・・・・・205
　　大久野島戦争遺跡（竹原市）・・・・・・・・・・208

＜見学施設＞　考古資料見学のための博物館・資料館等・・・・・212
＜概　　論＞　知っておきたい考古学から見た地域相・・・・・・217
＜附　　編＞　広島県の中世城館跡の分類と編年・・・・・・・・243
＜略 年 表＞　主要な遺跡の略年表・・・・・・・・・・・・・・246
詳しく知る参考文献（参考となる文献）・・・・・・・・・・・250
広島県の主要河川と代表的遺跡などの略位置・・・・・・・・・258

百聞よりも一見

探訪・広島県の考古学

（呉鎮守府水道施設）

九州産銅鐸を埋納した遺跡

木の宗山遺跡
県史跡　広島市東区福田町

立　　地　丘陵斜面
主要遺構　不詳
出土遺物　銅鐸、銅剣、銅戈
時　　期　弥生中期（1世紀頃）

＜見どころ＞
① 岩山立石の出土位置
② 馬木峠付近の地理的位置

概要　1891（明治24）年に、烏帽子岩と呼ばれる大きな立石の前から銅鐸、銅剣、銅戈が一緒に掘り出された遺跡としてよく知られており、1952（昭和27）年に「安芸福田木宗山出土青銅器」として国の重要文化財に指定されている。

出土地の立石の現状

出土地から広島東IC方面の眺望

　山陽自動車道広島東ICの北側に見える高い山が木ノ宗山で、中世の山城跡である。この山頂から西に延びる尾根の南中腹に、屹立した烏帽子岩（標高260m）を望むことができる。ここは花崗岩の露出した岩場で、立石は二柱状に割れているが、岩盤の一部であり、高さは南側で約5mの巨岩である。立石の前に2枚の扁平な石があり、その下に水平に置かれた銅鐸と、20〜25cm離れたところに銅剣、銅戈が並べてあったという。

　銅鐸は高さ約19cm、最大幅約11.3cm、身の厚さ約0.3cm、鈕（吊り手）の高さ5cmの小型で、外縁付鈕式（鈕の外側に扁平な飾りを付ける）と呼ばれる古段階のものである。身の文様は横帯文を基本とし、両面上側に切れ長の双

1　旧石器・縄文・弥生時代

眼らしい怪しい文様がみられることが大きな特徴である。これは「邪視文」(悪意をもってにらむ目)とか「辟邪文」(悪を威嚇する目)といわれ、この文様のある銅鐸は「福田型」と呼ばれている。

銅剣は先端がわずかに欠損しているが、現在長は約39㎝、銅戈も先端が欠損し、現在長は約29㎝で、ともに中細形である。

福田型銅鐸は弥生時代中期の古式のものとされ、現在のところ、中国地方を中心に5例が知られているが、福田型の鋳型(石製)が佐賀県で出土しており、木の宗山の銅鐸は、銅剣・銅戈とともに北部九州で製作され、もたらされたものと考えられている。

　出土位置は、福田の谷筋を一望できる高所であり、また、南側の馬木峠を越えれば広島湾(府中町沿岸)と直結し、宮島も眺望できる。瀬戸内海と内陸とを結ぶ交通路と深く関わった集団による祭祀が想定できるだろう。

用語の意味　銅鐸－弥生時代の農耕生活に関わる集落共同の宝器。一種の鐘で、音を鳴らして聞く銅鐸から、後期には大型化して装飾が多くなり、見る銅鐸に変わっていったとされる。

行き方　広島東ＩＣ入口から県道70号線を白木方面に進む。大平バス停の手前から北西側、中深川方面へ約400ｍ行った所(案内表示あり)から山道に入り、急傾斜を登って山腹へ。バス停から徒歩約20分。付近には駐車不可。

詳しく知る参考文献　250頁の1。　　　　地形図(中深川)

3

弥生時代の集落跡と中世山城跡

恵下山遺跡群
えげやま

県史跡　広島市安佐北区真亀

立　　地　丘陵尾根上
主要遺構　竪穴住居跡、城郭跡
出土遺物　弥生土器
時　　期　弥生後期

＜見どころ＞
①尾根上の住居跡群
②太田川左岸の山城立地

1号竪穴住居跡の復元状況

恵下山城跡の全景（手前は太田川）

概要　太田川下流域の弥生時代後期の典型的な集落跡で、隣接する中世城館跡とともに恵下山公園として整備・保存されている。

高陽ニュータウン建設に伴って1972（昭和47）～1976年にかけて発掘調査された多くの遺跡の一つで、真亀A～H地点遺跡と**恵下山城跡**をあわせて恵下山遺跡群と呼んでいる。このうち、**真亀G地点遺跡**が保存され、整備・復元されている。

弥生時代の集落跡は、恵下山遺跡群全体では後期の竪穴住居跡13軒、貯蔵穴などの土坑25基などが発掘されているが、G地点遺跡では、長さ約50mの尾根上に、竪穴住居跡5軒、貯蔵穴4基などが検出されている。住居跡は直径4.5～7.6mの円形で、4～10本柱のものである。最も南側の高い部分に復元されている1号住居跡は、直径約6mの8本柱である。北端の2号住居跡は、東側の公園から登ったすぐの所にあり、直径約6mの6本柱である。住居の外側に接して、直径が1.1～1.7mの土坑2基が掘られている。

断面が袋状をなしており、貯蔵穴と考えられる。

全体的に出土遺物は少量で、土器片の他は、砥石や鉄器片がある。

住居跡群の西側の高い丘陵が恵下山城跡で、最も高い場所が主郭である。主郭の東、西、南側には下段の郭（平坦面）を配置し、背後にあたる北側は堀切で区画している。復元住居の南側に続く丘陵も郭で、全体としては小さな谷をはさんで馬蹄形に15か所ほどの郭を配置しているようであるが、発掘調査で遺構・遺物が検出されたのは主郭のみである。

主郭は比高が約55m、西眼下に太田川、その対岸に八木城跡が望まれる。また、下流方面には武田氏の銀山城跡、北方の可部方面には熊谷氏の高松城跡が遠望できる。主郭からは、小規模な掘立柱建物8棟が確認されている。遺物は備前焼の壺・甕・すり鉢、土師質土器の小皿、鉄釘片が多く出土している。特に、備前焼は土器類全体の約7割を占め、鎌倉時代後半から室町時代中期頃のものとされている。

居城主については文献からも明らかではない。

行き方　ＪＲ芸備線玖村駅の東側丘陵が恵下山城跡。山麓南側の円正寺の墓地から遊歩道あり。住居跡群へは、寺の東側の恵下山トンネルをくぐり、高陽高校手前の恵下山公園入口から登ると近い。但し、車の駐車は不可。

詳しく知る参考文献　250頁の2。　　　地形図（中深川）

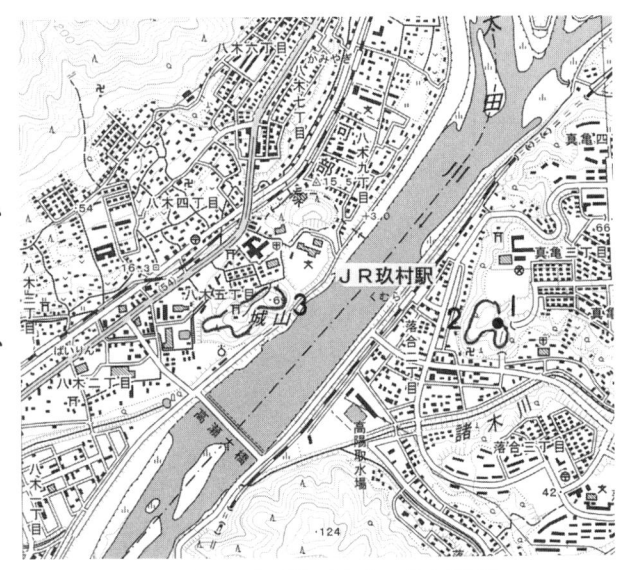

1　恵下山住居跡（真亀G地点遺跡）
2　恵下山城跡　　3　八木城跡

鋳造鉄斧が出土した弥生墳墓群

西願寺山墳墓群
（さいがんじやま）

県史跡　広島市安佐北区口田

立　　地　丘陵先端
主要遺構　竪穴式石室（河原石積み）
出土遺物　鉄製の斧・鑿・鎌など
時　　期　弥生末期（3世紀後半）

＜見どころ＞
①太田川との位置関係
②河原石で構築した石室

D地点（柵内）からC地点（左奥）を見る

D地点の2号竪穴式石室（河原石で構築）

概要　太田川下流の左（東）岸に局地的に見られる、河原石を使った弥生時代終末頃の墳墓群である。

住宅団地造成に伴って1972（昭和47）〜73年に発掘調査され、太田川に向けて延びた丘陵上の5か所の遺跡（**西願寺山遺跡A〜E地点**）のうち、先端部に位置するC・D地点が保存・整備されている（D地点の2号石室は露出展示）。

C地点は南から北に延びる丘陵上の17×12mほどの平坦面で、ここに、粗密な状態ではあるが、河原石が一面に認められ、これらの下側で土壙墓（どこうぼ）14基、竪穴式石室4基が検出されている。土壙墓のなかには、底付近に河原石を並べて石棺状としたものもある。内部から副葬品などは出土していないが、1基の土壙墓上から、供献されていたと思われる弥生土器（壺や高杯）がまとまって出土している。竪穴式石室はいずれも河原石を巧みに積んで構築されている。最も北側にある1号石室は、他の石室や土壙墓とは少し離れ、石室も丁寧な造りである。大きな掘り方底に、板状の割石を組んで長さ2.25

1　旧石器・縄文・弥生時代

m、幅85 cmの箱形の石棺を造り、各辺に河原石を積み上げ高さ1.15 mの石室を構築している。底(床)面には河原石を敷き、一面に赤色顔料が認められている。副葬品は出土していない。

　C地点とは約4 m低い北側の**D地点**は、約20×10 mの平坦面で、全体に河原石が貼られた状態であった。ここで河原石による竪穴式石室2基と箱式石棺1基が検出されている。南側の1号石室は、内法が長さ1.2 m、幅60 cm、高さ70 cmの小型で、副葬品として舶載品の鋳造鉄斧（長さ11 cm、刃幅9.9 cm、基部に凸帯）と鉄鑿が出土している。中央部付近の2号石室は、内法が長さ2.4 m、幅85 cmで、底面には平石を敷き、河原石の棺台を配している。副葬品は鉄剣、刀子、鉄斧（袋状）、鏨、鉄鎌、ヤリガンナが出土し、鉄製農工具の多さが特徴である。

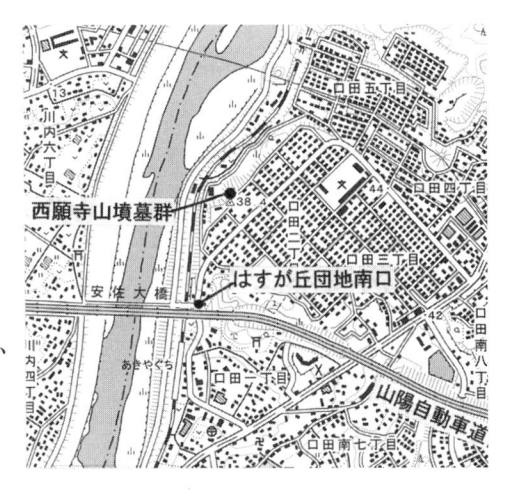

　河原石で構築した竪穴式石室はE地点でも検出され、また、北方約700 mの**梨ヶ谷遺跡**で3基の石室が発掘されている。こうした河原石を使用した墳墓は、①弥生時代後期の後半頃の短期間に営まれている、②太田川下流域でも、左岸・河口付近の限られた地域に集中している、③舶載品を含む農工具主体の鉄器を副葬している、などの特徴があり、この背景に太田川・瀬戸内海の交通・航路を掌握した渡来系移住集団の存在を想定することもできよう。

用語の意味　鋳造鉄斧－中国・朝鮮製の斧形鉄器で、弥生から古墳時代初頭に舶載。農具・木工具か。D地点出土のものは未使用品で、威信の品か。

行き方　JR芸備線安芸矢口駅から北進し、山陽自動車道下の「はすが丘団地南口」交差点から団地に進み、「二丁目24」交差点を左折し川際へ。駅から徒歩約15分。車の場合はそばに駐車可。

詳しく知る参考文献　250頁の3。　　　地形図（祇園）

旧石器時代の住居跡群

西ガガラ遺跡
東広島市 鏡山二丁目

立　　地　　丘陵南側緩斜面
主要遺構　　平地式住居跡
出土遺物　　ナイフ形石器など
時　　期　　後期旧石器〜縄文早期

＜見どころ＞
①遺構の立地状況

第1地点の説明板整備の状況

第1地点の現状

概要　広島大学東広島キャンパ内遺跡群の一つで、第1〜4地点からなる。このうち、第1地点から旧石器時代の集落跡が検出されたことは極めて珍しく、全国的に注目されている。

広島大学国際交流会館の建設を契機として、1986（昭和63）年に発掘調査され、第1地点で、南北約70m、東西約30mの範囲に、住居跡6軒、炉跡1基、礫群2か所、配石遺構、土坑11基が検出されている。住居跡は平地式で、3号と4号、5号と6号が重複しているが、いずれも楕円形に柱穴がめぐっており、その平面は長径が3.5〜4.5m、短径が3.2〜3.5mである。柱穴は12本前後めぐらし、80〜100cm間隔のものが多い。柱穴の直径は15cm前後、深さは20〜30cmのものが多い。炉跡は1号住居跡の南側で検出されており、平面は65×55cmの楕円形、深さは15cmで、炭化物が多量に含まれていた。

石器の出土範囲は、調査区のほぼ中央部平坦面に、南北に帯状に分布し、大きく見て5か所の石器ブロックの存在が設定されている。石器の種類は、

1　旧石器・縄文・弥生時代

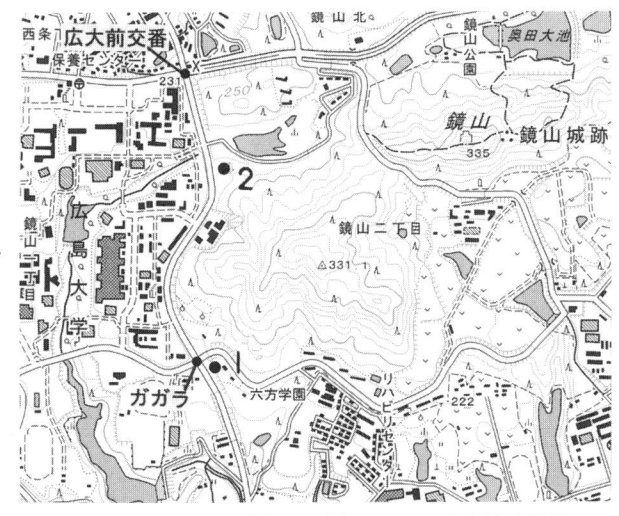

ナイフ形石器、台形様石器、石斧、削器、楔形石器などの、いわゆる狭義の石器と剥片、石核などの狭義の石器以外のものがあり、後者が出土石器の大多数を占めている。5か所の石器ブロック全体での狭義の石器はナイフ形石器6点、台形様石器10点が出土数の多い石器である。石材

1　西ガガラ遺跡（第1地点）　2　山中池南遺跡

はほとんどが安山岩と流紋岩である。

　石器は形態や特徴、石材などからみて、後期旧石器時代の中頃とされており、住居跡などの遺構もその時期に該当すると考えられている。一方、火山灰と推定される厚さ20～30cmの堆積層の土壌分析がなされ、これが姶良火山灰（約2万5千～2万2千年前）との結果が出されていることが参考となる。遺構の確かな年代については今後さらに検討されねばならないが、少なくとも2万年以上前の、全国的に類例の稀な住居・集落跡といえよう。

　現状は、遺構などの復元・整備はされていないが、説明版がある。

用語の意味　姶良火山灰—姶良丹沢火山灰で、A・Tと略称する。鹿児島県姶良地方の錦江湾での大噴火によって堆積した火山灰で、神奈川県丹沢山系でも確認された。

メモ・気づき　西ガガラ遺跡の北方約500mの道路沿いに、保存整備された**山中池南遺跡**（第2地点）があり、見学できる。主として古墳時代の遺跡。

行き方　広島大学北東の「広大前交番」交差点から南進し、「ガガラ」交差点を東に入って国際交流会館横。そばに駐車可。

詳しく知る参考文献　250頁の4。　　　　地形図（清水原）

帝釈峡遺跡群最大の遺跡

帝釈寄倉岩陰遺跡
(たいしゃくよせくらいわかげ)

国史跡　庄原市東城町上帝釈

立　　地　石灰岩岩陰（約120㎡）
主要遺構　保存された包含層
出土遺物　縄文土器など
時　　期　縄文時代早期〜中世

＜見どころ＞
①巨大な岩壁下の岩陰
②保存された包含層

概要　西日本有数の縄文時代遺跡群として知られる帝釈峡遺跡群は、名勝帝釈川の谷（帝釈峡）を中心に庄原市東城町・神石郡神石高原町一帯に広がる。この地域は石灰岩地帯で、洞窟や岩陰ができやすく、また、石灰分が人骨や動植物遺体の腐食を防ぎ、遺物包含層（いぶつほうがんそう）も残りやすいという特徴がある。

　この遺跡群は、1961（昭和36）年の**帝釈馬渡（まわたり）岩陰遺跡**の発見以来、現在も続く広島大学を中心とする調査で、50か所以上の遺跡が確認されており、発掘調査も10数遺跡が終了または継続されている。現在まで、主要には帝釈寄倉岩陰遺跡を中核とする上帝釈（かみ）の遺跡群と、帝釈観音堂洞窟遺跡を中核とする下帝釈（しも）の遺跡群の調査研究が進められている。

　帝釈寄倉岩陰遺跡は、上帝釈集落南端の帝釈峡入口にある。遺跡は、帝釈川沿いの西面する巨大な石灰岩岩壁の岩陰に、幅20ｍ、奥行き6ｍの範囲で遺物包含層として見られる。発掘調査は1963（昭和38）年に始まり、深さ10ｍ以上、13層の文化層が確認されている。この包含層は縄文時代早期か

石灰岩岩壁の岩陰
（ドーム状施設は遺物包含層の覆屋）

1　旧石器・縄文・弥生時代

ら晩期までほぼ全時期があり、出土遺物の変遷が層位的に確かめられた。この発見は、当時、瀬戸内海地域を中心に、個別遺跡の出土遺物によって型式学的方法で行われていた縄文土器の編年作業を、同一遺跡の包含層による層位学的方法によって確認することとなり、中国地方縄文土器研究の画期となった。遺物包含層の一部は保存されており見学できる。

寄倉岩陰遺跡の岩壁の遠景

また、縄文時代後期から晩期の層からは、成人骨22体分と幼児骨を多く含む24体分の人骨が、それぞれ群となって発見されている。いずれも追葬あるいは改葬によるもので、縄文時代の埋葬としては特異なものである。これらが、寄倉に住んだ人達だけのものなのか、周辺に住んだ人達もここに埋葬されたのかなど、当時の埋葬や集落のあり方、生活などを考えるうえで重要な資料とされている。

1　寄倉岩陰遺跡　　2　時悠館

メモ・気づき　帝釈峡遺跡群の出土遺物は、南側の丘陵にある「帝釈峡博物館展示施設　時悠館（じゆうかん）」で見学できる。遺物の他に、住居の復元展示や帝釈峡の動植物・民俗資料も展示。遺跡群見学の事前・事後学習に最適。

行き方　中国自動車道東城ICから県道23号線（庄原東城線）で上帝釈へ約20分。帝釈郵便局の交差点から帝釈峡入口駐車場へ。北東へ徒歩3分。

詳しく知る参考文献　250頁の5。　　　地形図（帝釈峡）

11

旧石器時代から続く洞窟遺跡

帝釈観音堂洞窟遺跡
神石郡神石高原町永野

立　　地　石灰岩洞窟（約70㎡）
主要遺構　洞窟の厚い包含層
出土遺物　縄文土器など
時　　期　旧石器時代～中世

<見どころ>
①渓谷に面した洞窟
②厚く堆積した包含層

概要　遺跡は、下帝釈犬瀬の南方の永野の山中、帝釈川支流の岩屋谷川上流に位置している。

観音堂洞窟遺跡の岩壁の現状

南面する石灰岩岩壁に開口する洞窟を利用したもので、洞窟入口に幅10m、奥行き7mの範囲で遺物包含層が広がる。川床からの高さは15mある。

発掘調査は1964（昭和39）年に始まり、これまでに鎌倉時代から縄文時代全般、そして旧石器時代に至る26層の遺物包含層（深さ約15m）が確認されている。縄文時代の層は1～22層までで、帝釈寄倉岩陰遺跡と同様に、縄文時代早期から晩期まで縄文土器編年の基準となっている。なかでも、17・18層では早期の繊維土器、19層では早期を特色づける押型文土器が複数種類、20・21層では草創期の無文土器、22層では土器はなく、石鏃が確認されており、これまで明らかでなかった縄文時代草創期から早期の変遷がより詳細にたどれることになった。

23層以下は旧石器時代の文化層である。23層では、チャートやサヌカイトの石材剥片や獣骨が出土したが、この層では1万6千年前とされる三瓶軽

1 旧石器・縄文・弥生時代

石層が確認されている。さらに、24層ではホルンフェルスの剥片と獣骨が出土し、2万5千〜2万2千年前とされる姶良火山灰層も検出されている。25層でも加工痕のある獣骨が出土している。旧石器時代の文化層には、ゾウ、ニホンムカシジカ、ヒョウ、タイリクハタネズミなど、現在では見られない絶滅種、外来種の化石化した獣骨も含まれている。

　このように、本遺跡は規模、内容ともに下帝釈の中核となる遺跡である。旧石器時代から縄文時代晩期まで継続して使用されたことが層位的にも確認でき、また、含まれる火山灰層により、旧石器時代の年代も明かにできるというように、西日本屈指の遺跡である。

メモ・気づき　神龍湖遊覧の起点となる下帝釈犬瀬には、「神石高原町立神石歴史民俗資料館」があり、帝釈観音堂洞窟遺跡の出土遺物を見ることができる（月曜日は休館）。

行き方　中国自動車道東城ＩＣから県道25号線（三原東城線）で神龍湖畔の犬瀬へ。歴史民俗資料館そばの県道259号線（道幅は広くなく、カーブも多い）を南の永野方面へ約6km。洞窟入口に説明板あり。駐車可。なお、犬瀬から県道25号線をさらに進むと辰の口古墳へ近い。

詳しく知る参考文献　250頁の5。

洞窟内部の現状

地形図（福永）

四隅突出型の弥生首長墓

矢谷墳墓 国史跡
三次市東酒屋町松ヶ迫

墳　　丘　四隅突出型前方後方形
埋葬主体　土壙墓（木棺）
主要遺物　特殊壺、特殊器台など
築造時期　後期（3世紀前半）

<見どころ>
①四隅が突出・貼石の墳丘
②器台などの供献土器

矢谷墳墓の復元・整備の状況

台状部に埋葬主体部の位置を表示

概要　中国自動車道三次ICの東方の三次工業団地内に「国史跡・矢谷古墳」の名称で保存・整備されている弥生時代末期の四隅突出型墳丘墓である。

江の川の支流馬洗川の南側に広がるなだらかな丘陵上に営まれた**松ヶ迫遺跡群**に含まれている。工業団地の造成に伴って1977（昭和52）年に発掘調査され、弥生時代の墳墓、古墳時代後期の集落跡、須恵器の窯跡など多くの遺構が明らかとなったが、矢谷墳墓とその東側丘陵斜面の須恵器窯跡が保存され整備されている。

墳墓は南から北に延びる尾根上に築造された前方後方形の四隅突出型墳丘墓で、前方部は南側に設けられている。全長は18.5m、幅10～12m、高さは1.3～1.6mの台状である。後方部の平面はおよそ12m四方である。墳丘の周りには幅2～2.7m、深さ25cmの浅い溝がめぐらされている。墳裾には列石、墳丘斜面には貼石を行い、東と南面によく残存していた。四隅は南東隅の突出部がよく残り、長さは2.3～3mであるが、上面に踏石などの

14

1 旧石器・縄文・弥生時代

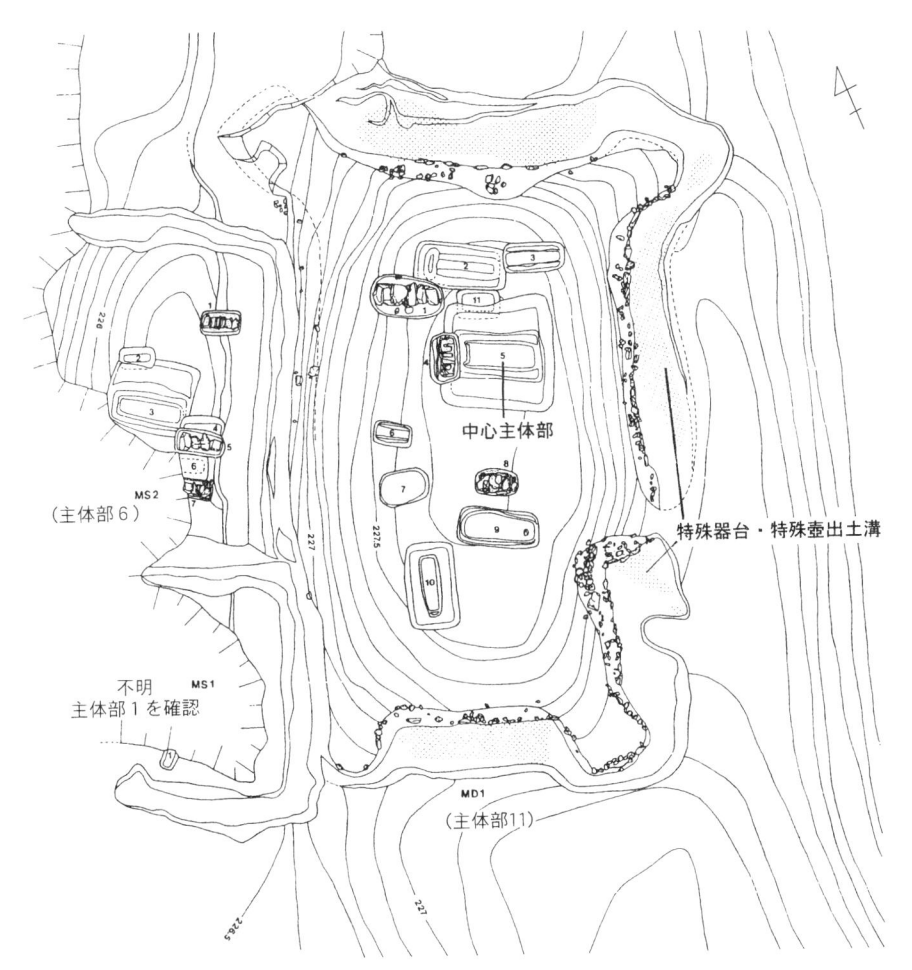

矢谷墳墓群の墳丘と遺構配置の状況（『芸備』39 報文を基に加筆）

貼石は存在していない。

　墳丘には11基の埋葬施設が確認されているが、中心となる主体部は後方部中央にある平面が約3.9 m四方、深さ1.9 mの大型墓壙で、中に木棺が置かれ、棺の底に赤色顔料と玉類が出土している。また、棺を埋納した後、墓壙の上面に礫群とともに、埋葬儀礼用とされる鼓形器台などの山陰系土器群が供えられていた。他の主体部のうち小規模な5基は幼小児用のようで、この墓

15

は大型墓壙を首長棺とした首長家族墓であるとみることができる。

周溝や墳裾からは吉備型の特殊器台・特殊壺が9個体ほど出土しており、葬儀にあたって備中地域（岡山県南部）から搬入されたものであろう。

大型墓壙に埋葬された人物は、その地理的な位置関係から、山陰（出雲）地域勢力（出雲王国）と備中地域勢力（吉備王国）との架け橋をになっていた地域首長であろうと考えられる。

本墳墓の北方の宗祐池北側の丘陵上に宗祐池西遺跡があり、その1号墓は四隅突出型墳墓の初源的な形態として注目された（消滅）。また、馬洗川を挟んで東側の丘陵上には、四隅突出型墳墓5基が隣接する陣山墳墓群（国史跡として保存も現在未整備）がある。これらの墳墓は周溝などから典型的な塩町式土器（塩町遺跡を標式とした装飾性の強い文様の壺・脚付鉢など）が出土しており、弥生中期後葉の時期に比定される（三次市教育委員会『陣山遺跡』1996）。このように、馬洗川の最下流域（三次地域）には四隅突出型墳墓が集中して営まれており、その最終段階のものが矢谷墳墓である。

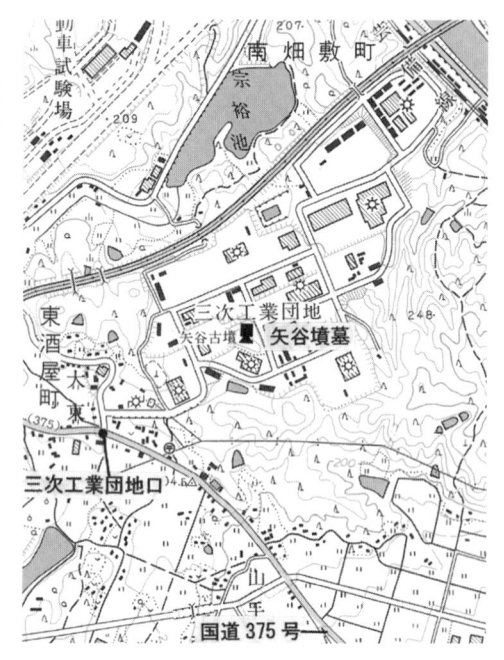

用語の意味　特殊器台－壺などの容器を置く台として使用された弥生時代後期の大型の土器。吉備地方で発達したものは葬送儀礼に伴うもので、古墳の円筒埴輪の起源となるものとされている。

メモ・気づき　特殊器台・特殊壺は広島県立歴史民俗資料館で展示。

行き方　中国自動車道三次ICから国道375号線を東広島方面に約1.3km進むと「三次工業団地口」交差点。団地内の市立酒屋体育館の北側。駐車可。

詳しく知る参考文献　250頁の6。　　地形図（三良坂）

1　旧石器・縄文・弥生時代

弥生時代の集団墳墓群

花園遺跡(はなぞの)　国史跡

三次市十日市南

立　　地　丘陵尾根上
主要遺構　長方形墳丘墓2基
出土遺物　ガラス製管玉など
時　　期　弥生時代中〜後期

＜見どころ＞
①1号墓の形態と規模
②墳墓群の配置状況

1号墓の復元・整備の状況

1号墓の貼石復元・整備の状況（北面）

概要　2基の墳丘墓と溝によって区画された墓域6基の中に、合計328基の群在する墓が明らかとなった弥生時代中期から後期の集団墓地である（未調査範囲を含めると、全体で約500基か）。1977（昭和52）年から市営斎場の改築にあたって発掘調査されたもので、墳丘墓2基（1号・2号墓）が国史跡として保存され、復元整備されている。

1号墓はなだらかな丘陵の最も高まった位置に築造されており、東西約31m、南北約20mの長方形の台状をなし、斜面には貼石（北側斜面に顕著）を施している。ここには箱式石棺墓(はこしきせっかんぼ)、石蓋土壙墓(いしぶたどこうぼ)、土壙墓など215基の墓が密集し、長辺方向の東西に主軸をもったものが多い。これらには特定の個人を厚く葬った状況は認められず、共同墓地の様子を示している。副葬品はほとんどなく、一つの箱式石棺墓から頭骨片のそばでガラス製管玉13点が出土したくらいである。

2号墓は1号墓の北側に接して造られており、東西約14m、南北約9m

17

の長方形の台状で、斜面に貼石があり、南辺裾には列石がある。墳丘内には土壙墓、箱式石棺墓など21基の墓が集合しているが、特に中心となるような墓は認められず、副葬品もみられない。

溝による区画墓は、平面が16m四方のものが最も大きく、いずれも土壙墓や箱式石棺墓などが集合していた。

1・2号墓は貼石や列石を伴い台状の墳丘墓で、四隅突出型墳墓と共通する部分があるが、隅は突出しておらず、また、内部にはきわめて多くの墓（埋葬主体）が造られ、共同墓地の様相である。ほぼ同時期に、形態の異なる墳墓が、同じ地域に併存するという状況にあり、このことは、三次から庄原地域における、当時の複雑な社会情勢を反映したものであろう。

1号墓台状部の石棺の状況

日光寺住居跡の現状

メモ・気づき　花園遺跡から東に約200m進むと、**日光寺住居跡**（にっこうじ）（県史跡）があり、古墳時代後期の竪穴住居跡（道路で南側が削平）が保存。

行き方　JR芸備線三次駅の南側丘陵の若宮八幡神社（わかみや）（若宮公園、若宮古墳あり）に続く丘陵上。車の場合は、駅前から西進し、「三次署入口」交差点を左折、公園の南側に進み、三次人形窯元東側（みよしにんぎょうかまもと）の市営斎場の背後。東側に登る階段あり。駐車可。三次ICからは、西進（県道470号線）して「酒屋」交差点を右（北）折。

詳しく知る参考文献　250頁の7。　　　地形図（三次）

1 旧石器・縄文・弥生時代

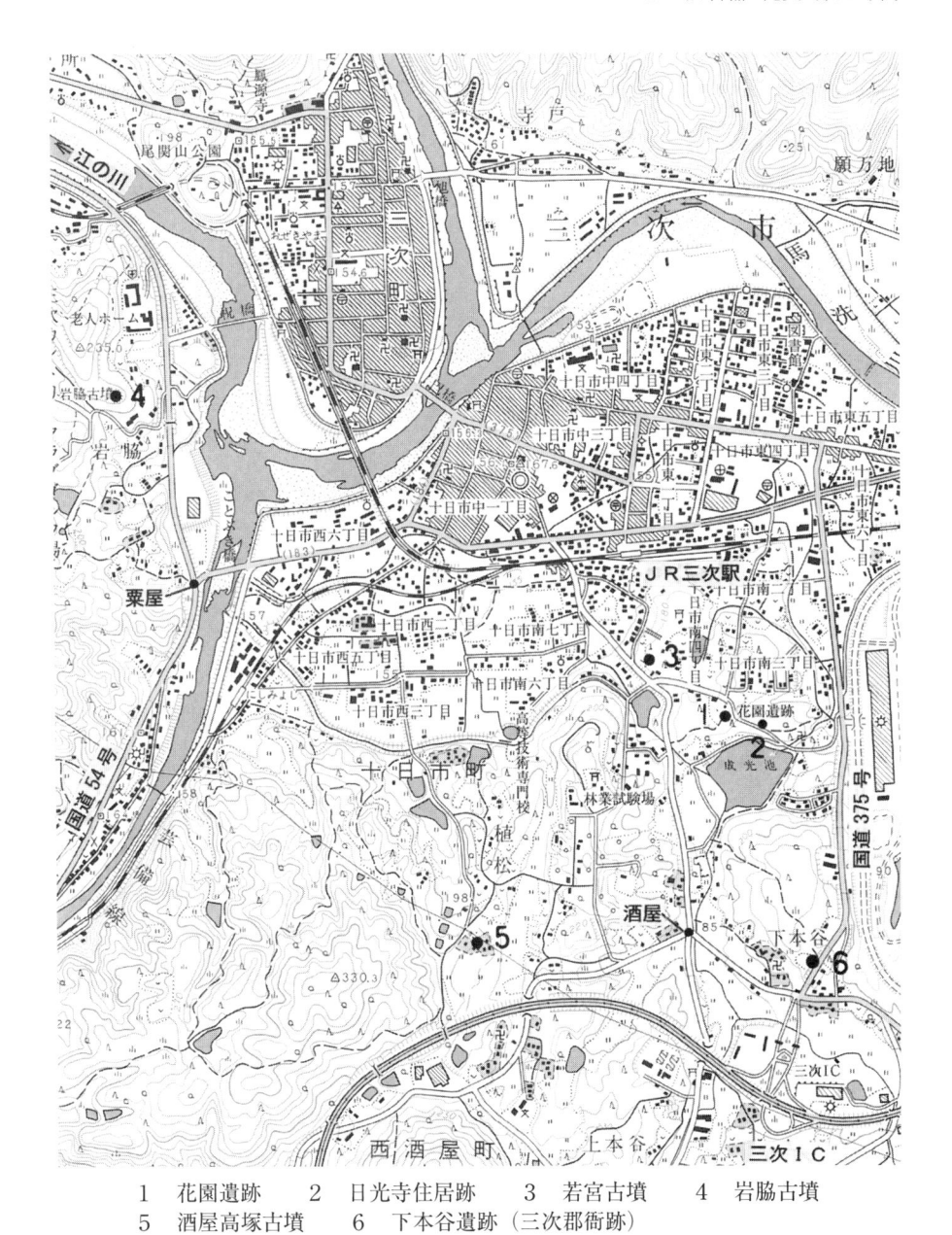

1　花園遺跡　2　日光寺住居跡　3　若宮古墳　4　岩脇古墳
5　酒屋高塚古墳　6　下本谷遺跡（三次郡衙跡）

庄原地域の四隅突出型墳丘墓

佐田谷墳墓群
庄原市高町佐田谷

墳　　丘　四隅突出型長方形墓
埋葬主体　土壙墓（木棺）
副葬遺物　供献用の土器など
築造時期　後期（3世紀中葉）

＜見どころ＞
①墳墓群の分布状況
②墳丘規模の比較

概要　庄原市街地の北東の宮内町と高町の間に広がるなだらかな丘陵上に、長方形の台状墓3基が隣接して営まれている。国道183号線のバイパス建設に関わって1号墓が発掘調査され、四隅突出型の墳丘墓であることが明らかとなって現地保存されている。

　1号墓は平面が19×14mの長方形、高さ約2.1mの台状墓で、南側斜面は山道で削られているものの、長辺の北側斜面で貼石、裾に列石が比較的良好に残っている。北西隅と北東隅の突出が顕著であり、四隅全てが突出していたとみられている。四隅に踏石のような

1号墓の保存状況

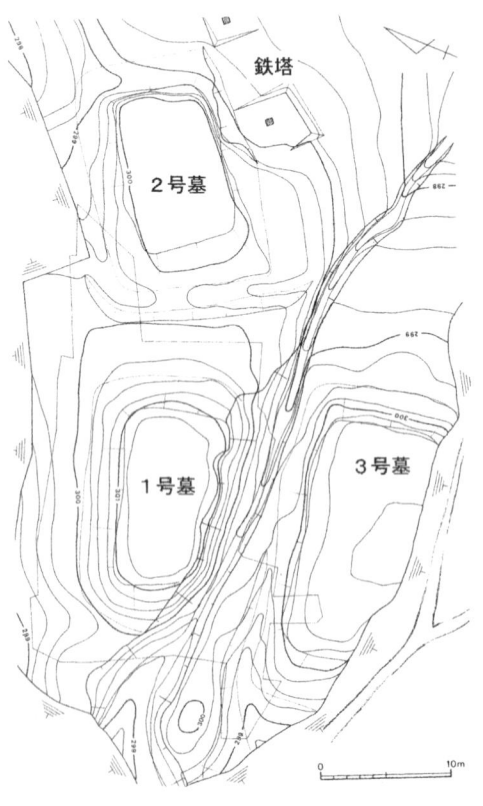

墳墓群の分布状況（『報告書』を基に加筆）

1　旧石器・縄文・弥生時代

石列は検出されてはいない。墳丘の頂部で、埋葬の主体部4基が確認されている。中央のものは平面が3.85×3.23m、深さ1.15mの大きな墓壙で、中に長さ約2m幅約60cmの木棺が置かれていたと推定されている。内部から副葬品は出土していないが、墓壙の上面には小さな礫と多くの供献された弥生土器が存在していた。

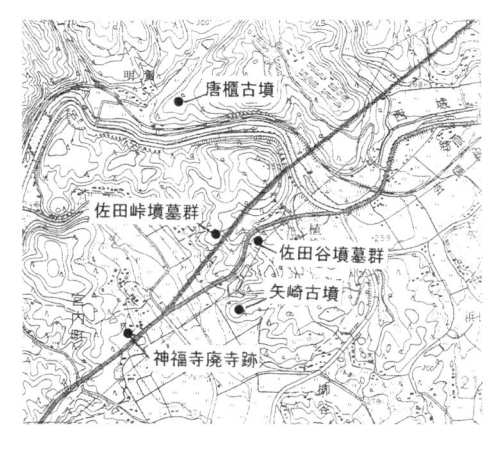

　1号墓の東側にある**2号墓**と南側にある**3号墓**は、発掘調査はされていないが、長方形の台状墓で、四隅突出型墳墓の可能性が高い。2号墓は平面が約17×13m、高さ約1m、3号墓は南側が大きく削られているが、長辺は24m、高さは約1.6mである。3基の比較では、墳丘の規模は3号墓が最も大きく、また、3号（弥生中期後葉）→1号（後期初頭）→2号（後期前葉）の順に築造されているとみられている。

　近年、ここから国道を挟んで西方向に続く丘陵上に、少なくとも5基の長方形の弥生墳墓が知られてきており、**佐田峠墳墓群**と呼んでいる。このうちの2基（3号墓と4号墓）は四隅突出型墳墓であることが確認されており、この地域に弥生時代中期から後期にかけて、四隅突出型という墳墓形態を共有した地域勢力が台頭していたことがわかる。墳丘の大きさからみると、佐田谷3号・1号墓はこれらの勢力をまとめた首長の墓であったと考えられ、被葬者は庄原地域の最初の統率者としてとらえることができるだろう。

行き方　車の場合は、中国自動車道庄原ICから「新庄町」交差点で国道183号線を西城方面に向かい、宮内町で旧道を進むと峠付近の切通しの東側丘陵上。道路西側の坂道を登り、陸橋を渡った所。道路そばに駐車帯有り。佐田峠墳墓群へは、陸橋の反対側の西方向に進み、新国道に架かる陸橋手前の南側（1・2号墓）と、陸橋を渡った辺り（3・4号墓）。

詳しく知る参考文献　250頁の8。　　　地形図（庄原）

21

広島湾岸最初の前方後円墳か

宇那木山2号古墳
うなきやま

広島市安佐南区緑井

墳　　丘　前方後円墳
埋葬主体　竪穴式石室2基
副葬遺物　銅鏡、短剣、鉄槍など
築造時期　前期（4世紀前半）

<見どころ>
①墳丘の形態
②石室の配置と形態

概要　太田川右（西）岸の緑井の丘陵上（標高約130m）に位置し、広島湾岸で最初に築造された前方後円墳とみられる。ここから左岸や下流域・広島湾岸が一望できる。
宇那木神社拝殿の右側から山道へ入り、鉄塔下を通って急な坂道を約15分登ると、石棺の石材が散乱した小古墳（**宇那木山1号古墳**）がある。ここから東に延びる尾根を約100m進むと2号古墳で、説明板がある。

後円部から太田川流域の眺望

後円部（北側石室）から前方部を見る

墳丘は、尾根線と同じ東西方向に主軸をもち、全長は35～40mで、前方部は西（山側）に付いている。後円部には、東西方向に長軸をもつ2基の竪穴式石室が構築されている。北西側に偏った位置にある北側石室は、早くから蓋石がはずされ、画文帯神獣鏡と呼ばれる銅鏡（直径10.3cm）が出土している。床内法は長さ約2.8m、幅0.95～1.1m、現在高さ約0.95mである。側壁や小口の壁は、方形や横長の小さめの割石をやや雑な感じで積んでいる。後円部の中心近くに構築されている南側石室は、2000（平成12）年からの広

2　古墳時代＜西部・中部地域＞

島大学の調査によって新たに確認された主体部である。現在は蓋石6枚ほどが露出した状態にあるが、内部の調査後埋めもどされたものである。石室は内法長さ3.6 m、幅1.2 m、高さ1.4 mで石組みは北側石室と類似している。内部からは、東寄りで珠文鏡と呼ばれる小型の銅鏡、短剣、鉄槍、西寄りで鉄斧、ヤリガンナ（工具）が出土している。

後円部の南側石室（中心主体部）

2基の石室は、後円部での位置や規模の違いから南側石室が中心の主体部であったことがわかる。しかし、副葬された銅鏡は北側石室のものが優品である。

現段階では、4世紀にヤマト政権と連携し、太田川下流域にお

後円部の北側石室の状況

いて最初に前方後円墳を築造した地域首長墓といえよう。

メモ・気づき　太田川右岸の古式の前方後円墳候補として、浄水場南側、緑井小学校（緑井四丁目）北側山頂に**神宮山1号古墳**がある。墳丘全長約28 m、後円部に3基の竪穴式石室あり。B石室から内行花文鏡片（長さ11 cm、懸垂用の2個の孔あり、鏡片副葬例）や玉類出土。なお、近隣の前方後円墳については24・25頁を参照。

行き方　JR可部線七軒茶屋駅から北西方向の宇那木神社へ徒歩約10分。車の場合は、県道270号線の緑井五丁目の交差点から北西（浄水場方面）へ進み、「緑井四丁目」交差点から水路沿いに北東方向へ約500 mで神社駐車場。

詳しく知る参考文献　257頁の追補のA。　　　地形図（祇園）

23

太田川河口付近の主な古墳
<西（右）岸地域>

古墳名	所在地	墳丘	m	埋葬主体部	主な出土遺物	年代
宇那木山2号	緑井	前方後円墳	35	竪穴式石室（北）	銅鏡（画文帯神獣鏡）	4世紀
				竪穴式石室（南）	銅鏡（珠文鏡）・槍等	
神宮山1号	〃	前方後円墳か	28	竪穴式石室（3）	銅鏡片・玉類等	4世紀
*三王原	祇園	円墳か		竪穴式石室か	銅鏡・短甲片等	5世紀
*池の内2号	長束	円墳	30	竪穴式石室	鎌・斧・鍬・須恵器等	5世紀

<東（左）岸地域>

古墳名	所在地	墳丘	m	埋葬主体部	主な出土遺物	年代
弘住1号	口田	前方後円墳	40	不詳（未調査）	（河原石の葺石）	4世紀
*弘住3号	〃	円墳	25	竪穴式石室	鏃・剣・斧・ヤス等	4世紀
中小田1号	〃	前方後円墳か	30	竪穴式石室	銅鏡2（三角縁神獣鏡、獣帯鏡）・車輪石等	4世紀
中小田2号	〃	円墳	15	竪穴式石室	銅鏡（素文鏡）短甲・冑・刀・剣等	5世紀
*上小田	〃	円墳	25	組合せ式石棺	剣・刀・鎌・斧等	5世紀
山武士塚1号	〃	前方後円墳	33	竪穴式石室		4世紀
湯釜	〃	前方後方墳	28	横穴式石室（2）		6世紀
平野神社	〃	円墳か		横穴式石室		6世紀

＊は開発等で消滅

2 古墳時代＜西部・中部地域＞

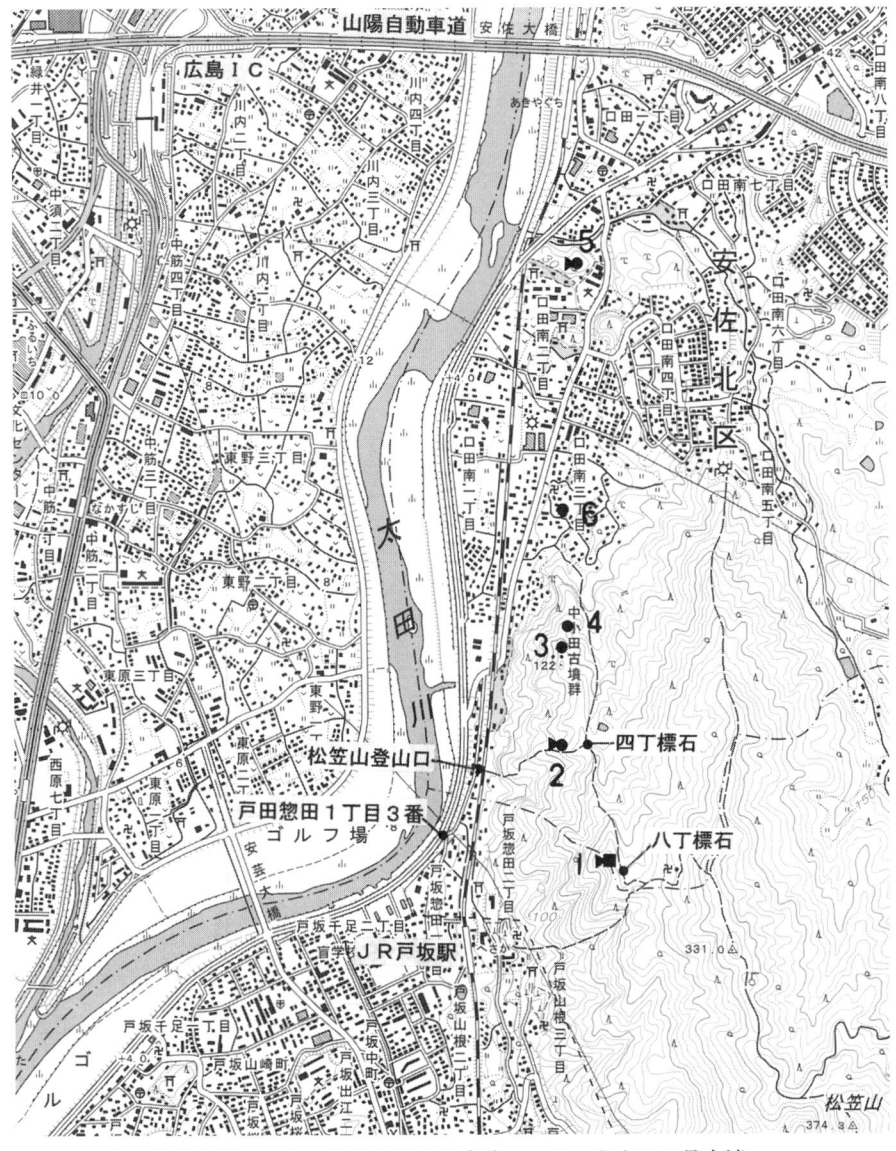

1　湯釜古墳　　2　山武土塚1号古墳　　3　中小田2号古墳
4　中小田1号古墳　　5　弘住1号古墳（前方後円墳、主体部不詳）
6　平野神社古墳（横穴式石室）

県内最古の横穴式石室墳

湯釜(ゆがま)古墳
広島市安佐北区小田(おだ)

墳　　丘	前方後方墳
埋葬主体	横穴式石室2基
副葬遺物	不詳
築造時期	後期（5世紀末〜6世紀初頭）

＜見どころ＞
①墳丘の形態
②石室の特異な形態と石組

後方部の横穴式石室の状況

後方部の石室奥壁の石積み状況

概要　太田川左（東）岸の標高約230mの丘陵上に位置し、上・下流域が一望できる高所に築造されている。県南部ではほとんど類例の見られない前方後方墳(ぜんぽうこうほうふん)に、県内で最初に導入されたと考えられる横穴式石室が2基営まれた極めて注目すべき古墳である。

　JR芸備線沿いの松笠山(まつかさやま)（観音寺）登山口（標示あり）から踏切を渡り、急な山道を登りきって尾根線に着くと、「四丁」の標示石と鳥居がある。ここから尾根を北に進むと**中小田古墳群**(なかおだこふんぐん)に至る。南側（松笠山方向）にさらに登って行くと「八丁」の標示石がある。この手前から急な斜面を直に尾根上に登ると、北側すぐに後方部である。湯釜古墳への案内表示や説明板はない。

　墳丘は東西方向に主軸があり、西側（太田川側）に前方部を設けている。全長は約28m、後方部は一辺約20m、高さ約2.7mとされ、墳裾には列石が認められ、斜面には石を葺くか貼るかしているようである。埋葬主体部は

後方部中央部と前方部の後方部寄りに構築された横穴式石室である。

後方部の石室（1号主体部）は天井石や奥壁・側壁の上半部は崩壊・消失しているが、北方向に開口し、玄室に小さな羨道が付いている。玄室は長さ約3ｍ、奥幅約2ｍ、奥の現在高は0.95ｍの規模で

後方部背後斜面の石積み・貼石の状況

ある。各壁は横長の割石を小口積みし、持ち送って構築したたようで、天井はドーム状となるであろう。羨道は埋まっているが、長さ約0.8ｍ、幅約0.7ｍで、短小である。玄室と羨道の床面の段差が約30㎝で、羨道が高いのが特徴である。

前方部の石室（2号主体部）は埋没部分が多く、詳細はつかみにくいが、北方向に開口する。1号主体部と同様に、持ち送った造りのようである。

これまで発掘調査はされておらず、副葬品も明らかではない。前方後方形の導入経路についても今のところ不詳である。特異な石室は北部九州の石室形態であり、5世紀末から6世紀初頭には導入されたものとみてよいだろう。県内では最も早い時期の横穴式石室の様相としてとらえることができる。

メモ・気づき　山道を登る途中、「三丁」の標示石の左上が**山武士塚1号古墳**（前方後円墳）で、竪穴式石室の小口部が開口。さらに登ると、山道で墳丘・石室が削られた**2号古墳**あり。**中小田1号古墳**は竪穴式石室が露出。

行き方　広島市中心部からは、祇園新橋南から県道37号線（高陽中央通り）を太田川沿いに北進し、「戸坂惣田1丁目3番」交差点（上千足バス停）から山沿いの旧道を約200ｍ進むと松笠山登山口。付近に駐車場所なし。交差点から徒歩約50分。なお、中小田古墳群へは、中小田バス停から山側へ入り（登り口に案内板あり）、尾根を登っていくと徒歩約15分で1号古墳。

詳しく知る参考文献　250頁の9。　　位置図は25頁。

広島湾周辺最大の横穴式石室

畝観音免古墳群
うねかんのんめん

安芸郡海田町畝

墳　　丘	不詳
埋葬主体	横穴式石室
副葬遺物	須恵器、鉄鏃、鉄刀など
築造時期	後期（6世紀末～7世紀初頭）

＜見どころ＞
① 瀬野川河口付近の立地
② 1号古墳の石室の形態と規模

公園内にある1号古墳の状況

1号古墳の奥壁部の状況

概要　広島湾の東側の瀬野川河口・海田湾と直結した位置に営まれた県南西部で最大の横穴式石室をもつ古墳群である。

瀬野川右（西）岸の小高い丘陵斜面に、南側に開口した2基の石室が築造されている。付近は観音免公園で、県天然記念物のクスノキや郷土歴史館の「海田町ふるさと館」などがある。ふるさと館の裏側に接して開口しているのが**畝観音免1号古墳**で、館内からも石室が見学できる。広場上の斜面に見える石室が**2号古墳**である。古墳周辺は、畑地や公園などで開発され、墳丘などが崩壊していたが、1978（昭和53）年に町史編纂事業に伴って石室内の発掘調査が行われている。

1号古墳は封土は失われ、天井石も2枚が残存し露出した状態であったため、墳丘については不詳である。主体部の石室は両袖式で、現全長は8.1 m、玄室は長さ5.8 m、奥幅1.87 m、羨道側幅2.1 m、奥高さ2.3 m、羨道は幅1.7 mと報告されている。奥壁は大型の1枚石を基本とし、その上に横長の小型

2 古墳時代＜西部・中部地域＞

の石をすえている。側壁は、玄室では下段に大型の方形状の石をすえ、その上に横長の石を2～3段積んでいる。羨道は前側が崩壊している。遺物は須恵器をはじめ、鉄釘、鉄鏃、鉄刀などが出土しているが、平安時代以降の土師質土器などもあり、相当早くから開口していたようである。

半壊している2号古墳の状況

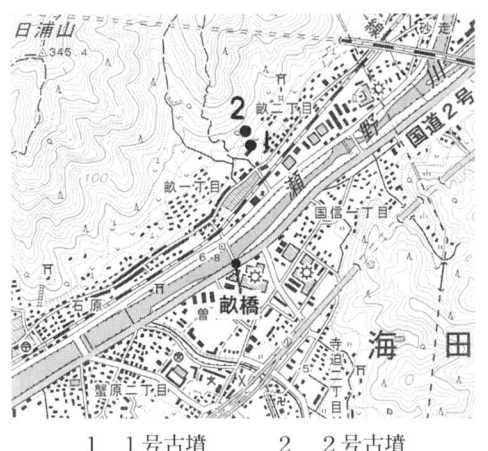

2号古墳は、1号古墳の北側約40mの崖面に、石室の奥部が半壊した状態にある。墳丘は不詳であるが、山側にその痕跡がうかがえる。石室は1枚石を基本とした奥壁と西側壁の一部、奥天井石片が残存しており、現存の長さは約2.3m、奥幅2m、高さは2.3mで、本来は大型の石室である。床面には平石が全面に敷かれている。

1　1号古墳　　2　2号古墳

1号古墳の玄室の大きさは県内では最大級であり、2号古墳も大型である。周辺にはこれ程の規模の石室墳は知られておらず、両袖式の形態（2号古墳は不詳）とともに広域の首長墓であったことは確かである。三ッ城古墳に次いで阿岐王国を継承した王墓と想定することもできるだろう。

行き方　瀬野川左岸沿いの国道2号線の「畝橋(うねばし)」交差点（畝橋バス停あり）から橋を渡り、川沿いに約300m北進し、山側に左折して山陽本線踏切と旧山陽道を渡るとふるさと館。駐車場有り。バス停から徒歩10分。

詳しく知る参考文献　250頁の10。　　　　地形図（海田市）

横穴式石室の群集墳

給人原古墳群
広島市安佐北区大毛寺

墳　　丘	円墳
埋葬主体	横穴式石室
副葬遺物	須恵器、鉄鏃、玉類など
築造時期	後期（6世紀後半〜7世紀初頭）

＜見どころ＞
　①群在する石室墳
　②古墳の石室の敷石

給人原2号古墳の全景

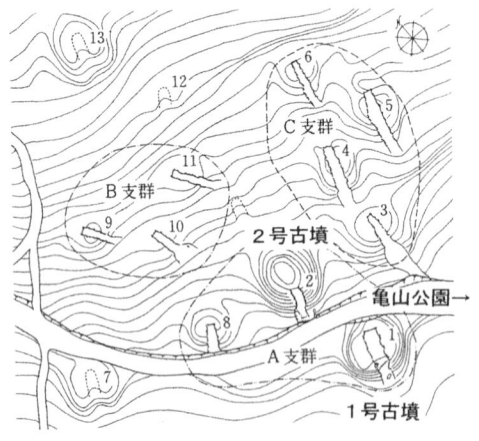

給人原古墳群の分布（『可部古墳群』に加筆）

概要　可部の市街地から飯室・加計方面へ向かう国道191号線の北側一帯の丘陵緩斜面には、早くから多くの古墳が群在することが知られていた。東から上ヶ原・原迫・青・給人原の古墳群が分布し、一括して**可部古墳群**と呼ばれている。1970（昭和45）年代には合計77基が記録され、ほとんどが横穴式石室墳であるが、住宅団地造成などで消滅したものも多い。その中で比較的よく残り見学が容易なのが、最も西側に営まれている給人原古墳群である。

　上大毛寺の亀山第三公園の北側山林に群集する給人原古墳群は、16基が確認されており、主体部は全て横穴式石室である。このうちの10基が、1970〜73年に県立可部高等学校によって発掘調査されている。墳丘や天井石はほとんどが失われ、露出した石室は小型のものが多い。墳丘、石室ともに比較的よく残っているのは山道沿いの**2号古墳**で、墳丘は南北が13.5 m

30

の円墳である。石室は全長約 8 m、奥壁幅 1.6 m、奥部高さ 1.75 mで、古墳群では最大級である。奥壁は大型の石 2 枚を基本として立て、側壁は横長の割石を持ち送る感じで 7～8 段積んでいる。床面は全面に敷石があり、奥壁から約 5 mの辺りには封鎖石が残っている。遺物は鉄鏃、刀子片、須恵器が出土している。2 号古墳のすぐ南側にある**1 号古墳**は、天井石は失われているが、石室は全長約 7.5 m、

1 給人原古墳群　2 青古墳群（3～6 号）

最大幅 1.75 m、奥高 1.8 mで大きい。奥壁は 1 枚石、側壁は横長の石を 4 段程積んでいる。床面は敷石し、また、封鎖石が残る。遺物は金環、玉類、須恵器などが出土している。この 2 基は石室の規模や特徴からみて、古墳群の主墳と考えられ、2 号→1 号の順に築造されたようである。

　古墳群の大きな特徴は、調査されたすべての石室の床面に敷石がなされていることである。これは追葬に伴って床面を造りかえたもので、1 号古墳の場合は 6 世紀後葉に築造され、7 世紀前半まで追葬されたとみられる。また、10 数基単位の横穴式石室群は広島湾周辺では例がなく、可部古墳群全体で、本来は 100 基を超すと思われる群集状況は特異である。古代の安芸郡「漢辨郷」をこの地域と想定するとき、あるいは渡来系の集団による古墳群造営といった視点も可能性として重要であろう。

行き方　国道 191 号線の上大毛寺バス停そばの「原迫団地口」交差点から北側の団地方面に進み、亀山第三公園の北側山林へ徒歩 10 分。駐車場所なし。青古墳群も見学可。下大毛寺バス停の交差点を北へ約 400 m登った突きあたり。説明板あり。3 号・4 号の石室はよく残る。

詳しく知る参考文献　250 頁の 11。　　　地形図（可部）

横穴式石室が集中する古墳群

中馬八ッ塚古墳群
安芸高田市吉田町中馬

墳　　丘　円墳
埋葬主体　横穴式石室
副葬遺物　不詳
築造時期　後期（6世紀後半～
　　　　　7世紀初頭）

＜見どころ＞
①古墳群の分布状況
②3号古墳の石室の規模と形態
③4号古墳の形態と棺台石

3号（左）・4号（右）古墳の全景

3号古墳の横穴式石室内部

概要　吉田町の市街地から国道54号線を広島方面に約3.5km行った山手地区から、北西約2kmの中馬の谷には、中馬八ッ塚古墳群や**明官地古墳群**など横穴式石室墳を中心とした多くの古墳や、「内部寺」という文字瓦が出土した白鳳期（7世紀後半）創建の**明官地廃寺跡**などが造営されている。上中馬方面へ向かう道路沿いに「八塚ひろば」（見学はここに駐車可）があり、この北側から西側一帯に中馬八ッ塚古墳群が分布している。

　八ッ塚といわれているが、ひろばの北側に8基、西側に3基の合計11基が知られており、いずれも小さな丘陵の先端や斜面に営まれている。墳丘は半壊しているものが多いが、確認できるものはいずれも円墳で、直径が10m前後のものが多い。主体部は明らかでないものもあるが、いずれも横穴式石室とみてよいだろう。墳丘、主体部ともによく残存しているのは、ひろばのすぐ北側にある3号と4号古墳である。両者は墳裾を接して並列している。

2　古墳時代＜西部・中部地域＞

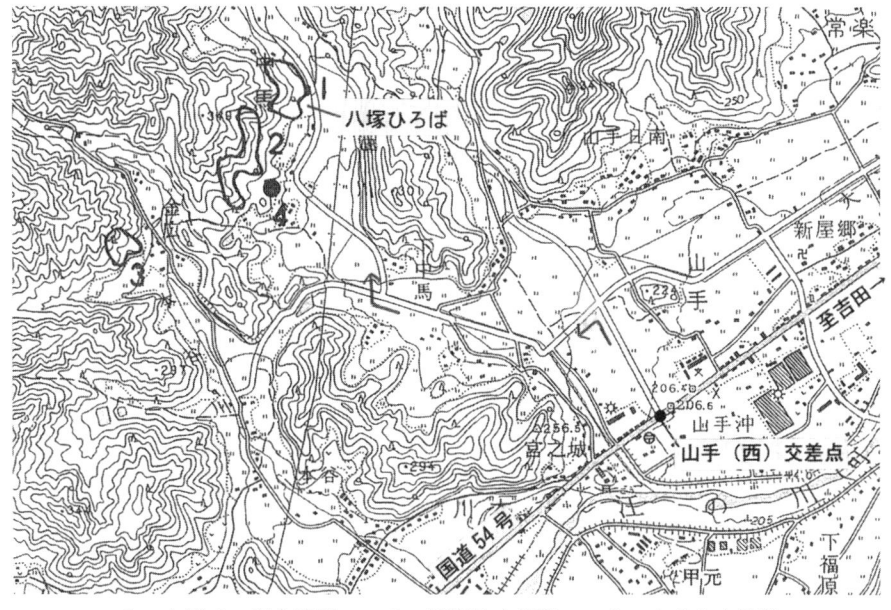

1　中馬八ッ塚古墳群　　2　明官地古墳群　　3　金広山古墳群
4　明官地廃寺（内部寺）跡

　3号古墳は、古墳群で最大規模の墳丘・横穴式石室をもち、集団の統率者の墳墓と考えられる。墳丘は直径約14ｍ、高さは4ｍ前後である。石室は南西方向に開口しており、平面形は西側に羨道を設けた片袖式である。全長は約9.5ｍ、玄室は長さ5ｍ、最大幅1.95ｍで大型である。床面の奥に2個の平板な石があるのは棺台にしていたものであろうか。

　道路側の**4号古墳**は直径約12ｍの円墳で、石室は南に開口している。平面形は3号古墳と同様の片袖式である。全長は約8.5ｍ、玄室は長さ3.9ｍ、奥幅1.58ｍで、3号古墳よりやや小さい。床面の奥側には大石2枚などによる平板な石面が設けられており、棺台とみられる。奥壁は大型の1枚石、側壁は石面の整った石を3〜4段積んでおり、3号古墳よりも新しい石組みで、7世紀初頭の築造であろうか。

　3号古墳の北側の**11号古墳**は、墳丘は削平されているが、片袖式の石室は大きい。その東側の**5号古墳**は奥壁が崩壊しているものの見学できる。

33

4号古墳の横穴式石室内部
（床面に棺台石が現存）

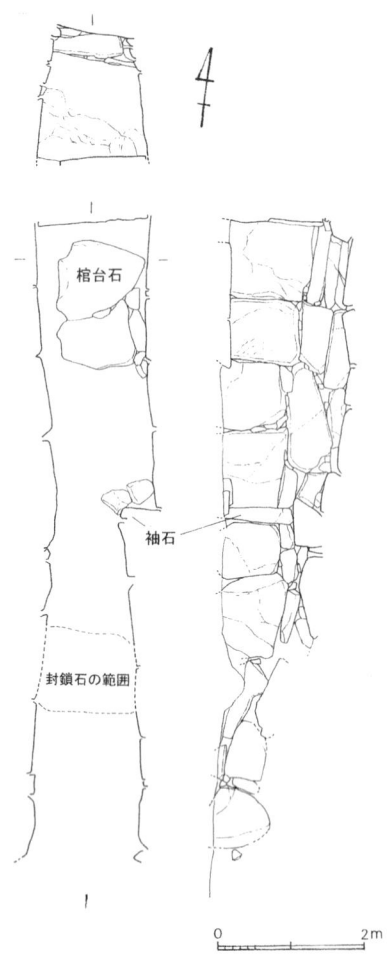

4号古墳の石室図面
（『芸備』38 報文に加筆）

　いづれも出土遺物が明らかでないが、石室の様相から見ると、明官地古墳群を含め、3・4・11号古墳を中核として6世紀後半から7世紀前半頃に営まれたとみられる。7世紀後半には、古墳群を造営した集団が内部寺の創建に深く関わったものであろう。

メモ・気づき　古墳群の南側、観音堂・天正の石仏の丘の南側に広がる田畑一帯が明官地廃寺跡である。これまでの発掘調査で、遺構の残存状態はあまりよくないが、金堂跡（南北5間、東西4間）と塔跡（一辺12m）が確認されている。出土した軒丸瓦には、奈良県飛鳥の白鳳期のものと類似した文様のも

34

2 古墳時代＜西部・中部地域＞

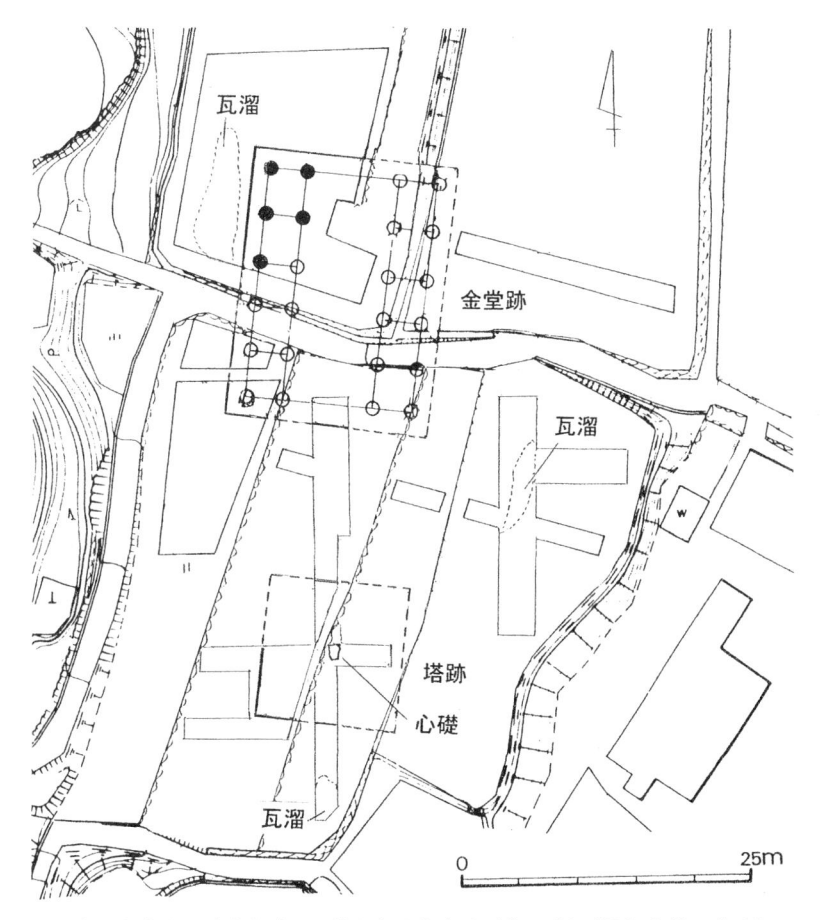

明官地廃寺跡の建物推定図（『明官地廃寺跡（第5次概報）』を基に作成）

のや、いわゆる水切り瓦も見られる。塔跡北東側の瓦溜から、平瓦に「髙宮郡内マ（部）寺」とヘラ描きされた文字瓦が出土しており、内部郷と同じ寺院名で呼ばれていたことは、極めて大きな発見である。

行き方 車の場合は、国道54号線の「山手（西）」交差点から中馬の谷へ3分。八塚ひろば駐車可。バスの場合は、可愛学校バス停下車、徒歩約30分。

詳しく知る参考文献 251頁の12。　　地形図（安芸吉田）

35

県内では例のない横長の玄室

山部大塚古墳　県史跡
やんべおおつか
安芸高田市吉田町多治比
たじひ

墳　　丘	円墳または方墳
埋葬主体	横穴式石室
副葬遺物	須恵器
築造時期	後期（7世紀前半）

＜見どころ＞
①石室の全体の形態
②玄室の石組と構造

横穴式石室内部（羨道から奥壁を見る）

玄室に架せられた天井石

概要　毛利氏の拠城 **郡山城跡**（こおりやまじょう）の北側に広がる山部の谷の最奥部に位置し、標高約420mで谷を眺望するかなり高い丘陵上に孤立して営まれている。

小さな尾根が南西方向に下る斜面を利用して築造されており、墳丘の形状は明確ではない。石室との関連からみると、直径約13mの円墳かと推察されるが、方墳の可能性もある。主体部は南西方向に開口した横穴式石室で、両袖式のタイプである。石室の現在の全長は約6mであるが、羨道の手前は埋没している。奥の玄室は奥行きが短く幅広で、平入りであることが一般的な形態とは異なり注目される点である。横長の玄室は、奥幅約3.5m、長さ約2mで、中央部の高さは約2.3mである。羨道は長さ約4m、幅は1.5〜1.7mである。

石積みを観察すると、玄室、羨道ともに下段には大型の石を配置し、その上に小型の横長の石を持ち送りながら4〜5段積み上げている。奥壁は下段に大型の石を3列立て、その上に小型の石を積むが、そのせり出しは激しい。

2 古墳時代＜西部・中部地域＞

玄室の天井石は、両方の側壁から大型の石を張り出させ、その上に1枚の大石を架構しており、羨道側から見ると、玄室の中央部天井を一段高くした構造としている。石面は全体的にシャープで、特に天井石はよく調整されている。石材の中には、L状に加工して組んだり、三角状の石をはめ込んだりした様子がうかがえる箇所もある。遺物としては、過去に羨道から出土したという須恵器1点がある。高台付きの長頸壺で、高さ20.6cmの完形品である。

本古墳は横長の玄室や持ち送りの石積み構造という特徴を持つが、このような形態の石室は県内では報告された例はない。7世紀に築造された外来系の石室であろうか。

行き方 国道54号線の吉田の「消防署前」交差点から県道6号線を美土里（みどり）方面に約1km行くと佐円（さえん）バス停がある。ここから県道326号線を山部の谷に北進すると、上山部で県道がおおきく西に曲がる辺りに案内標示あり。車の場合はこの辺りに駐車。徒歩で東側の谷道から小川沿いに進み、鉄塔の建つ丘陵の東側の谷を山道が途切れるまで登り詰める。県道から約30分。

詳しく知る参考文献 251頁の13。　　　地形図（安芸横田）

古代高田郡域の広域首長墓

戸島大塚古墳 県史跡
（としまおおつか）

安芸高田市向原町戸島

墳　　丘　方墳
埋葬主体　横穴式石室（玄門式）
副葬遺物　不詳
築造時期　後期（7世紀前半）

＜見どころ＞
①墳丘の形態と規模
②積石塚状の墳丘の葺石（貼石）
③玄門式石室の構造

墳丘と石室開口部（墳丘は積石塚状）

玄門部の石組み状況

概要　可愛川の支流戸島川東側の向原町から甲田町にかけての丘陵縁辺には、玄門式構造の横穴式石室墳が集中して営まれているという地域的特色が認められる。それらの中で、墳丘、石室ともに最大規模のものが本古墳である。

　この地域には8基からなる滝川古墳群があり、その1号古墳が戸島大塚古墳である。墳丘は一辺が約18mの方墳で、高さは石室入口側で4.5m、背後で3mである。墳丘表面には角礫が貼り詰められ、葺石というよりも積石塚といった感じである。このような墳丘は近隣では例がない。

　主体部の横穴式石室は南西方向に開口しており、全長は約12mである。開口部付近の床はやや高くなっているが、ここには石室の封鎖石が埋まっているようである。石室に入ると、両側壁に柱状の石を立て、その上に横石を架して玄門を造り（両柱式）、奥の玄室と手前の羨道とを区分している。入口から見て右側の石柱は側壁から遊離して立てられ、また、一部欠損している。

2　古墳時代＜西部・中部地域＞

玄室は長さ6.1 m、幅1.8 m、高さ2.2 mの規模で、奥壁、側壁とも石面は切石状に整えている。床面には多くの角礫状の石が散在して足下がおぼつかないが、これらの石は敷石や間仕切石であったものと考えられる。

これまで発掘調査されたことはなく、出土遺物については明らかではない。石室の構築状況や調整された石面の様子からみると、7世紀初頭頃に築造されたものと推察される。

本古墳は玄門式横穴式石室の典型であり、墳丘、石室ともに最大規模である。玄門式石室が集中する戸島川流域から三次市への可愛川下流域は、奈良時代には高田郡が置かれた範囲であるが、郡設置前この地域をまとめた広域首長墓とみることができるだろう。

行き方　JR芸備線向原駅から県道37号線を三次方面に約2 km行くと、城平バス停があり、ここから東方の山裾を目指す。芸備線の踏切を渡り、市道下滝川線に着くと、「大塚古墳入口」の標石がある。ここから山中への小道を徒歩3〜4分で古墳前。車の場合は林道を約400 mで説明板前まで行ける。駐車可。滝川4号古墳（玄門式＜両柱式＞横穴式石室）へは、市道を約50m南進し、山（東）側への道を山腹へ。

詳しく知る参考文献　251頁の14。

玄室の内部（床面に多数の石が散乱）

1　戸島大塚古墳　　3　尾首8号古墳
2　滝川4号古墳（玄門式、見学可）

地形図（安芸吉田）

県内で前期最大級の前方後円墳

甲立古墳(こうたち)
安芸高田市甲田町甲立

墳　　丘　前方後円墳
埋葬主体　不詳
副葬遺物　不詳
築造時期　前期（4世紀後半）

<見どころ>
①墳丘の形態と規模
②墳丘の段築と葺石の状態
③各段の埴輪列

墳丘の状況（前方部から後円部を見る）

概要　江の川の支流可愛川(えのかわ)に、高宮(みや)方面から流れる本村川(ほむらがわ)が合流する地点の北側丘陵上に造営されたこの地域では最大の前方後円墳である。近隣にある中世の柳ヶ城跡(やながじょう)の郭(くるわ)とされていたが、2010（平成22）年の発掘調査で、前期古墳であることが確認された。

古墳は、北から南側に延びた丘陵の先端を利用しており、尾根を大きく削平し、丘陵の高い方に後円部を造成している。主軸はほぼ南北方向で、墳丘規模は全長が約77mである。前方部は2段、後円部は3段築成と見られるが、背後は明確ではない。

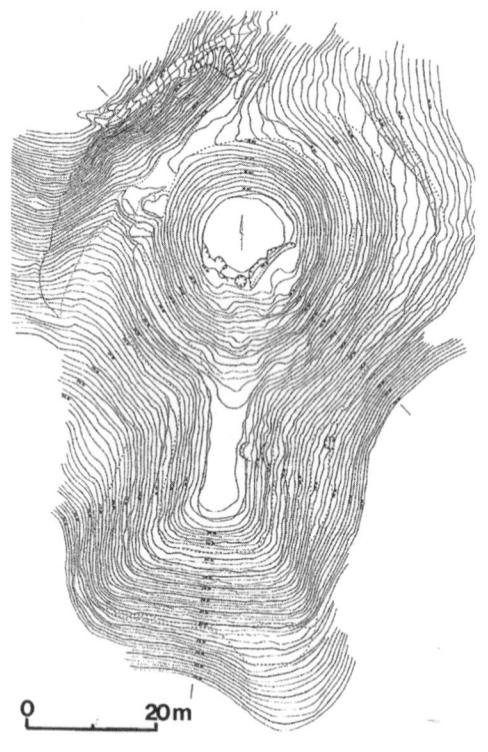

墳丘地形測量図（説明会資料から）

2 古墳時代＜西部・中部地域＞

　後円部は3段での直径約56m、頂部平坦面は直径約13m、高さは東側で約6mである。前方部の先端の幅は約32m、後円部との比高は約5mである。

　墳丘の斜面には河原石や角礫などによる葺石が良好に残っており、全面に貼られているようである。

　平坦面および各段には円筒埴輪が立て並べられているようである。後円頂部の平坦面では、周縁の約2分の1の範囲で円筒や楕円筒の埴輪が検出されており、埴輪列の直径は約11mである。

　後円頂部の東側寄りには、河原石（ぐり石）を敷いた範囲があり、

1　甲立古墳　　2　柳ヶ城跡
3　五龍城跡

これに混在して家形や衣蓋形埴輪片などが多く出土している。家形埴輪は一定間隔で4～5基配列していることがうかがえ、極めて注目される。

　埋葬主体部は、現在のところ明らかではないが、ほぼ中心部で南北主軸方向に、長さ約9m、幅約3mの大型の墓壙が確認されており、割石などの石材も存在している。

　古墳は、円筒埴輪の形態から4世紀後半に築造されたと考えられており、県北西部では、最古で最大規模の前方後円墳である。前期古墳でこれほどの埴輪が発掘されたことはなく、今後の整備に向けての確認調査が期待される。

行き方　車の場合は、国道54号線の上甲立の「高宮分れ」交差点から三次方面に約400m行くと、「甲立古墳入口」・「甲立多目的広場」への標示あり。山側のグランドの駐車場に進み、遊歩道から丘陵中腹へ徒歩5分。JR芸備線甲立駅からは徒歩約30分。　　　地形図（甲立）

速報の参考文献　川尻　真「甲立古墳の確認調査について」『広島県文化財ニュース』215　2013

古代阿岐王国の王墓と想定

三ッ城古墳 国史跡
東広島市西条中央七丁目

墳　　丘　　前方後円墳
埋葬主体　　箱式石棺付石槨など
副葬遺物　　銅鏡、櫛、銅釧など
築造時期　　中期（5世紀前半）

＜見どころ＞
① 墳丘の形態と規模
② 埋葬主体の特異な二重の構造
③ 墳丘3段に密集した埴輪列

復元・整備された前方後円墳の全景

後円部の埋葬主体部の展示状況

概要　JR西条駅の南約2kmにあり、県内では最大規模の墳丘をもった前方後円墳である。1951（昭和26）年に発掘調査され、県内の遺跡発掘や考古学の先駆けとなった歴史的古墳といえる。

　1988年から、保存整備のための調査が行われ、1994（平成6）年には復元整備が完成し、史跡公園として公開されている。このあたりは以前は山中で、車で訪れるのもむずかしかったが、現在は市街地となり、古墳のすぐ南側には国道2号バイパス、北に三ッ城小学校、東に市立中央図書館が隣接した環境となっている。

　北東方向に延びる小さな丘陵に3基の古墳が造られており、先端にある1号古墳がいわゆる三ッ城古墳である。墳丘は全長が92m、後円部の直径62m、前方部先端の幅66mで、3段に築成されている。ところが、下段は、後円部の背後が、2号古墳が造られている関係で途切れており、全周してい

2 古墳時代＜西部・中部地域＞

ない。各段面には円筒埴輪(えんとうはにわ)を中心に密集した埴輪列がめぐり、その様子は復元状況からうかがうことがきる。墳丘に立て並べられた埴輪は1800本余りと推定されており、県内では他に例のない突出した数である。

前方部と後円部との境には、左右ともに方形の造出(つくりだ)しが設けられている。特に、西側の造出しはよく残っており、埴輪列で8m四方の区画を造り、この中で祭祀を行ったようである。ここから出土している高杯形器台(たかつきがたきだい)（お供え物を盛る足台の付いた容器）などの須恵器は、初期須恵器(しょきすえき)と呼ばれる古式のもので、大阪府の堺市などに広がる阪南窯址群(はんなんかまあとぐん)（陶邑窯址群(すえむら)ともいう）で焼かれた製品とされており、古墳の築造時期を推測する重要な資料である。

西側造出し部の復元・整備の状況

図書館内のガイダンスコーナー

後円部に登ると、直径約19mの平坦面が広がり、強化ガラスで覆われた3基の埋葬主体(まいそうしゅたい)が見学できる。ほぼ中心部に第2主体（2号棺）、その東側に接して第1主体（1号棺）、第2主体の南側に第3主体（3号棺）が配置されている。主体部は、いずれも板石状の石材を箱形に組み合わせた箱式石棺であるが、第1・2主体は、ともに石棺の周りをさらに石囲いした石槨(せっかく)を造り、独特の二重構造であることが注目される。また、第3主体を含め、石棺の底に平板な石を敷いているのも大きな特徴である。

それぞれの埋葬主体から出土した遺物（副葬品）は次のとおりである。
＜1号主体＞棺内－人骨（頭骨片）、銅鏡（直径6.8cmの珠文鏡(しゅもん)）、玉類

＜第2主体＞棺内－人骨（頭蓋骨、大腿骨等、40～50歳の成年男子）
　　　　　　銅釧、櫛（黒漆塗の竹製で4個分）、玉類、直刀等
＜第3主体＞棺内－玉類、鉄剣、鉄槍、鉄鉾、鉄鏃
　　　　　　棺外－鉄鉾、鉄鏃（4束にして合計69本）

　3基の埋葬主体は同じ向きに規則的に配置されており、第2主体を首長の棺とした首長家族墓であったとみられる。

　県内では傑出した三ッ城古墳の墳丘の特徴を整理してみると、①3段に築成している、②各段に密接した埴輪列がめぐる、③表面に葺石を貼る、④左右に造出しを設ける、などがあげられる。これはまさにヤマト政権の「倭の五王」時代の大王墓の基本型に添った築造である。

　全国的にみれば、小型ともいえる前方後円墳ではあるが、ここに葬られた人物は、5世紀前半頃、ヤマト政権と緊密な関係を持ちながら、県南西部を中心とする「阿岐」地域を広く統治した王であったとみてよいだろう。

用語の意味　初期須恵器－阪南窯址群で大陸系の技術によって焼かれた最初の硬い陶質の土器。中世以降の陶器と区別して須恵器という。

メモ・気づき　図書館内の三ッ城古墳ガイダンスコーナーに遺物を展示、市内の出土品も一部展示。公園の西隅に、助平古墳の横穴式石室（北部九州系の古式の石室）を移築展示。

行き方　JR山陽本線西条駅から広島大学行のバスで中央図書館前下車。図書館階段から徒歩ですぐ。図書館駐車場から墳丘全体の観察が可。車の場合は三ッ城公園の駐車場あり。国道2号側道からも進入可。

詳しく知る参考文献　251頁の15。

地形図（安芸西条）

2　古墳時代＜西部・中部地域＞

金銅製の冠(かんむり)片を副葬

横大道(よこだいどう)1・2号古墳
竹原市新庄町鷺の森

墳　　丘	前方後円墳か
埋葬主体	横穴式石室
副葬遺物	金銅製冠片、馬具類など
築造時期	後期（6世紀後半）

＜見どころ＞
①墳丘の墳形
②石室の形態（片袖式）

1号古墳の墳丘と横穴式石室の開口部

1号古墳の石室（玄室）内部

概要　国道2号線と竹原市街地方面に向かう国道432号線とが交わる新庄(しんじょう)交差点付近は、東広島市西条と三原市本郷との中継地といえる地域で、早くから交通の要衝として多くの遺跡が知られている。

「新庄」交差点から国道432号線を北の河内(こうち)方面へ約500m進むと、「新庄町横大道」交差点があり、この東西の小道が旧山陽道である。東へ約200m行くと、北への山道があり、これを山際まで登った所に古墳群の案内板がある（小型車ならここまで来られる）。旧山陽道をさらに東に登っていくと日名内(ひなない)の峠に至るが（車は通行不可）、この北側の丘陵斜面に、今のところ、横穴式石室墳が11基知られており、横大道古墳群と呼んでいる。1・2号古墳以外で墳丘・石室が比較的よく残っているのは、最も東側にある7号古墳で、その背後斜面を登ったところには8号古墳がある。

1号古墳と2号古墳は墳丘が隣接し、現状ではその境がつきにくいので、前方後円形の墳丘に、2基の石室が並列している可能性が高い。これまでは、

円墳2基が近接し、北側の墳丘の高い方が1号、南側が2号古墳とされている。

1号古墳は円丘部の直径約18m、高さ3～5mで、古墳群で最大の横穴式石室が西北西に開口している。片袖式の形態で、全長は9.4m、玄室は長さ約5m、幅2m、奥高約3mである。奥壁は大型の石を2段積み、その上に小型の石を詰めている。側壁は大きめの石を3～4段内傾させながら積んでいる。

2号古墳の墳丘と横穴式石室の開口部

石室は過去に発掘調査がなされており、玄室の奥側を中心に装身具類、馬具類、鉄器類、須恵器、土師器などが出土している。なかでも、冠の破片と推定されている金銅製品破片や金銅製の雲珠、轡(くつわ)一式などの遺物が注目される。

2号古墳の石室（玄室）内部

2号古墳は1号古墳の南側に接し、墳頂部は1号古墳より約5m低い。石室は1号古墳とほぼ同じ方向に開口しており、石室の中心軸が約15m離れ、並行して構築されている。片袖式の形態で、全長は6.6m、玄室は長さ約4m、奥幅2.4mである。奥壁は下段に大型の石1枚をすえ、その上に小型の石を組み合わせて3段積み、全体が4段積としている。側壁は下段に比較的大きな石を並べ、その上に小型の横長の石を5段程度持ち送りながら積んでいる。同じ片袖式でも、石組みの構築状況は1号古墳とは明らかに相違がある。

古墳群中、最も奥（東）側に位置しているのが7・8号古墳である。7号古墳は丘陵の裾、8号古墳は、7号古墳背後の急斜面を少し登った10mほ

ど高い斜面にある。いずれも直径10mほどの円墳で、石室が南西方向に開口している。石室は玄室と羨道との区別のない無袖の形態で、7号古墳が少し規模が大きい。遺物のなかで、8号古墳から銅鋺(どうわん)（後期・終末期の副葬品）が出土しているのが注目される。口径15.7cm、底径7.4cm、器高2.7cmの平底の完形品で、外底面には5条の同心円凹線がめぐらされている。

　古墳群は6世紀後半に1・2号古墳が築造され、東側に墓域を広げながら、7世紀初頭には7・8号古墳が営まれたと考えられる。1・2号古墳はその規模や石室形態、出土遺物からみて、古墳群の統率者の墳墓であるだけでなく、西条から本郷にかけての広域をまとめた畿内色の濃い首長墓であろう。

　なお、2013年に実施した1・2号古墳の墳丘地形測量の知見によると、1墳2石室の前方後円墳とみるのが妥当である。

メモ・気づき　新庄の交差点から竹原市街方面に約1km行った賀茂川右（西）岸の山裾に**青田古墳**(あおた)の横穴式石室が開口。また、古墳から南へ約70mの山裾で、須恵質(すえしつ)亀甲形陶棺片(きっこうがたとうかん)（**毘沙門岩下採集陶**(びしゃもんいわ)**棺**）が採集されており、県内では初めての例として注目。

　なお、古墳群の出土遺物や陶棺片は、町並み保存地区の竹原市歴史民俗資料館で展示。

行き方　JR呉線竹原駅から広島センター行バスで横大道下車。バス停南側から山裾へ徒歩10分。

詳しく知る参考文献　251頁の16。

地形図（竹原）

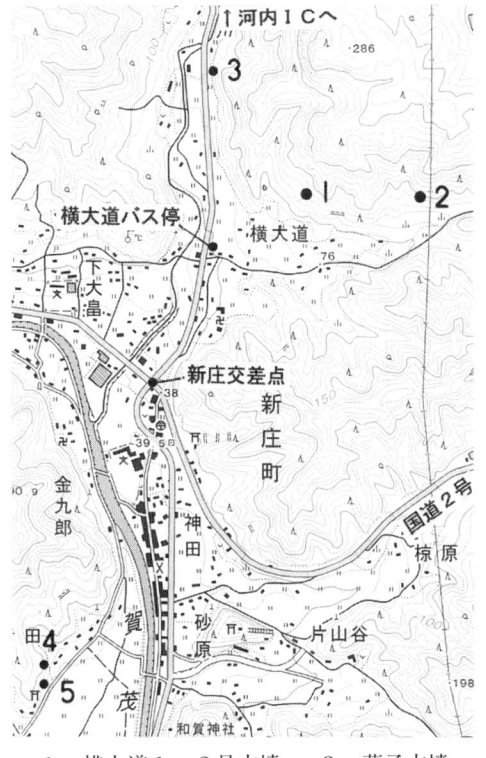

1　横大道1・2号古墳　　3　葛子古墳
2　横大道7号古墳　　　 4　青田古墳
5　毘沙門岩下陶棺採集地

圧倒される巨大な横穴式石室

梅木平古墳　県史跡
ばいきひら

三原市本郷町下北方

墳　　丘	開墾され不詳
埋葬主体	横穴式石室（両袖式）
副葬遺物	不詳
築造時期	後期（6世紀末～7世紀初）

＜見どころ＞

①畿内型の巨大石室

②石柱状の袖石で区分した構造

横穴式石室開口部の状況

大型石室の石積み状況（玄室）

概要　本郷町下北方の市立本郷中学校の北側に山王社があり、その鳥居の西約50mに石室が見えるのが梅木平（1号）古墳である。
しもきたがた
さんのうしゃ

丘陵の南側先端に築造されているが、周辺の開墾が著しく、墳丘の形や封土については明らかにできない。しかし、背後の丘陵を削平しているらしい地形が観察できる。現在、墳頂には小堂があり、中に平安時代の作品といわれる木彫の仏像が安置されている。
ほうど

石室は東南方向に開口しており、入口の前側は削られ、急斜面となっている。石室は全長が13.25m、中に入ると暗い空間が続いているが、見学用の電灯が付けられ、音声によるガイドも聞くことができる。石室のほぼ中央部の両側には、2段に積んだ石柱状の石が張り出して部屋を区切っている。天井石の架けられている状態から見ると、この仕切られた奥が玄室、前が羨道で、両袖式の石室であることがわかる。玄室は長さ約6.3m、奥壁付近に立つとその巨大さが実感できる。奥壁は横長の大石を3段に積み、高さ約4.2m、
げんしつ　せんどう
りょうそでしき

48

2　古墳時代＜西部・中部地域＞

幅約3mで、県内の石室では最大の規模である。石室の形態や石積みは奈良県などの大型石室と共通しており、畿内型石室としてとらえられる。

これまで発掘調査されたことはなく、出土遺物については明らかでない。6世紀末から7世紀初頭頃に築造され、沼田川中・下流域を広く統治した広域首長の墓と考えられる。

玄室から袖部を見る

　近隣には、竜山石製の家形石棺を納めた古墳や、切石造りの**御年代古墳**、白鳳期に創建された**横見廃寺跡**などが営まれており、こうした環境の中にある梅木平古墳は、当時、相当な政治的要因のもとに造られたとみてよいだろう。なお、石室の形態からみると、**貞丸1号古墳**に先行して築造され、竜山石製の家形石棺を納めていた可能性が強いと考えられる。

用語の意味　横見廃寺跡－県内最古級の寺院跡で国史跡。奈良県の山田寺跡、檜隈寺跡などの軒丸瓦と共通した火炎文や、法隆寺若草伽藍の軒丸瓦と共通した忍冬文が出土して注目。伽藍配置は明確ではないが、講堂、回廊、塔と推定される建物が検出されている。

メモ・気づき　古墳の南西下側にある民家の庭西端に天井石1枚が露出し、半壊した横穴式石室（**梅木平2号古墳**）が残されている。本郷中学校の北側の道を東へ進むと、学校東側が横見廃寺跡である。遺構は復元されたものはないが、詳しい説明板（駐車場あり）がある。

行き方　JR山陽本線本郷駅から日名内上行のバスで国道2号線の北方橋バス停下車。交差点から宮地川に架かる小さな橋を渡り、土手沿いに東進し、本郷中学校西側から山王社前を経てすぐ。バス停から徒歩5～6分。車の場合は山王社前に駐車可。　　位置図は57頁。

詳しく知る参考文献　251頁の17、257頁の追補のA。

49

切石の精美な畿内型石室

御年代古墳　国史跡
三原市本郷町南方

墳　　丘　　方墳か
埋葬主体　　横穴式石室
　　　　　　家形石棺2基
副葬遺物　　馬具（鞍金具など）
築造時期　　終末期（7世紀半ば）

＜見どころ＞
①切石造りの畿内型石室
②随所に見られる巧みな石組
③花崗岩製の刳抜式家形石棺

概要　一つの横穴式石室に2個の家形石棺を納めるという、全国的にも例の少ない古墳として早くから注目されてきている。

横穴式石室の開口部の状況

花崗岩切石の石室と2個の家形石棺

　1895（明治28）年4月、国道を修理するための石垣用石材を採取しようとして石室が発見されたという。当時の様子についての記録からうかがえることは、入口付近の天井石の一部が破壊され、空洞の石室が発見されたこと、石棺の両側には泥土が堆積し、埋まった状態であったこと、その泥土を運び出すとき、土器の破片が相当あったこと、2個の石棺の蓋を持ち上げて、中を確認したこと、中は朱が塗られており、頭蓋骨片、鞍金具数点、鉄刀片などが出土（どちらの石棺内かは不明）したこと、があげられる。

　古墳は丘陵の南側傾斜面に築造されており、石室は南に開口している。入口には、音声によるガイド施設と石室内の電灯スイッチがある。石室の上は早くから畑や墓地に開墾された平坦面となり、墳丘を思わせるような封土は

2　古墳時代＜西部・中部地域＞

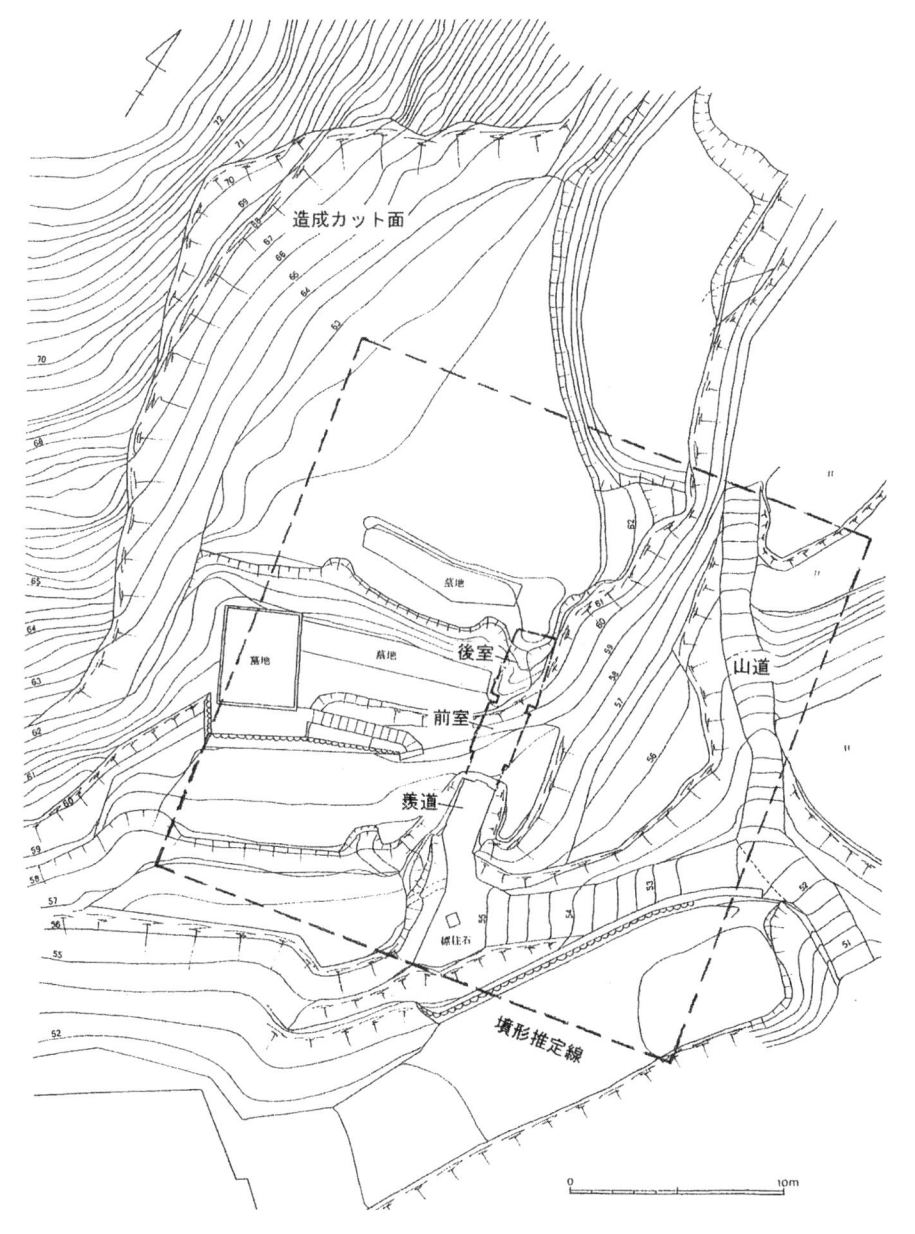

御年代古墳の地形測量図と墳形の推定　（『芸備』36 報文から）

見られないが、少し気がかりなことは、この平坦面を囲むように、西から北側にかけて傾斜の急な丘陵斜面が見られることである。この斜面は古墳築造にあたっての造成面の痕跡ではないかとの考えから、周辺の地形測量を行い、現在のところ、一辺が26m程の方墳の可能性を想定している。

玄室を二分する門構えの石組み状況

石室は、羨道と玄室からなる両袖式の形態で、全長は約10.8mである。花崗岩の切石を1段で組んでいるが、玄室では石を巧みに切り合わせはめ込んだ箇所もある。

玄室は長さ6.6mで、そのほぼ中間に、石柱とその上に架けた鴨居状の横石で門構えを造り、2室に仕切っているのが特徴である。

前室の刳抜式家形石棺（奥室から）

門構えの石柱と横石とは巧みなL形の加工で組まれていることや、前側の石面に閉塞板などをはめる縁取り状の削り加工がなされていることも、注意して観察しておきたい。

2室には、それぞれ花崗岩製の刳抜式家形石棺があり、県内では他に例がない。蓋はともに屋根形で、縄掛突起はなく、家形石棺としては新しい時期のタイプである。蓋を比較してみると、後(奥)室のものは長さ2.45m、幅1.08mの細めで、棟の平坦面幅も狭いのに対し、前室のものは長さ2.36m、幅1.34mで、棟の幅も後室のに比べ、45cmほど広く、全体的に丸みを帯び、幅広の感じである。この違いは製作時期が異なっていることを示しており、石室の構造からみると、前室の棺が後から納められたと考えられることと一致している。

2　古墳時代＜西部・中部地域＞

　石室の形態・構造の特徴は、大和（奈良県）で7世紀になって構築された花崗岩切石の石室（岩屋山式横穴式石室）と共通しており、御年代古墳はその亜式（よく似た次の型式）としてとらえることができる。石棺の年代観と合わせてみて、7世紀半ば以降に営まれた畿内型の終末期古墳である。

　このように、奈良県にあっても不思議ではない石室・石棺をもつ御年代古墳が、なぜこの地域に築造されたのであろうか。6世紀末から7世紀後半にかけて、畿内色の濃厚な古墳や寺院が、梅木平古墳→貞丸古墳群→御年代古墳→横見廃寺の順に営まれていることは、沼田川下流域がヤマト政権にとって、政治的に大変重要な地域であったことを示している。その背景には、7世紀後半の時期に安芸・備後の国が設置され、古代統一国家が成立するが、沼田川がその国境になるという事実が存在している。

1　御年代古墳　　2　貞丸1・2号古墳
3　墓地内の石棺の小口石・側石
4　南方神社石棺（二本松古墳）

用語の意味　岩屋山式横穴式石室－奈良県明日香村の岩屋山古墳の石室を標式とした花崗岩切石の石室をいう。王族や有力官人の墓とされている。

メモ・気づき　南方の国道2号線の「南方小学校入口」交差点のそばに尾原バス停があり、そのすぐ南側の広場（小学校跡地）が「ほんごう古墳の里」駐車場となっている。遺跡見学の案内板や仮設トイレもある。ここを拠点として、徒歩で見学。国道沿いの古墳見学は1時間半～2時間。

行き方　JR山陽本線本郷駅からは日名内上行のバスで尾原下車。山腹へ。「古墳の里」駐車場からは、西進して国道の下をくぐると徒歩6分。

詳しく知る参考文献　251頁の18。　　　地形図（竹原）

竜山石製家形石棺のある古墳

貞丸(さだまる)1・2号古墳
県史跡　三原市本郷町南方

墳　　丘　不詳
埋葬主体　横穴式石室
副葬遺物　不詳
築造時期　後期（6世紀末～
　　　　　7世紀初）

＜見どころ＞
①1号古墳石室の家形石棺の身
②大日堂境内の家形石棺の蓋

概要　御年代古墳から山沿いの道を西に10分たらず歩くと、大日(だいにち)堂(どう)という小堂があり、その西側に1号古墳、北側に2号古墳の石室が開口している。周辺は早くから

修復されている1号古墳の現状

1号古墳の横穴式石室と家形石棺の身

畑などで開墾され、天井石も一部露出して、両古墳とも墳丘の範囲や封土については明らかではない。

1号古墳は石室の前側は既に失われており、奥側の玄室が残っている状態である。地震の影響もあり、石室が壊れてしまう危険性があったことから、補強・修復し、封土も盛り、解説板も設置されて現在のような様子になっている。入口両側の石柱状の石（袖の部分）や奥壁の石の積み方などが、梅木平古墳の石室とよく似ており、元は両袖式(りょうそでしき)の形態であったとみられる。奥幅は2.09mあり、大型の石室といえる。東側壁寄りに置かれているのが刳(くり)抜(ぬき)式家形石棺の身である。長さ2.15m、幅約1.15m、高さ約60cmで、刳り抜いた部分は、長さ1.81m、幅77～81.5cm、深さ30cmである。石材は凝(ぎょう)

54

2 古墳時代＜西部・中部地域＞

灰岩で、兵庫県高砂市付近で産出している竜山石であることが注目される。蓋については残っておらず、所在不明である。

　大日堂の庭に大きな石碑が立っており、その土台の石をよく見ると家形石棺の蓋である。長さ1.69m、幅99cmの大きさで、縄掛突起が長辺に２個ずつ、短辺に１個ずつ、合計６個ある形態であるが、このうち３個は削り取られている。この蓋は１号古墳の身とは大きさが合致しないので別の個体である。また、蓋のそばに組合せ式家形石棺の側石残片があり、蓋と組まれていたものらしい。蓋も側石片も石材は竜山石である。これらは２号古墳から持ち出されたものともいわれているが、確証はない。

２号古墳の横穴式石室内部

大日堂石碑土台の家形石棺の蓋

　１号古墳の山側に約20ｍ離れて**２号古墳**がある。大日堂の東側から細い道を登るとよい。石室は入口が壊されたり、埋まったりして全体の形態ははっきりしないが、片袖式のようである。奥壁や側壁の配石・石組みの状態からみると、１号古墳に後続して造られている。

　２号古墳の背後は急な斜面である。いったん道に出て、丘陵西側に回り山道を登ると、尾根先端のあたりが墓地となっている。その中に、小石仏の土台石として使用されている組合せ式家形石棺の小口石１枚があり、また、その前斜面に、一方が欠けている側石片１枚がある。これらも竜山石で、その大きさからみて、大日堂庭の蓋石や側石残片とセットになるものである。

　このように、貞丸古墳群には刳抜式と組合せ式という形態の異なる２個の

55

竜山石製家形石棺が、遠方から運び込まれているのである。

　大日堂の前から山沿いの道（旧山陽道）を西へ10分たらず歩くと南方神社の鳥居と階段の前に着く。神社の境内に登ると組合せ式家形石棺が置かれており、**二本松古墳**として説明板がある。実はこの石棺も竜山石製である。蓋、身の底石、側石1枚が残存しており、小口石などは復元したものである。以前は、底石の上に蓋が逆さに置かれて手洗鉢とされ、側石は拝殿の踏石に利用されていたが、現在は不足した石を補って組み、展示したものである。

　蓋は長さ2.1m、幅約1m、高さ44cmで、長辺に2個ずつ合計4個の縄掛突起がある。底石は蓋

2号古墳背後墓地の家形石棺の小口石など

南方神社境内の組合せ式家形石棺

とほぼ同じ大きさで、上面（内面）には長さ1.73m、幅60cm前後、高さ5cm程の長方形の造出しが設けられている。

　石棺がここにある経緯については伝わっておらず、明らかではないが、神社のある丘陵に存在していた石室から持ち出されたものかも知れない。

用語の意味　縄掛突起－家形石棺などの主に蓋に見られる突起で、方形や円形をなす。運搬用の縄掛けや棺の封鎖のためなど、用途は定まっていない。

メモ・気づき　貞丸古墳群と南方神社境内石棺はほぼ同じ時期のもの。

行き方　ＪＲ山陽本線本郷駅から日名内上行バスで上尾原下車。北側すぐ。

詳しく知る参考文献　251頁の17、257頁の追補のＡ。　　　地形図（竹原）

2 古墳時代＜西部・中部地域＞

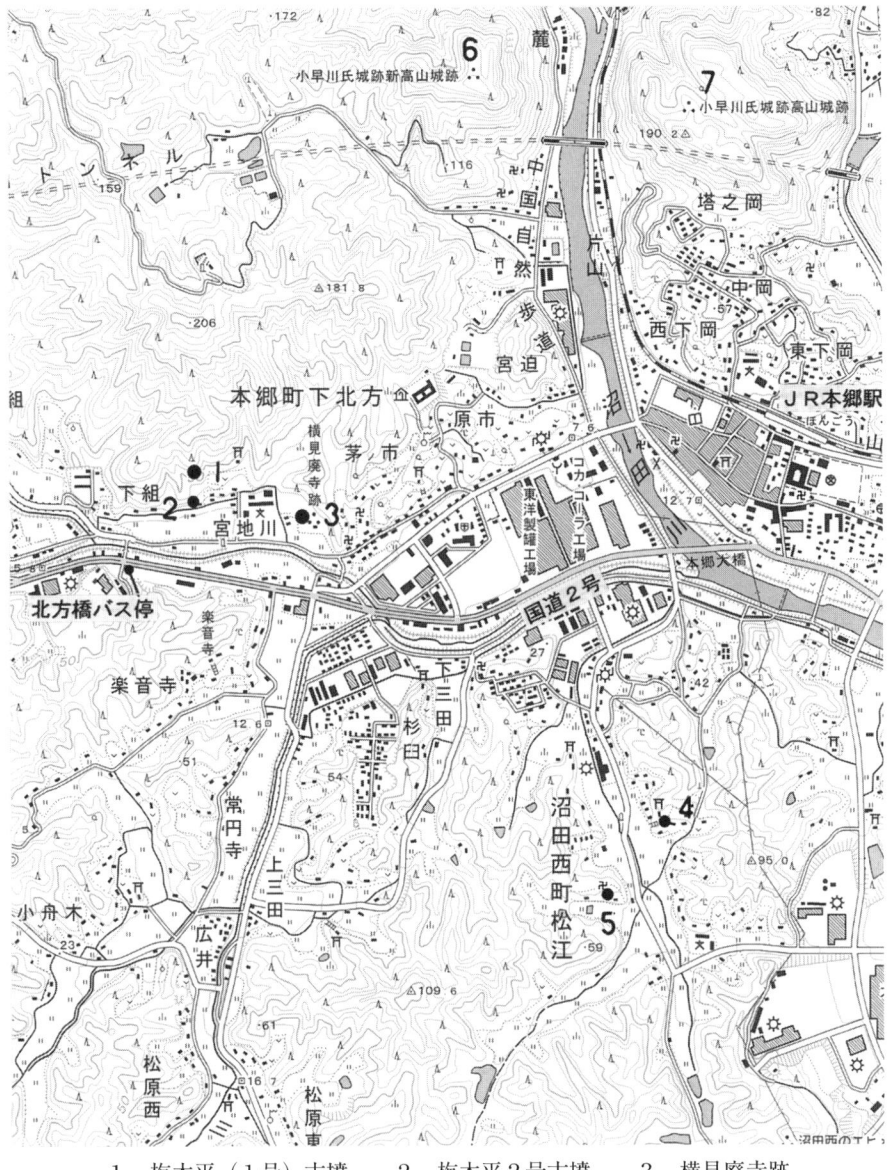

1　梅木平（1号）古墳　　2　梅木平2号古墳　　3　横見廃寺跡
4　常磐神社（溜箭古墳石棺蓋）　　5　長円寺（溜箭古墳石棺身）
6　新高山城跡　　7　高山城跡

蓋と身が離ればなれの家形石棺

溜箭古墳
たまりや

三原市沼田西町松江

墳　　丘	不詳
埋葬主体	横穴式石室（消滅）
	家形石棺（竜山石）
副葬遺物	不詳
築造時期	後期（6世紀末～7世紀初）

＜見どころ＞

①家形石棺の蓋と身

常磐神社境内の家形石棺の蓋

同上、短辺の縄掛突起の状況

概要　国道2号線は本郷町並の南側で沼田川を渡るが、この本郷大橋の西詰めから南へ進むと沼田西町松江の細長い谷が広がる。西詰めから約1kmで、東側に常盤神社（ときわ）の鳥居と参道がある。階段を登ると、境内の南端に家形石棺の蓋石が逆さに置かれ、手洗鉢として利用されている。石材は、兵庫県の竜山石である。

　蓋は長さ1.98m、幅91～96cm、高さ39cmで、長辺に2個ずつ、短辺に1個ずつ、合計6個の縄掛突起がある。南方神社境内のものと似てはいるが、これはやや小振りで、縄掛突起が短辺にもあるのが異なっている。

　元の道にもどり、さらに南へ約200m行くと、西側へ入る小道があり、少し進むと長円寺（ちょうえんじ）である。車の場合はお寺の駐車場がある。門を入ると右側に家形石棺の身が置かれており、この石材も竜山石である。

　身は刳抜式のもので、全体は長さ約1.9m、幅83cm、刳抜きの部分は長さ1.72m、幅64cm、深さ25cmである。各辺の縁には1条の凹線が縁取り

2 古墳時代＜西部・中部地域＞

状に施されている。また、短辺の底に低い脚台を造り出している。これらの加工は、通常は見られないものなので、後世の改造のようである。

　以上の蓋と身は刳抜式家形石棺のセットで、明治時代に松江にあった溜箭古墳の横穴式石室から持ち出されたとされている。

長円寺庭内の家形石棺の身

　本郷町を中心とした沼田川とその支流尾原川流域には、竜山石製の家形石棺が4セット運び込まれている。刳抜式が2、組合せ式が2である。

行き方　国道2号線の本郷大橋西詰めから、南へ徒歩約15分で常盤神社前。
詳しく知る参考文献　251頁の17。　　位置図は57頁。

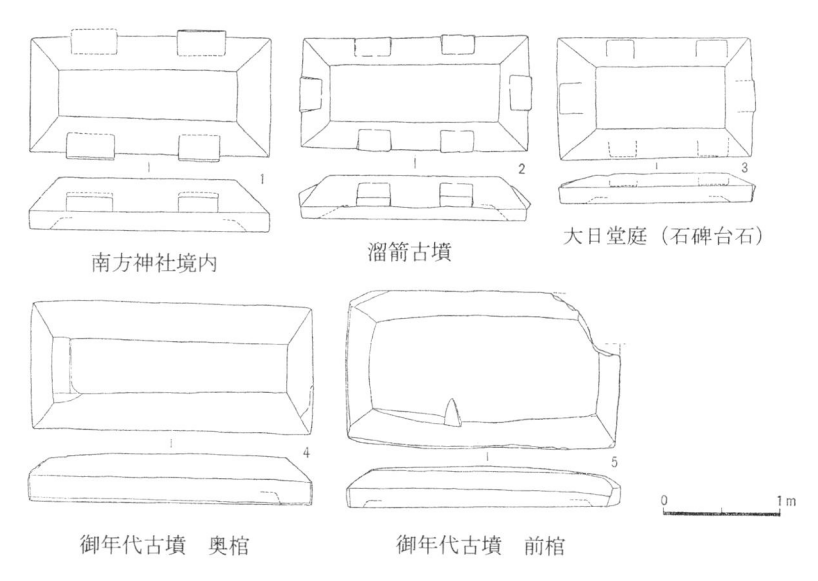

南方神社境内　　　　溜箭古墳　　　　大日堂庭（石碑台石）

御年代古墳　奥棺　　　　御年代古墳　前棺

尾原川流域の家形石棺蓋（『三原市史』を基に作成）

59

棚式の埋葬小部屋をもつ石室

黒谷(くろたに)古墳　県史跡
三原市大和町下草井

墳　　丘　円墳または方墳
埋葬主体　横穴式石室
副葬遺物　須恵器、鉄鏃など、
築造時期　後期（7世紀前半）

<見どころ>
①石室と棚(たな)式小室の形態
②棚式小室の構造

墳丘と横穴式石室開口部の状況

石室奥部の棚式小室

概要　白竜湖（椋梨(むくなし)ダム）に流れる椋梨川流域の、南北に長い黒谷の中ほどに2基の横穴式石室が営まれており、**黒谷暮坪(くれつぼ)1号古墳**を黒谷古墳と呼んでいる。

　古墳は丘陵南側斜面を利用して造られているが、北側には畑が造成されており、周辺は墓地など、地形の改変が著しい。墳丘を区画するような溝やカット面なども明らかでなく、現状から墳丘を判断することはむずかしい。

　石室は南々西方向に開口し、玄室と羨道の区分がない無袖の形態である。全長6.85 m、幅は床面奥で1.28 m、最前部で1.67 m、高さは奥壁部で2.2 mである。奥壁は大型の1枚石を基本として小型の割石を組み合わせており、側壁は下段に大型の石をすえ、その上にやや小さな横長の割石などを4～5段積んでいる。

　この石室の最大の特徴は、最奥部に、床面から約0.9 m高い位置に小室を設けていることである。この小室の底石は奥壁に接して棚状に架けられてお

り、横幅1.88m、縦約1m、厚さ0.3～0.45mの1枚石である。この手前に、横幅約1.8mの同様の1枚石を衝立のように直角に配している。これら2枚の石は、横幅が石室の床面幅よりも広いので、これを設置するために、両側壁を高さ約1mのあたりから上側を幅広に構築しているのである。結局、この2枚の石と両側壁、奥壁で囲まれた箱形の空間（小石室）が造られており、この規模は、横幅約2m、縦（長さ）約1m、高さ（深さ）0.3mで、箱形の石棺を想起させる形態である。この施設はいわゆる石棚とは異なる構造なので、棚式小室と呼ぶこととし、その大きさや形態から見て、死者の棺を安置する小室といえる。このような施設は全国的にも例がなく、これが造られた背景の研究が課題である。小室内に遺物があったかどうかは不詳である。

石室内は過去の盗掘などによってかなり荒れていたが、1985（昭和60）年に床面の発掘調査が行われ、須恵器の杯身、杯蓋、高杯、提瓶、鉄鏃片などが出土している。遺物からみると、古墳は6世紀末から7世紀前半に営まれ、平安時代の初め頃まで再利用やお詣りがなされていたようである。

用語の意味 石棚－横穴式石室の奥部に棚のように渡した施設。本来は石室を補強する架構施設とみられる。

メモ・気づき 2号古墳は、道路をはさんで西側の丘陵斜面にあり、横穴式石室の天井石が数枚露出。

行き方 国道432号線の「和木」交差点から国道486号線を豊栄方面に約3.5km行くと、北側に小学校跡がある。椋梨川を渡り、市道黒谷線を約1km北進すると案内標示があり。右折して山道を登ると古墳下。駐車可。

詳しく知る参考文献 251頁の19。

地形図（下徳良）

1　黒谷暮坪1号古墳　　2　2号古墳

軸式の扉石をもつ石室

神田2号古墳　県史跡
世羅郡世羅町堀越

墳　　丘　方墳か
埋葬主体　横穴式石室
副葬遺物　不詳
築造時期　終末期（7世紀後半）

<見どころ>
①横長の玄室の形態
②軸式の片開き扉石の構造

石室の復元・整備の状況

石室の扉石の復元状況

概要　今高野山のある世羅町市街地から国道432号線を大和町方面に約3km行くと堀越地区で、道路沿いに京丸会館がある。ここから北東方向の山裾に天神社があり、その下側斜面に2基の横穴式石室墳がある。民家の裏斜面に一部復元して残されているのが2号古墳、このすぐ東側約10mの斜面に半壊状態にあるのが1号古墳である。

　2号古墳は丘陵南側の突端斜面に構築されており、現状は崖面上に位置する状況である。そのためか、石室の北、東、南側が大きく削平され、石室自体も半壊している。墳丘の状態については明らかではないが、地形測量の結果からは一辺9mほどの方形墳が想定できる。

　石室は、現在、模造の天井石や扉石などで修復されて見学できるが、それまでは、石室東側壁の石は全て失われ、奥壁と西側壁が残存した状況であった。石室は横長の平面形の玄室に、両袖形態の短い羨道が付き、境（玄門部）に扉石を設けた構造である。復元できる石室の規模は、玄室の奥幅2.65m、

2　古墳時代＜西部・中部地域＞

長さ1.7m、奥壁部高さ1.65m、羨道長さ1.2m、幅1.65m、玄門幅0.85mである。玄室の各壁は1枚石を使用し、石面は切石状に調整している。天井石は玄室から玄門上にかけて1枚架けられている。

扉石は、いつのころからか古墳南東方向の水田側溝の橋に転用されていたため、玄門部における位置については既に不詳となっていたが、石室東下に転落していた軸受穴のある石と、2個の椀形の突起をもつ扉石の形状から判断すると、羨道最奥の狭まった玄門部に設置されていたことがわかる。花崗岩切石の扁平な1枚石で、約1m四方のほぼ正方形、厚さは10〜15cmである。一方端の上下に軸部を設け、直径11cmの突起を造り出している。扉石は入口から見て左側に設置され、片開きである。この形状は、近畿地方などの数少ない例と共通している。

修復している扉石は模造品で、実物は賀茂地区の世羅郷土民俗資料館に保管（見学可）している。また、軸受石は斜面に転落していた実物をもどして置いている。

保管されている軸式扉石

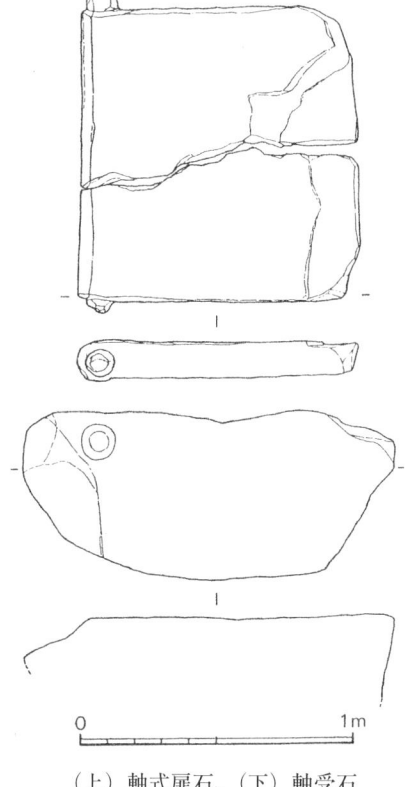

（上）軸式扉石、（下）軸受石
（『芸備』18報文から）

1.36×0.6m大の不整形な長方形状をなし、穴は直径22cm、深さ4cmである。

このように、本古墳の大きな特徴は、全国的に稀な片開きの扉石が完形で現存すること、その設置状況がよく分かることである。築造年代を知る遺物は出土していないが、石室の状況や扉石からみると、7世紀後半頃の終末期古墳の一例である。被葬者は、畿内の政権とつながり、備後国の設置に向けて尽力した地方官人であったかも知れない。古墳が営まれた甲山盆地は、福山湾に流入する芦田川の上流域にあたるので、下流域に顕著にみられる終末期古墳との関係も重要である。

軸受石（移築した実物）

康徳寺古墳の横穴式石室内部

また、近隣には本古墳の成立を考えるうえで注目すべき古墳がある。寺町の康徳寺の参道そばに横穴式石室が開口しているのが**康徳寺古墳**である。墳丘は直径15m、高さ5mの円墳とされ、石室は、羨道前側が削平されているとはいえ、片袖式の形態ととらえられ、現存長は約8mである。玄室は長さ5.82m、奥幅2.4m、奥高3.2mで、県内では有数の大型石室である。出土遺物からみて6世紀末から7世紀初頭の造営とされる。

さらに、西神崎の芦田川が大きく曲折した右岸に**近成山1号古墳**がある。各壁とも基本的に1段積の横穴式石室を構築し、奥壁寄りには幅いっぱいに平坦な2枚の石を敷き、石台を設けている。奥壁寄りの石台上などで石棺の部材（形態は不詳）が出土しており、石材は兵庫県の竜山石とされている。

2　古墳時代＜西部・中部地域＞

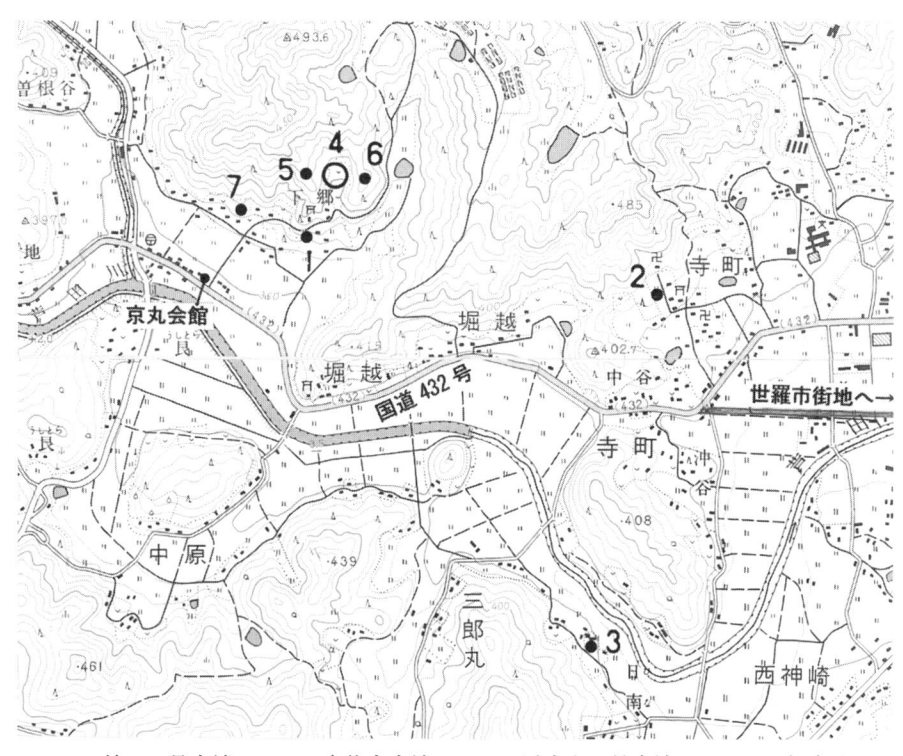

1　神田2号古墳　　2　康徳寺古墳　　3　近成山1号古墳　　4　万福寺跡
5　万福寺七重層塔　6　日南の宝篋印塔　7　廃光明寺宝篋印塔

　このように、古墳時代後期から終末期には、畿内色の濃い特徴的な古墳が営まれており、その背後に、地域を超えた政治的動向がうかがえるのである。

メモ・気づき　世羅郷土民俗資料館は第3日曜日午後と希望日に開館。問い合わせは西太田（にしおおだ）自治センター（Tel 0847-27-0001）。また、康徳寺古墳出土遺物など、町内の考古資料は、今高野山入口の大田庄歴史館に展示。

行き方　車の場合は、世羅町市街地から国道432号線を西進。京丸会館（バス停あり）に駐車可。徒歩5分。康徳寺古墳へは「世羅バイパス西口」交差点から北進し、寺院の駐車場を利用可。

詳しく知る参考文献　251頁の20。　　　地形図（本郷・甲山）

県北最大級の前方後円墳

辰の口古墳
県史跡　神石郡神石高原町高光

墳　　丘	前方後円墳
埋葬主体	竪穴式石室
副葬遺物	管玉1点
築造時期	前期（4世紀後半）

<見どころ>
①墳丘の形態と規模
②後円部の竪穴式石室

後円部の竪穴式石室の展示状況

同上、石室南端部の内部展示

概要　旧神石町の中心部に近い県道25号線の東側丘陵上に営まれている、県北最大級の前期の前方後円墳である。

南から北へ延びる丘陵の先端に築造されており、平地との比高は約30mである。尾根の高い南側を掘りきって墓域を区画し、先端にあたる北側に後円部を設けている。早くから後円部の石室が開口していたため、古墳の保存・整備を目指して、広島大学を中心に測量と発掘調査が行われており、墳丘は全長77m、後円部は南北41m、東西36mの楕円形、高さは7.3m、前方部は幅24m、高さ4.9mと報告されている。全体の平面はしゃもじ形の感じである。墳丘は2～3段に築成され、斜面には下側を中心に葺石が認められる。この石材には主として石灰岩が使用されており、地域の特徴を示している。

後円部のほぼ中心部には、墳丘の主軸方向と同じ南北方向に長い竪穴式石室が1基あり、早くから北側小口部分が開けられ、横穴式石室と誤認されて

2　古墳時代＜北部地域＞

いたという。

　石室は床面で長さ6.7m、幅は底で約80cm、上幅約40cm、高さ1.1mの長大なもので、天井の蓋石は13枚の板石が残っていた。側壁は厚さ3～5cmに加工した板石を丁寧に25段前後、やや内傾させながら積み上げており、開口していた北側小口以外は実によく残存している。
このように長大で、見事な石積みの石室は、現在のところ県内では例がない。副葬品としては石室内に管玉1点が残されていたにすぎなかったが、これは過去に盗掘を受けた結果によるものであろう。

　墳丘西側裾のくびれ部付近で、円筒埴輪を縦に割って利用した埴輪棺が1基検出され、内法は長さ1m、幅約30cmで、幼児用の棺とみられている。

　築造時期については、埴輪から4世紀後半頃とされている。墳丘の形態・規模や長大な石室からみると、ヤマト政権と同盟した有力者の墳墓であろう。岡山県倉敷市に流れる高梁川の支流成羽川上流域の中国山地に位置しており、山陰方面をも視野に入れた内陸の交通・交易路との関わりで営まれた古墳であろうと推察される。

　なお、現在、後円部には覆屋が設置され石室が保護されている。、石室南端部の蓋石があけられ、一部ではあるが、窓越しに内部が見学できる。

行き方　中国自動車道東城ICから南進し、「友末」交差点から県道25号線を進む。犬瀬（下帝釈）を経由して呉ヶ垰・上下方面に向かうと、じんせきの里・ふれあい公園（神石公民館、駐車場あり、東城ICから16km）。郵便局の北東山裾（案内標示あり）から古墳へ登る徒歩5分。上下町からは県道25号線で約22km。

詳しく知る参考文献　251頁の21。　　　　地形図（福永）

67

砂岩を刳り抜いた横穴墓群

八鳥塚谷横穴墓群
（はっとりつかたにおうけつぼ）

県史跡　庄原市西城町八鳥

墳　　丘	斜面に横穴
埋葬主体	横穴墓
副葬遺物	須恵器など
築造時期	後期（6世紀末）

＜見どころ＞
① 並列する横穴墓群
② 玄室形態の比較

横穴墓群の立地状況（中央丘陵斜面）

丘陵斜面の立地状況（3号墓付近）

概要　県内で、近接して6基の横穴が現存し見学できるのはこの墓群だけである。

　西城（さいじょう）町並みの北方、八鳥の谷の入口付近に位置しており、小さな丘陵先端の南側斜面に砂岩（さがん）を刳り抜いた6基が並列している。先端にあたる西側から1～6号と呼んでおり、これらは長さ約30mの範囲に接近して営まれている。2号墓と3号墓の間が約9m離れているが、他は4～5mの間隔である。

　横穴墓はいずれも奥の玄室に短い羨道を付けた形態のものである。玄室の床面の平面形を見ると、1号と2号墓が正方形に近い（1号墓は長さ、奥幅とも1.75m）のに対し、3号～6号墓は長方形状（長さ約3m、奥幅1.76～1.96m）である。また、横断面はいずれも長円弧状（ちょうえんこ）で、天井頂部は尖頭又は尖頭状（せんとう）のもの（1・5・6号）と、弧状のもの（2・3号）とがある。床面は土砂で埋まっている部分が多いが、奥から入口方向に低くなるよう傾斜をつけている。壁面の加工はほとんどが丁寧に調整しているが、4号墓は粗削りの仕上げで、

2 古墳時代＜北部地域＞

随所にノミ痕が観察される。羨道部は開口部が土砂で埋没しているものが多いが、トンネル状をなし、天井は尖頭のものも見られる。比較的よく残存している5号墓は、天井部の長さ1.06 m、幅は玄室との境で1.2 m、高さは1.06 mである。また、6号墓では入口にいくつかの石が存在しており、羨道側壁が石組みであるかも知れない。

過去に出土した遺物としては土師器片や須恵器片があり、横穴墓群は6世紀末から7世紀初頭頃に営まれたようである。

西城町にはこれまでに20基の横穴墓が知られており、県内の約半数が集中している。このうちの11基が西城川の支流八鳥川流域の、八鳥の谷とその南に続く大佐地域に営まれている。それらの中核であるのが八鳥塚谷横穴墓群で、これを営んだ集団が、横穴墓を山陰地域からもたらした中心勢力であったとみることができるだろう。

3号墓の内部（砂岩を刳り込む）

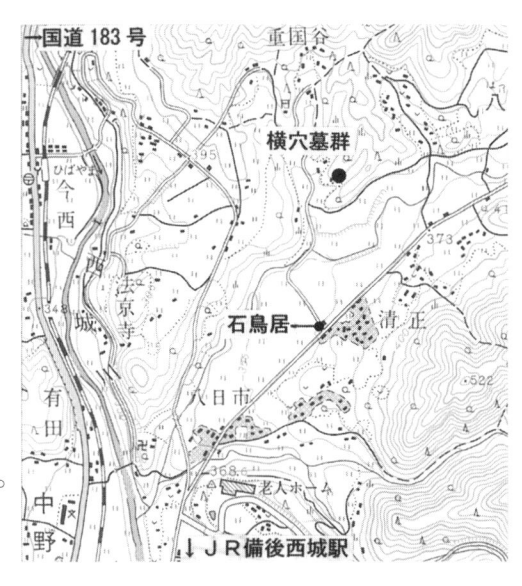

地形図（小奴可）

行き方 ＪＲ芸備線備後西城駅から北方向へ進み、八日市を過ぎて清正の集落に着くと白山神社への石鳥居がある。ここから重国谷方向に約500 m行った東側の丘陵斜面。駅から約3.2km。車の場合は道路そばに駐車可。

詳しく知る参考文献 251頁の22。

県北最大規模の横穴式石室墳

唐櫃古墳 県史跡
庄原市川西町唐櫃

墳　　丘	前方後円墳
埋葬主体	横穴式石室
副葬遺物	玉類、馬具類、鉄鏃など
築造時期	後期（6世紀後半～7世紀前半）

〈見どころ〉
① 西城川沿いの立地
② 大型の横穴式石室

前方後円墳の整備状況

大型横穴式石室の内部

概要　県北では傑出した大型の横穴式石室を構築した前方後円墳である。県史跡指定に伴って発掘調査され、整備・復元されている。
　西城町から流れてくる西城川は、庄原市街地北東の明賀付近で狭い谷間を蛇行するが、古墳はその最も狭まった右（北）岸の丘陵先端付近に築造されている。まさに河川を強く意識した古墳であることがわかる。
　墳丘は全長41.4m、後円部直径約30mの規模で、西側に小さめの前方部を設けている。後円部と前方部との比高は約3.5mある。後円部は北側と東南側にテラス状の緩やかな斜面があり、2段築成のようである。墳丘の北側から東側にかけては周溝が認められ、墓域を区画している。調査前、前方部には、直交する形で盗掘坑があったが、現在は整備されているので見られない。後円部に構築された横穴式石室は河川を見るほぼ南に開口しており、全長13.1m、奥幅2.1m、高さ2.5mで大型である。入口から見て左側壁のな

2 古墳時代＜北部地域＞

かほどには石柱状の石が立てられ、奥の玄室と入口側の羨道を区分する袖石であろう。玄室は長さ7.2mで、床面幅は奥よりも中央部寄りがやや広く、2.4mである。奥壁は1枚石を基本とし、上側に横長の小型の石を詰めている。側壁は比較的大型の石を2～3段積んでいる。天井石は5枚あるが、袖石上のものはなくなっている。羨道部は上半部が欠損して側壁は1～2段のみ残り、天井石は全て失われていた。現在の羨道の天井石3枚は復元したもので、本来この状態に架けられていたかどうかは明らかでないので注意しておきたい。

　出土遺物は、金環（耳輪）、玉類（銀製の梔子形空玉1点あり）、金銅製鈴、轡などの馬具類、鉄鏃、鉄釘、須恵器、土師器などがある。

　石室は羨道部が欠落しているので、全体の形態が明らかでないが、遺物からみると、6世紀後葉に築造され、7世紀前半にかけて追葬されている。墳丘・副葬品は畿内色が濃く、県北では最大級の石室であることと合わせてみると、庄原地域を広く統率した広域首長の墳墓であると考えてよい。被葬者の集団は、後の三上郡創設に大きな影響力を持ったことも推察される。

メモ・気づき　以前は**明賀古墳**と呼んでいたが、指定に伴い変更。

行き方　「庄原駅前南」交差点から旧国道183号線を西城方面に向かい、西城川沿いの谷間を3km余り進んで大きく曲がると明賀橋（そばにバス停）があり、ここから対岸の丘陵上に古墳が見える。橋を渡り、芸備線踏切を越えて川沿いの丘陵上へ、橋から徒歩10分。車の場合は丘陵下に駐車場あり。

詳しく知る参考文献　251頁の23。　　　地形図（庄原）

1　唐櫃古墳　　2　佐田谷墳墓群

庄原地域最大の前方後円墳

旧寺古墳群 県史跡
庄原市掛田町旧寺

墳　　丘　前方後円墳（1号古墳）
埋葬主体　不詳（竪穴式石室か）
副葬遺物　不詳
築造時期　中期（5世紀後半）

＜見どころ＞
①1号古墳の形態と規模
②古墳群の分布状況

概要　合計12基の古墳群で、前方後円墳である主墳（1号古墳）と付属した陪塚との分布関係がよくわかる典型的な例である。

西城川左岸の比高が約50mの丘陵上に営まれており、河川流域や庄原市街地がよく眺望でき、上野池そばの瓢山古墳も見える。

1号古墳の墳丘全景

1号古墳後円部から庄原市街地の眺望

古墳群は広島大学によって測量がなされており、1号古墳は全長61.7m、後円部は直径39.3m、高さ6.5m、北側に付設した前方部は幅28.8m、高さ3.8mと報告されている。庄原・三次地域では最大の前方後円墳で、墳丘は前方部が2段、後円部は3段の築成とみられ、葺石が貼られて、埴輪も確認されている。発掘調査はされておらず、埋葬の主体部については明らかでないが、後円部の頂部には盗掘坑があり、竪穴式石室があると推測されている。

1号古墳の周囲には、前方部の北から東側に8基、後円部の南側に3基の小円墳が隣接しており、これらは1号古墳に追従して葬られた墓である陪塚とみられる。このうち墳丘が最大のものは前方部の前（北）側の9号古墳で、

2 古墳時代＜北部地域＞

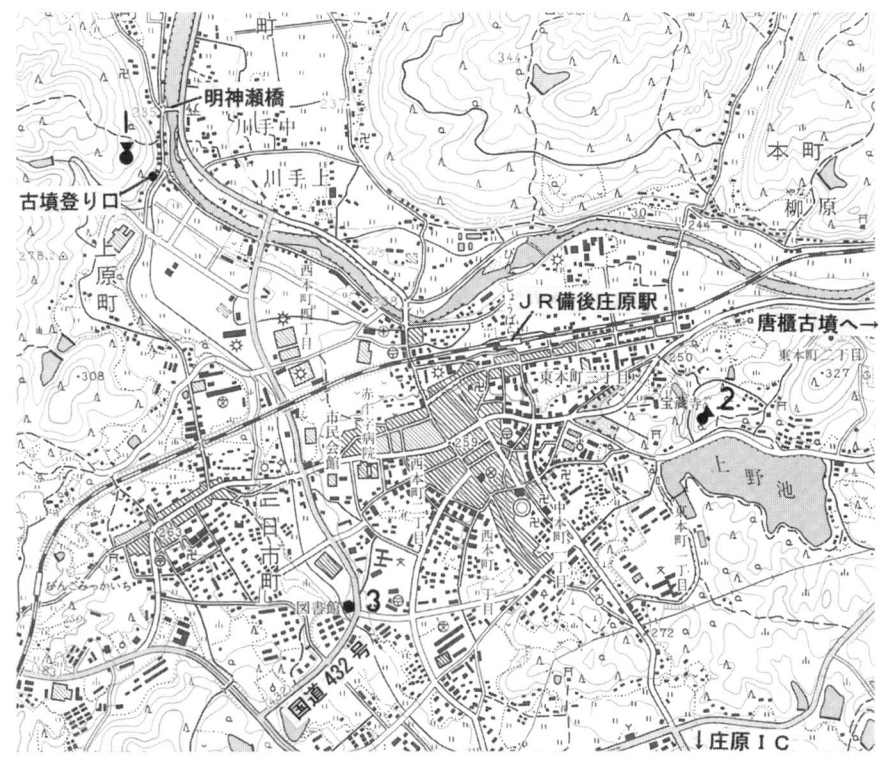

1 旧寺古墳群　2 瓢山古墳　3 田園文化センター（歴史民俗資料館）

直径16.2m、最小のものは後円部に接した3号古墳で、直径5.5mとされている。古墳群の築造時期は5世紀中頃から後半と推定されている。
　この地域には同様の中期の前方後円墳として**甲山古墳**（全長約59m、上原町）や**瓢山古墳**（全長約41m、本町）、**広政2号古墳**（全長約48m、小用町）などがある。1号古墳と合わせ、ほぼ同じ時期に数基が集中していることは注目される。首長墓が移動した様相としてとらえられるだろう。
行き方　庄原市街地から国道432号線を比和・高野方面に向かい、西城川沿いに進むと掛田バス停の所に明神瀬橋がある。橋を渡って南側へ約250m行くと古墳への登り口。ここから徒歩約10分。車の場合は登り口付近に駐車可。
詳しく知る参考文献　252頁の24。　　　地形図（庄原）

三次地域最大の横穴式石室

粟屋高塚古墳
あわやたかつか

三次市粟屋町

墳　　丘　帆立貝形墳か
埋葬主体　横穴式石室（玄門式）
副葬遺物　須恵器
築造時期　後期（6世紀後半）

＜見どころ＞
①奥深い山中への立地
②石室の形態（両柱式）

横穴式石室の奥部の状況

玄門部の石組み状況（玄室から見る）

概要　霧の海が展望できる高谷山（たかたにやま）から西に続く尾根上に築造されており、三次市街地からは隔絶した位置にある。

　高谷山の駐車場から展望台のある丘陵に登り、尾根線の遊歩道を展望台とは反対方向（西側）に進む。いくつかのアンテナ鉄塔や高谷山頂を経由して約15分歩くと、ＮＴＴドコモ高谷基地局のアンテナ塔がある。ここからさらに西に約150ｍ下ったところに古墳はある。

　墳丘は直径18ｍ、高さ3ｍの円墳とされているが、南側に長さ5～6ｍの低い造出しがあるようで、全長約25ｍの帆立貝形となる可能性がある。墳裾の北から西側にかけては周溝が観察できる。

　主体部は横穴式石室で東側に開口している。石室は奥側の玄室と入口側の羨道からなり、その境に、両側の石柱に鴨居（かもい）状の横石を架して玄門（げんもん）を造った玄門式石室である。全長は約11ｍ、羨道の前側は埋没部分がある。玄室は長さ5.12ｍ、奥幅約2ｍ、高さ2.4ｍ程で、奥側には長さ2ｍ以下の平板な

74

2 古墳時代＜北部地域＞

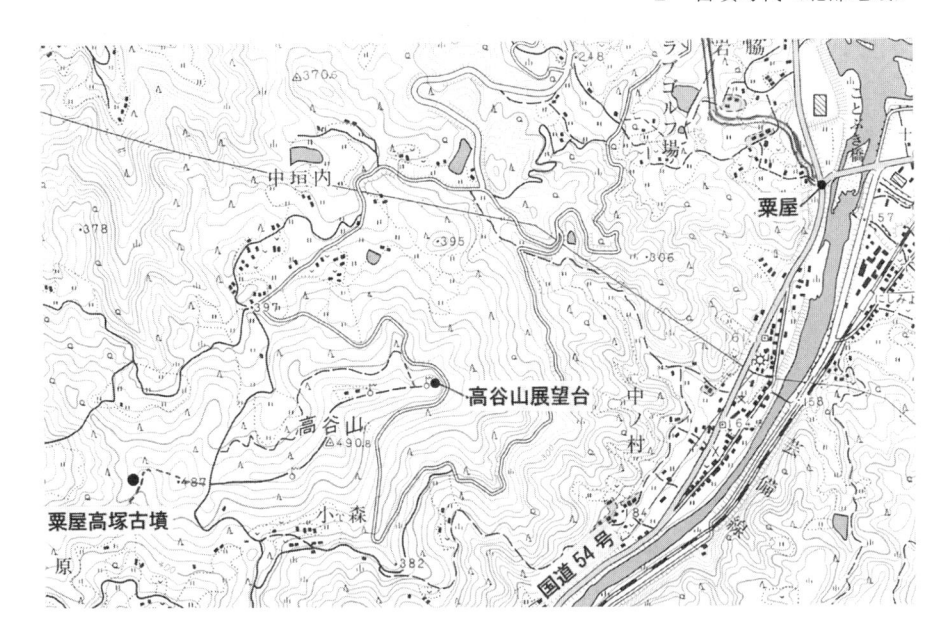

石2枚が置かれている。向かって左側の石は、側壁に立てかけているが、本来は2枚を合わせて床面に敷き、棺台としていたものであろうか。奥壁は下段に大型の石1枚をすえ、その上にやや小型の石を積んだ2段積みを基本としている。側壁は下段に比較的大きな横長の石を置き、その上に小型の割石を不規則に内傾させながら5〜6段積んでいる。玄門部は、入口から見て右側の石柱は側壁にはめ込まれ、鴨居状の横石をしっかり支えて立てられているのに対し、左側の石柱は側壁から遊離して立てられている。

　過去に杯などの須恵器が数点採集されており、6世紀末から7世紀初頭頃の資料である。玄門式横穴式石室は、県内では6世紀後葉から7世紀前半にかけて、江の川の支流である可愛川下流域からその上流の戸島川流域（三次市粟屋町〜安芸高田市向原町）に集中的に分布するという地域的特徴が顕著である。本古墳は、この分布圏の最も北側にある地域首長墓としてとらえられ、山陰地域を経由してもたらされた北部九州系の石室墳といえる。

行き方　高谷山の駐車場へは、国道54号線の「粟屋」交差点（ことぶき橋西詰）を西進する。展望台から古墳まで約1.5km、徒歩約20分。　　　　地形図（三次）

三次地域で最初の古墳か

岩脇古墳 県史跡
三次市粟屋町柳迫

墳　　丘　円墳
埋葬主体　竪穴式石室など
副葬遺物　出土品不詳
築造時期　前期（4世紀前半）

＜見どころ＞
①立地場所、地形
②墳頂部の複数の主体部

墳丘全景の現状

墳頂部の埋葬主体部の状況

概要　江の川に架かることぶき橋西詰めの「粟屋」交差点は、国道54号線から三次市街地への分岐点で、ここを西側の山手に進むと、霧の海の展望で知られる高谷山にいたる。この途中から、元国民宿舎長寿村の北側にある岩脇古墳公園に行くことができる。

　古墳は北に流れる江の川に、東から流れてきた馬洗川が合流した西側の、比高が40m程の丘陵上に営まれている。現在、主墳である岩脇古墳と7基の小円墳が隣接している。ここから、以前は河川流域や市街地がよく望めたが、最近は大きな建物が建ち、やや見通しがよくない。

　古墳は直径31m、高さ4.5mの円墳で、県内では大型の墳丘である。墳頂部には、過去の発掘調査で、ほぼ中心に1基の竪穴式石室、この周りに箱式石棺墓4基、石蓋土壙墓（素掘りの墓壙に板石数枚で蓋をした墓）1基、合計6基の埋葬主体部が確認されており、見学できる。

　竪穴式石室は南北方向を主軸とした長さ2.4m、幅0.7m、深さ0.55mほ

どのやや小さめの規模で、北側を頭位とする人骨片が残存していたが、副葬品は出土していない。箱式石棺墓には幼小児の埋葬施設と考えられる極めて小型のものがある。中心となる竪穴式石室は墳丘の比較的深い位置に構築されているが、他の箱式石棺墓などは表面近くの浅い場所に構築されている。

中心の竪穴式石室の状況

なお、墳丘に埴輪は確認されていない。

築造時期については明らかでないが、墳丘は大型であり、埋葬主体部はやや小さめの竪穴式石室に埋葬された人物を主とした家族墓、といった様相から見ると、前期（4世紀）に造営されたこの地域最初の首長家族墓であったとみてよいだろう。

前期に築造された可能性のある近隣の古墳として、前方後円墳の**若宮古墳**（県史跡）がある。JR三次駅の東南丘陵の若宮神社の境内南端に造営されており、岩脇古墳とは互いに見通せることができる。墳丘は南北方向に長軸をもち、全長約36m、後円部直径約22m、高さ約3.5m、後円部と前方部との比高は約1.5mである。未調査のため主体部については明らかでないが、この地域の前方後円墳の導入を考えるうえで重要である。また、中期の古墳ではあるが、前方部の短小な帆立貝形古墳とされる**酒屋高塚古墳**（県史跡）は、過去に画文帯神獣鏡が出土し、畿内系の首長墓として注目される（広島県教育委員会『酒屋高塚古墳』1983）。

メモ・気づき 岩脇古墳群のすぐ南側斜面では、弥生時代末期頃の数基の箱式石棺や石蓋土壙が検出されており（岩脇遺跡）、その一部は見学できる。

行き方 JR芸備線三次駅から、ことぶき橋を渡って古墳公園入口まで車で約8分。付近に駐車可。なお、岩脇・若宮・酒屋高塚古墳の位置図は19頁を参照。

詳しく知る参考文献 252頁の26。

県内最大の密集した古墳群

浄楽寺古墳群 国史跡
三次市高杉町・小田幸町

墳　　丘	最大は円墳
埋葬主体	粘土槨や箱式石棺
副葬遺物	12号古墳で短甲片など
築造時期	中期（5世紀）

＜見どころ＞
① 小古墳の群在状況
② 12号古墳の大規模墳丘

古墳群の遠景（12号古墳付近）

1号古墳（帆立貝形）の全景

概要　中国自動車道三次ICから国道375号線を東広島方面に進むと10分程で風土記の丘入り口バス停に着く。ここを入ると広島県立歴史民俗資料館があり、その背後に、浄楽寺・七ッ塚古墳群を中心とした「広島県立みよし風土記の丘」が広がっている。

古墳群の見学の前に、資料館の展示や解説、過去の出土遺物などで古墳群全体の概要をつかんでおくとわかりやすい。

浄楽寺・七ッ塚古墳群は、江の川の支流馬洗川に、南から流れてきた美波羅川が合流する地点の南側のなだらかな丘陵に、浄楽寺古墳群116基、七ッ塚古墳群60基、合計176基が造営されている。南北約1.4kmの範囲に、墳丘裾を接する感じで累々と群在する様相が見どころである。資料館から近い丘陵上に七ッ塚、そこより北側に浄楽寺の古墳群が位置し、両者の間には古墳の存在しない空白地域がある。

浄楽寺古墳群は円墳97基、方墳18基、帆立貝形墳1基で構成されており、

いわゆる前方後円墳は存在していない。墳丘の最大のものは**12号古墳**の円墳で、直径45.8m、高さ6mを測る。両古墳群で最大、県内でも最大級である。墳丘は2段に築成し、葺石が散見され、円筒埴輪も確認されている。現在は見学できないが、過去の調査で、墳頂部に並列した2基の粘土槨が検出されており、鉄板を組み合わせてとじた短甲片、鉄鏃・刀子などの鉄器、玉類などが出土している。

12号古墳の南方向には直径29.5mの円墳である**37号古墳**がある。頂部には主体部として大型の箱式石棺があり、古墳群の中で主体部が見学できるのはここだけである。遺物は出土していない。

さらに南方向に、帆立貝形墳の**1号古墳**がある。全長27mで2段築成、主体部は円丘部に箱式石棺か木棺が推定されている。

メモ・気づき 資料館に12号古墳の出土遺物、37号古墳の主体部石棺実物大模型など展示。

行き方 JR芸備線三次駅からは敷名方面行バスで「風土記の丘入口」下車。

詳しく知る参考文献 252頁の27（七ッ塚古墳群も同じ）。

古墳群の分布状態（『三次市史Ⅱ』を基に加筆）

様々な墳形を含む古墳群

七ッ塚古墳群	国史跡
三次市小田幸町	

墳　　丘　最大は円墳
埋葬主体　頂部付近は不詳
副葬遺物　不詳
築造時期　中期〜後期（5世紀〜
　　　　　6世紀後半）

＜見どころ＞
①墳丘の各種の形態
②頂部付近の群在状況

9号古墳（前方後円墳）の全景

古墳群の密集状態（26号から15号方向）

概要　七ッ塚古墳群は、資料館の北東方向の丘陵頂部を中心に分布しており、円墳55基、方墳2基、帆立貝形墳2基、前方後円墳1基からなる。帆立貝形墳、前方後円墳、古墳群最大の円墳は、頂部付近に隣接して営まれており、七ッ塚古墳群の有力者の墳墓が集中しているといえる。

　前方後円墳は**9号古墳**で、全長29.5 m、帆立貝形墳は**10号古墳**（全長約26 m）と**11号古墳**（全長28.5 m）である。最大の円墳は**15号古墳**で、直径28.5 mである。主体部についてはいずれも未調査のため明らかではない。これらの円丘部の規模を比較すると、最大は15号古墳である。また、この古墳が丘陵の最も高い位置に営まれていることを加えてみると、古墳群の最有力者の墳形は円墳であった可能性が考えられ、このことは浄楽寺古墳群の状況と共通しているのである。

　15号古墳から北方向に進んで行くと、37・38号古墳のそばから南に下っ

2 古墳時代＜北部地域＞

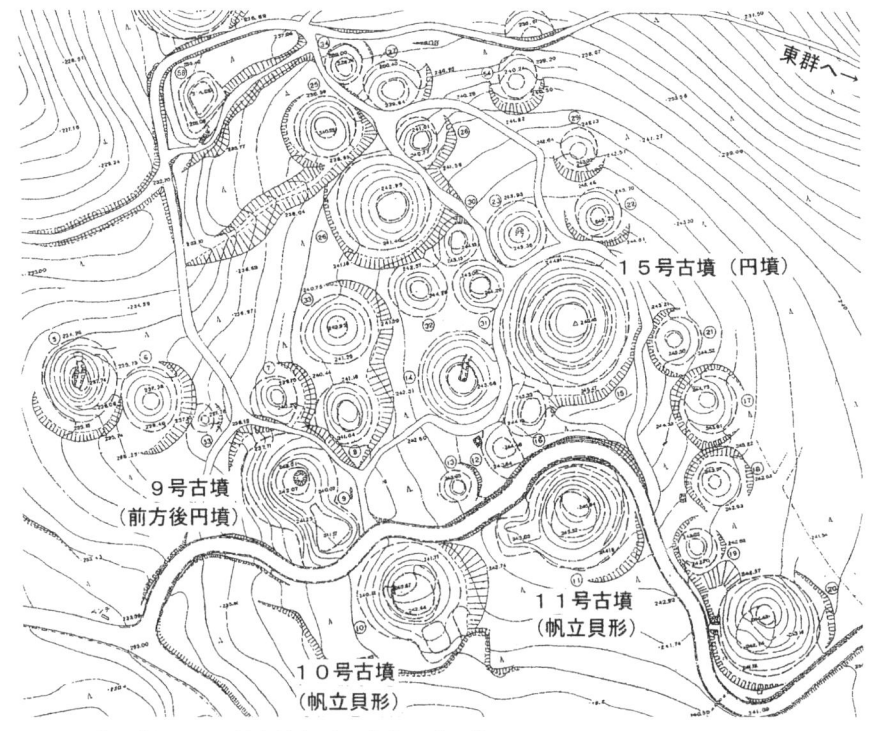

七ッ塚9・15号古墳付近の密集状態（『測量調査報告Ⅱ』を基に加筆）

て東群にいたる遊歩道がある。東群には円墳である40号古墳（直径約26m）を中心に13基が営まれているが、南端付近の48・49号古墳は天井石が露出し、横穴式石室墳であることがわかる。

　風土記の丘入口から国道375号線を東広島方面に約1.8km進むと、糸井池上のバス停があり、国道東側に**糸井大塚古墳**（県史跡）の墳丘が見える。主体部は明らかではないが、全長65m、円丘部直径約46mの県内最大の帆立貝形古墳で、周囲に幅約30mの周庭帯がめぐる。古墳そばに駐車可。

メモ・気づき　資料館から七ッ塚古墳群へ向かう途中には、開発などで現地に残せなかった古墳の石室などが移築・展示してある。その中でも、庄原市高町にあった**篠津原3号古墳**の横穴式石室は、ブロック状の切石で構築された県内では稀な終末期古墳である。

短甲が出土した帆立貝形古墳

三玉大塚古墳　県史跡
（みたまおおつか）

三次市吉舎町三玉

墳　　丘	帆立貝形
埋葬主体	竪穴式石室
副葬遺物	銅鏡、玉類、筒形銅器、短甲、馬具、鉄鏃など
築造時期	中期（5世紀後半）

＜見どころ＞
① 墳丘の形態と規模
② 武器・武具類の豊富な副葬

復元・整備された墳丘の状況

墳頂部の石室蓋石（置き直したもの）

概要　発掘調査され、整備・復元された帆立貝形古墳の代表例として知られている。

南から北に流れる馬洗川（ばせんがわ）に突き出した丘陵頂部に営まれ、平地との比高は約70mで、上・下流域への眺望がよい。現在、古墳のすぐ西側にはテレビ中継所アンテナが建てられている。

墳丘は全長41m、円丘部の直径33.3mの規模で、尾根先端側の北西部に小さな造り出しが付けられている。周囲には幅約3mの浅い周溝がめぐっており、円丘部背後に外側の堤がよく観察できる。1980（昭和55）～82年の環境整備に伴う発掘調査で、墳丘は3段に築成され、斜面に河原石や角礫によって葺石（ふきいし）というより貼石（はりいし）が3段確認されている。

円丘部の頂部は大きな凹部があったが、これは1903（明治36）年に発掘されたもので、この時、東西方向に主軸の竪穴式石室が発見され、頭位（とうい）が東側の人骨1体と多くの副葬品が出土している。再確認の調査では、石室は掘り

82

つくされて残っておらず、構造や規模は明らかとはなっていないが、過去の記録にある内法の長さが3.6 mはほぼ確かとしており、幅は1.2 mほどとみられる。

　副葬品は石室の頭部付近に銅鏡、玉類、鉄刀、短甲などがあったようで、他に筒形銅器、鉄鏃などの武器類、農工具類、馬具金具、有孔円板、砥石などの石製品などがある。銅鏡は2面あり、珠文鏡（直径7.7㎝）と変形文鏡（直径12.6㎝）で小型である。短甲は高さ48㎝の横矧板鋲留のものである。筒形銅器は上部が欠損しているが、現存長は12.3㎝、直径2.2〜3.3㎝で、透かしが上下2段4方向にある（副葬品は東京国立博物館蔵）。1981年の調査では、周溝から須恵器や埴輪（円筒、人物、馬、家、衣蓋など）が出土している。

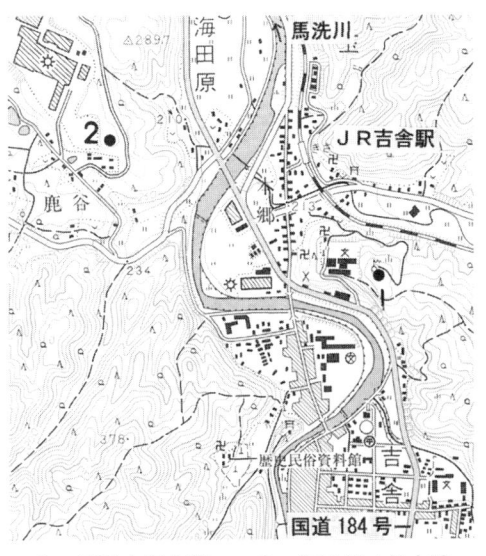

1　三玉大塚古墳　2　海田原4号古墳
（横断自動車道は未記入）

　吉舎町から三次市街地にかけての馬洗川流域には、5世紀に、広域の首長墓とみてよい大型の帆立貝形古墳が継続的に営まれており、本古墳からは馬洗川をはさんで西方向に**海田原4号古墳**（全長約40 m）が、北西約2kmには**八幡山1号古墳**（全長約53 m）が見える。三玉大塚古墳の副葬品や遺物はヤマト政権と深いつながりを示しており、この地域の大型帆立貝形古墳のあり方は、三次地域の古墳文化を考えるうえで極めて重要な現象である。

メモ・気づき　吉舎歴史民俗資料館で短甲のレプリカや遺物の一部を展示。
行き方　JR福塩線吉舎駅から南方向のアンテナ塔のある丘陵上。古墳まで約800 m、徒歩約30分。車は吉舎小学校を目指し、古墳そばに駐車可。
詳しく知る参考文献　252頁の28。　　　地形図（吉舎）

吉備穴国の王墓か

迫山1号古墳　県史跡
福山市神辺町湯野

墳　　丘	円墳
埋葬主体	横穴式石室（片袖式）
副葬遺物	環頭大刀、玉類など
築造時期	後期（6世紀後半）

＜見どころ＞
①古墳群の分布状況
②石室の規模と形態

1号古墳の横穴式石室（玄室）奥部

9号古墳の横穴式石室片袖部（玄室から）

概要　神辺市街地の北縁の丘陵上に築造された大型の横穴式石室墳で、標高約84mの眺望のよい位置にある。ここから南へ延びる2本の支尾根や斜面には横穴式石室を中心とした合計11基の古墳が知られ、**迫山古墳群**と呼ばれている。

　1号古墳は、古墳群で最大級の墳丘・石室をもつ。墳丘は直径約19mの円墳とみられ、高さは南側で約5mである。墳丘の背後には尾根を削平したカット面と周溝が認められる。

　主体部の横穴式石室は南々東方向に開口し、片袖式の形態である。全長は11.6m、玄室は長さ6.4m、奥幅2.5m、高さ2.8mで大型である。奥壁は大型の1枚石をすえ、その上に横長の小型の石を2段程度積んでいたようである。石室内は発掘調査されており、撹乱された状態で人骨片を含む様々な遺物が出土している。玄室の奥壁寄りで10数本の鉄鏃、西壁寄りで環頭大刀や直刀、全体に散乱した状態で玉類や金環（耳輪）、羨道で須恵器・土師器

の土器類などがある。環頭大刀は復元の長さ約80cm、環頭部は6×4.3cmの長円形で、内部には鳳凰の頭首を表現した金銅製の単鳳柄頭である。築造時期は6世紀末頃と考えられ、副葬品の様子から3〜4体の埋葬が推定されている。

丘陵裾の荒神社の東側尾根上にある**9号古墳**も大型である。直径約19mの円墳のようで、西側に開口した片袖式の横穴式石室がある。石室は埋没している部分があるが、全長約11.5m、玄室は長さ6.4m、奥幅約2mである。1号・9号古墳ともに地域を超えた広域首長の墓であり、吉備穴国王墓の候補である。石室の開口方向の相違からみると、9号古墳が最初の王墓であった可能性が考えられる。

行き方 井原鉄道湯野駅の東方の国道486号線「大宮橋東詰」交差点から北へ約1km直進した山裾西側が白鳳期創建の**小山池廃寺跡**（塔跡など検出、説明板あり）。ここから東約100mに迫山古墳群の説明案内と登り口あり。荒神社の東からも登られる。付近駐車可。

詳しく知る参考文献 252頁の29。

古墳群の分布 （『調査概報』を基に加筆）

1 迫山古墳群　2 小山池廃寺跡
3 備後国分寺跡

地形図（神辺）

7世紀の県内最大級の石室

大坊古墳　県史跡
福山市神辺町西中条

墳　　丘	長円形又は方墳
埋葬主体	横穴式石室
副葬遺物	不詳
築造時期	後・終末期（7世紀前半）

<見どころ>
①石室の規模と形態
②左右対称の石組み・構造

墳丘と横穴式石室開口部の状況

石室内部（花崗岩の1段組み）

概要　中条の谷に少し入った西側の丘陵斜面に位置しており、神辺地域では迫山1号・9号古墳に後続する大型横穴式石室墳である。

墳丘は直径14〜15mの長円形状であるが、方墳の可能性もある。丘陵東斜面に営まれており、背後には丘陵をカットした周溝が認められる。石室開口部での墳高は約5mである。

石室は南東方向に開口しており、全長は11.3mである。大型の切石状の石材を基本的には1段（一部2段）で組んで構築している。石室の中間の左右に石柱を立て、その上に1段下げた天井石を架けて石室を二分しているのが特徴である。奥室を玄室、前室を羨道とみることもできる。玄室は奥壁が1枚石、側壁は左右とも2枚、天井石も2枚で組んでおり、長さ5.38m、奥幅1.95m、奥現在高は1.95mの規模である。

この石室で注目すべきことは、玄室と羨道の長さや幅が同じ規模になるよう設計されていると思われることである。境の石柱やその上の天井石の位置、

2 古墳時代＜東部地域＞

全体的に左右対称を意識した配石などは一定の企画のもとに構築されたことを示している。このような構造の石室は近隣の**大佐山白塚古墳、狼塚2号古墳**でも見られる。形態の特徴からすると、大坊古墳→大佐山白塚古墳の順で築造され、その時期は7世紀前半であろう。

メモ・気づき 中条の谷に向かう手前の東西に走る県道181号線は、ほぼ古代山陽道にあたる。この道の南側、岡山神社のある小高い独立丘陵が弥生時代前期の**亀山遺跡**で、3重の環溝が確認されている。遺構は見学できないが、丘陵東側斜面が調査されている。また、丘陵上の北側には短甲（よろい）などを副葬していた**亀山1号古墳**（主体部は粘土槨）があり、墳丘（直径約28m）が確認できる。この地域で5世紀の代表的な円墳である（広島県教育委員会『亀山遺跡―第1・2次発掘調査概報―』1982・83）。

1　大坊古墳　　　2　安光1号古墳
3　亀山1号古墳　4　亀山遺跡

行き方 JR福塩線道上駅から北方向へ徒歩10分で亀山遺跡。県道181号線の「箱田新池」交差点から北へ約1.4km進み、道路西側にある小さな溜池の北側から、西側の山裾に行くと大坊古墳が開口。車は池の側まで可。安光の谷の安光1号古墳（カンカン石古墳）は大型の横穴式石室（片袖式）墳で、見学可。そばまで車の進入可。

詳しく知る参考文献 257頁の追補のA。　　　地形図（新市）

前期の畿内系古墳

石鎚山1号古墳
県史跡　福山市加茂町上加茂

墳　　丘	円墳
埋葬主体	竪穴式石室2
副葬遺物	銅鏡、鉄鏃、銅鏃など
築造時期	前期（4世紀後半）

＜見どころ＞
①古墳群の立地
②主体部石室の配置、墳丘列石

古墳群の遠景（中央部丘陵上）

1号古墳の整備状況（2号古墳から）

概要　上加茂の平野部を一望できる標高約60mの丘陵上に位置しており、北に猪の子1号古墳が遠望できる。南から北へ延びる丘陵先端付近に2基が並んでおり、北側が1号、南側が2号古墳である。加茂丘団地の造成に伴って1979（昭和54）年度に発掘調査され、竪穴式石室など重要遺構の発見により現地保存され、整備公開されている。

　1号古墳は直径20m、高さ3mの円墳であるが、以前ここには神社の石垣や建物があり、特に頂部南側は削平されていたので、本来はもう少し盛り土がされていたとみられる。墳丘に葺石はないが、裾には貼り付けた感じで列石が巡らされ、また、削平を受けていない北側斜面で、列石が部分的に検出され、全体としては、墳丘には2段の列石が巡らされていたことになる。

　頂部で並列した2基の竪穴式石室が検出されている。中央部の1号主体部は長さ4.9m、幅3m、深さ2.1mの大きな墓壙内に石室を構築し、その蓋石（天井石）は板石を3重に架け、その上に小石群を覆いかぶせるといった

厳重さであった。内法は長さ2.8m、幅1m、高さ80㎝で、北東－南西に長軸がある。床面には河原石を敷き、朱が一面に塗られ、木棺の痕跡が確認されている。ここから、北側を頭部とした壮年男子1体分の人骨、頭蓋骨東側で二神二獣鏡と呼ばれる銅鏡（直径15.8㎝）や玉類、鉄製工具などが発掘されている。

2号主体部は、内法が長さ2.5m、幅60～70㎝の割竹形木棺が想定されている。内部から銅鏃、鉄鏃、鉄剣など、武器類の副葬が特徴といえる。

2基の主体部の関係については

1　石鎚山1号古墳　　2　猪の子1号古墳

その位置や石室規模などから1号主体部を中心とした埋葬施設であり、副葬品の比較では、呪術的性格を示す1号主体部と武力的な2号主体部の違いが指摘されている。ヤマト政権と連携しながら4世紀後半に築造された地域首長墓といえるだろう。現在、主体部は埋めもどされて見学できないが、その位置がブロックで示されている。

南側の**石鎚山2号古墳**は、直径18mの円墳で、1号古墳築造後に営まれている。2基の埋葬主体部が検出され、木棺が納められていた。

メモ・気づき　北方約2.5kmの粟根地域で、前方後円墳の尾ノ上古墳が緊急発掘調査され、土取工事で消滅。墳丘全長約60mと推定。銅鏡（直径22㎝）、玉類などが出土。埴輪列も確認され、4世後半の築造と考えられている。

行き方　福山から国道182号線を上加茂まで進み、「加茂ヶ丘入口」交差点(付近に加茂昭和橋バス停あり)を東折する。団地西端の墓苑から登る。駐車可。

詳しく知る参考文献　252頁の30。　　　地形図（新市）

典型的な終末期の横口式石槨墳

猪の子1号古墳
（いのこ）

県史跡　福山市加茂町下加茂

墳　丘　不詳
埋葬主体　横口式石槨
副葬遺物　不詳
築造時期　終末期（7世紀後半）

＜見どころ＞
①石槨の形態と規模
②左右対称の石材の組合わせ

南側から見た古墳の全景

横口式石槨開口部の状況

概要　花崗岩の切石で構築された横口式石槨をもつ典型的な終末期古墳で、大阪府や奈良県の類例と同様の古墳として早くから知られ注目されている。
（よこぐちしきせっかく）

　芦田川の支流加茂川が谷間から平野部に流れ出る付近の小高い丘陵端部に位置し、南方向に加茂の平野が眺望できる。江木神社の境内にあり、その整地の影響もあってか墳丘や墳形については不詳である。現在の墳丘は主体部保護のため、円形に盛り土したものである。
（えぎ）

　横口式石槨は石槨部に羨道を付設した形態で、南方向に開口しており、全長は東側で約6.7mである。石槨部は底石、奥壁、左右側壁、天井石いずれも1枚の切石を組み合わせて構築している。石と石との接合部には段彫りして組み合わせた箇所も認められる。天井内面は平面ではなく、わずかな弧状に加工している。石槨床面は長さ2.82m、幅1.09m、高さ89～95cmで、長さは畿内の例と比較しても最長クラスで注目される。天井石と各壁との隙

90

間には漆喰が見られ、本来は石面全体に塗られていたと考えられる。羨道との境には扉石があったことが想定されるが、現在は不詳である。羨道は石槨部よりも幅広で天井も高くすえられ、側壁は左右とも2枚、天井石は2枚を使用しているが、床面に石はみられない。長さは東側で 3.84 m、奥幅 1.46 m、入口幅 1.7 m、現在高は 1.25 m である。

早くから開口していたようで、文化年間（18世紀初頭）の史料に漆喰（石灰）の記述がある。出土遺物については不詳である。

芦田川下流域には、横口式石槨墳として尾市1号古墳や曽根田白塚古墳も営まれており、畿内以外で、同じ地域に複数基が営まれているのは例がない。これらの被葬者は、7世紀後半頃の天武・持統朝に仕えた有力官人の可能性が考えられる。

横口式石槨内部の石組み

石槨部の天井石（やや弧状に加工）

メモ・気づき　1号古墳の西側25mほどの山道際に、大石が露出した**猪の子2号古墳**がある。横穴式石室とみられるが、不詳。

行き方　国道182号線を下加茂まで進み、「中野」交差点（そばに宇代バス停あり）から国道を約200m北進して西側旧道に下る。小さな宇代橋から南へ約20m行くと民家の間の小道がある。江木神社の階段を登る。車（小型車以下）の場合は神社北側から境内まで進行できる。駐車可。　　位置図は89頁。

詳しく知る参考文献　252頁の32。

並列した竪穴式石室

掛迫6号古墳
かけさこ

福山市駅家町法成寺

墳　　丘	前方後円墳か
埋葬主体	竪穴式石室2
副葬遺物	銅鏡、鉄斧、玉類など
築造時期	前期か（4世紀後半か）

<見どころ>
① 墳丘全体の形態
② 2基の石室の配列

並列する2基の竪穴式石室（右が北側）

北側石室の西壁付近

概要　早くから前方後円墳として報告され、主体部の並列した竪穴式石室が1955（昭和30）年に発掘調査され、内容が明らかとなっている古墳である。

標高約80mの丘陵上に築造されており、南方向の平野部を見通せる位置にある。前方後円墳とした場合は、全長約47m、後円部は直径約26m、高さ約4mとされている。墳丘に葺石(ふきいし)や埴輪(はにわ)は見られない。

円丘部の頂部には東西方向に長軸をもつ2基の竪穴式石室が並行して構築されており、いずれも板状の石材（石英斑岩(せきえいはんがん)と花崗岩）を小口積(こぐちづ)みしている。北側石室は円丘部の中心付近にあり、内法は長さ3.3m、幅0.7〜1m、高さ1mである。ここから、頭位(とうい)が西の壮年男性の人骨（頭骨・腰骨(ようこつ)・大腿骨(だいたいこつ)など）1体分、副葬品として、頭部側でダ龍鏡(だりゅうきょう)と呼ばれる銅鏡（直径10.8cm）、鉄斧、鉄鏃が発掘されている。

南側石室は内法が長さ3.8m、幅0.6〜0.75m、高さ0.9mである。ここ

2 古墳時代＜東部地域＞

からは、東壁寄りで壮年男性の歯11点、副葬品として三角縁神獣鏡と呼ばれる銅鏡（直径21.6cm）、紐に通された状態で勾玉・ガラス製小玉が出土している。ただし、銅鏡は発掘調査以前に持ち出されていたものである。

本古墳の築造時期については、これまで銅鏡の様相から5世紀中頃以降とされてきたが、それを積極的に肯定する要素はうかがえないようである。並列した石室は、墳丘での位置関係や埋葬の頭位の違いからみると北側石室が先行して造られているとみてよいが、あまり時間を置かないで南側石室が築かれたとみられる。前期（4世紀）古墳の範囲でとらえておきたい。

狼塚2号古墳の移転・復元の状況

正福寺裏山1号古墳の移転・展示の状況

メモ・気づき 本古墳の北側一帯に福山北産業団地があり、その東端の給水塔南側に「**粟塚古墳の丘**」が整備。団地造成で発掘された狼塚2号古墳、正福寺裏山1号古墳（竪穴式石室）が移築・復元され見学・駐車可。横穴式石室墳の粟塚5〜8号古墳が現地保存。
狼塚2号古墳は直径12mの円墳で、横穴式石室は中間部の石柱で二分。終末期古墳で7世紀中頃築造か。
行き方 JR福塩線駅家駅の東から県道419号線を北進し、「法成寺（中）」交差点を右折、福山北産業団地への道を登り、間もなく東側の谷に入る山道を進む。溜池の間を行くと案内標示あり。車はこのあたりまで進行、駐車可。
詳しく知る参考文献 252頁の33。　　位置図は99頁。

持ち送り構造の畿内系の石室

山の神古墳 県史跡
福山市駅家町法成寺

墳　　丘　円墳か
埋葬主体　横穴式石室（片袖式）
副葬遺物　馬具類など
築造時期　後期（6世紀後半）

＜見どころ＞
①石室の形態
②持ち送り構造の石室

山の神古墳の墳丘全景

横穴式石室開口部の状況

概要　石材を持ち送って積み上げた天井の高い横穴式石室墳で、県内ではあまり例がない。

平野部に延びた丘陵先端部を利用して築造されており、西側に平坦面があることから前方後円墳ともいわれてきたが、直径約12m、高さ約4mの円墳のようである。

石室は羨道の短い片袖式の形態で、南側に開口しており、全長は約6.5mである。西寄りの長さ2.25m、幅約1.3mの羨道をくぐるとドーム状の玄室となる。長さは4.1mの短めで、奥幅2.9m、現在の高さは3.3mである。奥壁、側壁とも横長の石を7～8段積み、天井を高くして天井石2枚を架している。このような石室は県内では特異なもので、奈良県でも地域的分布を示す沼山古墳（橿原市）や乾城古墳（高取町）の石室と構造・形態が酷似することが注目される。副葬品としては、過去の調査で杏葉、雲珠、鏡板などの金銅製の馬具類、金銅製の丸玉、鉄製の斧や針などが出土している。

本古墳の築造時期は6世紀後半でも早めの時期と考えられ、この地域で最

初の畿内色の強い石室とすることができる。

県道419号線の「法成寺（中）」交差点から北方へ約50m行った民家裏庭に、横穴式石室の奥部が残されて露出しているのが**二塚古墳**である。見学をお願いして母屋の北側に回ると、巨石を用いた大型石室が東南方向に開口している。墳丘は全て消失しており、石室も本来の形態は不詳である。玄室の奥側が残存した状態で、現存の長さ約4m、奥幅2.42m、高さは約3.1mである。奥壁は大型の1枚石の上に横長の石を積んでいる。過去の調査で銅鏡、鈴釧、金銅製馬具類（杏葉、雲珠、鞍金具など）、鉄製武器類（鉄鏃、鉄鉾など）他、多彩な副葬品が出土している（脇坂光彦「福山市駅家町二塚古墳について」『芸備』第5集1977）。6世紀末頃に築造されており、石室全体の形態については明らかではないが、大型石室の状況からみると、両袖式石室の可能性が高い。豪華な副葬品の内容は山の神古墳や二子塚古墳と共通している。二子塚古墳、大迫金環塚古墳とともに、品治国王墓の候補である。

山の神古墳の石室奥壁の石積み状況

民家背後に残る二塚古墳の横穴式石室

行き方 ＪＲ福塩線駅家駅の東側から、県道419号線を服部方面に約1km進むと法成寺バス停がある。ここから住宅地を北に約150mで古墳そば。見学用の駐車場はなし（二塚古墳も駐車不可）。　　位置図は99頁。

詳しく知る参考文献 252頁の34、257頁の追補のA。

吉備品治国の王墓と想定

二子塚古墳　国史跡
福山市駅家町中島

墳　　丘	前方後円墳
埋葬主体	横穴式石室2基
副葬遺物	環頭大刀、馬具類など
築造時期	後期（6世紀末〜7世紀初）

＜見どころ＞
 ①墳丘の形態と規模
 ②石室の形態と規模
 ③石室内の石棺の状況

概要　駅家住宅団地（弥生が丘）の東端の標高約55mの丘陵上に営まれており、芦田川下流域では最大規模の前方後円墳で、最大級の横穴式石室をもつ後期古墳である。

2002（平成14）年からの保存整備に向けての発掘調査で多くの新たな知見が得られている。

後円部の横穴式石室開口部の現状

出土した双龍環頭柄頭（『調査報告書』から）

墳丘は東西方向に延びる尾根上に築造され、東側に後円部を設けている。墳丘規模は全長68m、後円部直径41m、前方部先端幅27m、後円部高さ6.1m、前方部高さ4.3mと報告されている。墳丘に沿って幅1.6〜4mの周溝が巡っている。

後円部にはほぼ南に開口する横穴式石室が構築されており、全体の様子が明らかになっている。石室は両袖式の形態で、全長14.9m、羨道の前に長さ9.8mの墓道が設けられている。玄室は長さ6.8m、奥幅2.1m、最大幅2.5m、

2 古墳時代＜東部地域＞

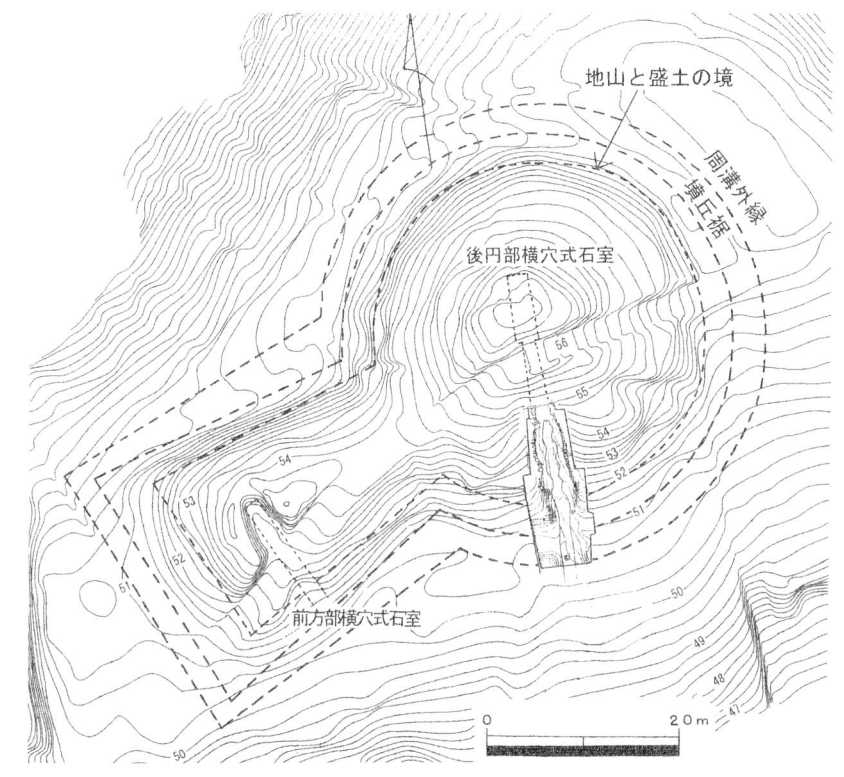

二子塚古墳の墳丘と遺構　（『発掘調査報告書』から、一部加筆）

奥高さ3.3ｍの大型である。床面には小さな河原石が敷かれていた。奥壁は巨石1枚をほぼ垂直に立て、小型で細めの石を補っている。側壁は下段に比較的大型の石を配置し、その上に横長の石を2～3段積んでおり、羨道の側壁も同様の仕様である。玄室の天井石は大石3枚をほぼ水平にすえ、羨道では、1ｍ余り低く4枚をすえているが、入口の2枚は次第に高めて、開口部を大きく見せようとした意図がうかがえる。

　玄室の羨道寄りで、組合せ式の石棺が検出されたことは新しい発見である。崩れた状態で、底石・蓋石・小口石がそれぞれ2枚ずつあったが、側石は失われていた。底石は2枚1組で、入口側のものがやや動かされているものの、原位置に近い。合わせた長さは2.31ｍ、最大幅1.23ｍ、造り出されている

床面は長さ1.81m、幅79〜85cmと計測されている。蓋石も2枚セットで、合わせた長さは2.25m、厚さは13〜18cmで平板である。縄掛突起はなく、家形の変形かどうかも明らかではない。側石の1枚が、近隣の最明寺境内の墓石に利用されており、延文二年（1357）の銘があるので、南北朝期には石室が開口していたことがうかがえる。これらの石棺の石材は凝灰岩で、兵庫県の竜山石であることも新たな成果である。

　副葬品としては、多量の須恵器をはじめ、鉄刀類、馬具類（轡、鞍金具、杏葉）、鉄鏃など多種類の遺物が出土している。なかでも、羨道の封鎖石の外側で見つかった金銅製の環頭柄頭は、環内に2頭の龍がそれぞれ玉をくわえあって向き合うというこれまで類例のないデザインで注目される。環部は楕円形で、7.8×6.2cmの大きさである。

　さらなる発掘成果は、前方部にも横穴式石室の存在が確認されたことである。石室の形態や全体の規模は未調査で、明確ではない。

　本古墳は、石室の形態や副葬品などから6世紀末から7世紀初頭頃に築造されており、この地域最後の前方後円墳である。傑出した墳丘、石室、副葬品は地域を超えた広域首長墓であることを示しており、吉備品治国の王墓にふさわしい。

メモ・気づき　現在、後円部の石室は閉塞されている。福山市教育委員会に事前に連絡（文化課 084-928-1117）して見学できる。出土遺物は、しんいち歴史民俗博物館（新市町）で展示。なお、小山田の谷をはさんで、墓地の北側に**宝塚古墳**（大型の片袖式横穴式石室）があり、見学・駐車可。

最明寺にある石棺側石

行き方　JR福塩線近田駅の北東方向約300mの弥生が丘東入口から北進し、団地最東端の公園そば。駅から徒歩約25分。車は公園そばに駐車可。

詳しく知る参考文献　252頁の35。　　　地形図（新市）

2　古墳時代＜東部地域＞

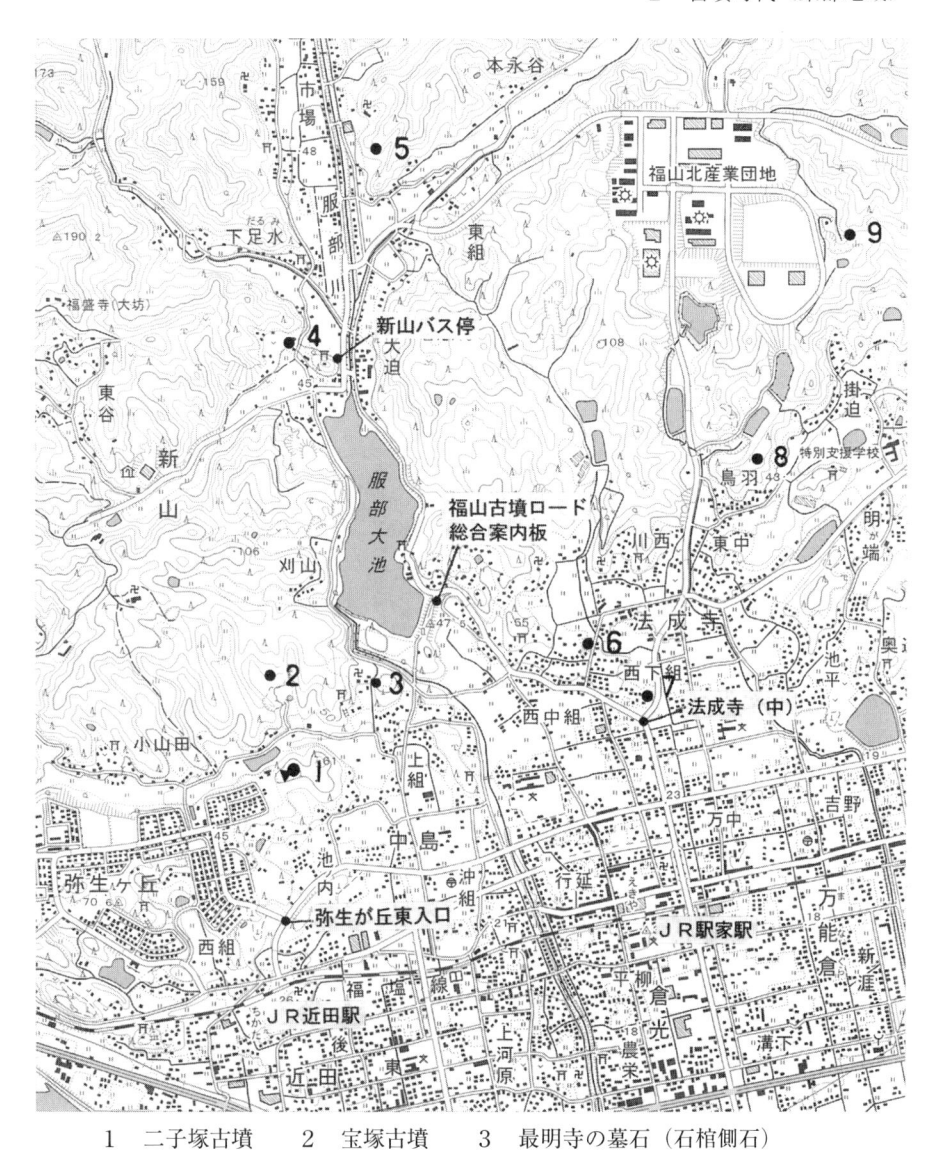

1　二子塚古墳　　2　宝塚古墳　　3　最明寺の墓石（石棺側石）
4　大迫金環塚古墳　　5　北塚古墳　　6　山の神古墳　　7　二塚古墳
8　掛迫6号古墳　　9　粟塚古墳の丘（狼塚2号古墳移築）

7世紀の大型横穴式石室墳

大迫金環塚古墳(おおさこきんかんづか)

県史跡　福山市駅家町新山

民家の石垣に開口した横穴式石室

墳　丘　不詳
埋葬主体　横穴式石室（両袖式）
副葬遺物　金環（中空）など
築造時期　後期（7世紀前半）

<見どころ>
①石室の形態と規模
②切石状石材の使用

両袖式の大型石室（玄室から）

概要　花崗岩の切石状の巨石を使用して構築された大型横穴式石室墳である。

17世紀に福山藩によって築造された灌漑用の溜池である服部大池(はっとりおおいけ)の北端に独立丘陵があり、天満宮神社が存在している。神社の階段前から西側の小径を入ると民家庭の石垣に石室が開口（南方向）している。古墳は丘陵先端に築造されているようであるが、早くから庭の畑や道路などで削られ、天井石や側壁の石が露出しているので、封土・墳形については明らかではない。

石室は両袖式の形態であるが、羨道の前側は道路下である。玄室は奥壁に面調整の良好な大型の1枚石、側壁は3石ずつの2段積み、天井は巨大な2枚を架している。長さ5.65m、奥幅2.5m、奥高2.7mで、玄室の空間が大きい。床面には小さな河原石が敷かれていたとされている。副葬品については、過去に中空の金環(きんかん)（耳輪）1点と少量の須恵器片が出土している。

石室は構造からみると畿内型の石室であり、7世紀初頭頃に築造されたも

2 古墳時代＜東部地域＞

のと考えられる。二子塚古墳、二塚古墳に後続する品治国王墓と想定できる。

　県道419号線に出て、服部川に沿って少し北へ進むと永谷下バス停がある。東側の川を渡り、北に約50ｍ進んで山側へ小径を登ると畑の奥に家形石棺が露出したように見えるのが**北塚古墳**である。花崗岩の切石を使用し、蓋石1、底石1、側石2、小口石1を組合わせて構築されている。前側の小口石は失われているが、最近、破片となった小口石の一部が確認され、加工した溝の状態から、開閉する扉石の可能性も指摘されている。内法は長さ165㎝、幅70㎝、高さ65㎝の大きさである。家形石棺の一般的な例と比べ、蓋石は大きくて分厚く、形状が特徴的である。後ろ側の短辺は弧状をなし、ここに退化した縄掛突起が1個造られており、前側は直線的で縄掛突起もなく、様相が異なる。扉石状の閉塞施設と合わせ、7世紀後半頃に築造された横口式石槨とみることができる（福島政文「北塚古墳は横口式石槨か」『芸備』第41集 2012）。墳丘については不明であるが、方形の墓地造成が行われている可能性もある。

露出している北塚古墳の主体部

北塚古墳の蓋石（天井石）

メモ・気づき　服部大池の駐車場に「福山古墳ロード総合案内板」がある。
行き方　JR福塩線駅家駅の東から県道419号線を服部方面に北進し、服部大池北側の新山バス停から西方向へ徒歩5分。車は天満宮前付近に駐車可。
詳しく知る参考文献　252頁の36。　　位置図は99頁。

切石による横穴式石室

大佐山白塚古墳
おおさやましらつか

県史跡　福山市新市町戸手

墳　　丘　方墳
埋葬主体　横穴式石室（切石）
副葬遺物　不詳
築造時期　終末期（7世紀前半）

<見どころ>
①墳丘の形態
②切石の石室の構造
③立地と眺望

白塚古墳の近景（墳裾に石列）

切石の横穴式石室（石室を二分する石組み）

概要　標高188mの大佐山頂上から少し南に下った位置にあり、芦田川下流域が一望できる高所である。ここには白塚古墳（1号古墳）を主墳とし、その南側に6基の小規模な横穴式石室墳が営まれ、合計7基の大佐山古墳群が形成されている。古墳群は、主墳とそれに従った陪塚（ばいちょう）の様相を見せている。

　白塚古墳の墳丘は比較的良好に残存しており、背後の北側には掘り切った溝がある。一辺が約12mの方墳と考えられ、高さは南側で約4mである。南側（石室開口部左右）の墳裾には切石状の石列が直線的にあるようで、石材が部分的に露出している。

　主体部は花崗岩切石による横穴式石室で、南方向に開口しており、全長は7.78mである。石室の中間部の両側に石柱を立て、その上に鴨居（かもい）状の横石を架けて石室を二つに区分しているのが大きな特徴である。奥室（玄室）は長さ3.7〜3.84m、奥幅1.97mで、奥高は約2.2mである。奥壁は大型の1枚

2 古墳時代＜東部地域＞

石で、側壁は左右とも下段は2枚で2段積みを基本としている。石面はいずれもよく調整されている。

前室も奥室とほぼ同様の規模・構造である。天井石も巨大な1枚石をそれぞれ架けている。石柱は幅約30cmの切石を立てており、ここが石室の中点になっているようである。左右対称を意識した構造からみて、両室を同規模に造ろうとした意図がうかがえる。

このような構造や意匠の石室としては大坊古墳（神辺町）がある。区分した二室の長さがやや大きく、石材が大型で、石面調整がやや粗いなどの相違があるが、設計図あるいは技術者は同一であったことが推察される。築造時期は大坊古墳が先行するものであろう。

石室奥部（玄室）の石組み状況

白塚から見た3号（左）・4号古墳と遠望

白塚古墳は、これまで発掘調査はされておらず、副葬品などは明らかではない。白塚といわれているように、以前は漆喰が見られたようであるが、現在は明確ではない。近隣の大型石室である大迫金環塚古墳に続く、7世紀前半頃の首長墓とみてよいだろう。

白塚古墳の東南約10mの斜面に2号古墳、南に延びる尾根線上に、北から3・4・5号古墳が並び、先端に5号古墳がある。4号古墳の東側斜面に6・7号古墳が接近して分布している。いずれも封土は失われ、横穴式石室の天井石が露出しており、墳形や墳丘規模は明らかではない。石室はほぼ南方向に開口している。石面はよく調整され、白塚古墳との共通性を認めることができる。石室の平面はコの字形で、規模は奥幅が広いものでも1.2mほ

103

どの小型である。

　白塚古墳の背後頂部を越した北側、産業廃棄物の最終処分場の小さな谷に面して、終末期古墳と考えられる**ヤブロ古墳**がある。封土は失われ、横穴式石室の天井石が露出し、墳丘については不詳であるが、現状の地形から見ると、方墳の可能性もある。石室は花崗岩切石状の石材で構築され、奥壁は1枚石、側壁は左右とも大石を4個ずつ配した1段積である。石室平面は入口がやや開く無袖の形態で、全長約6.2m、奥幅1.53m、入口幅1.8m、奥現高1.65mの規模である。天井石は3枚架し、最前の石は入口が次第に高くなるようすえられて、入口をより広く見せる手法がうかがえる。出土遺物については不詳である。

行き方　徒歩の場合は、戸手バス停の東側から戸手川沿いに北進し、十三池（新市ゴルフセンター）の北側から山道を立岩（大岩が露出）を経由して登る。池から約30分。車の場合は、中戸手集落の北西にある荒神社前から北進し、大佐池の南端（堰堤）そばから廃土処理場方向に進むと案内標示により古墳群下（戸手学区コミュニティ広場）まで行かれる。駐車可。

詳しく知る参考文献　252頁の37。

1　大佐山白塚古墳　　2　ヤブロ古墳

地形図（新市）

2　古墳時代＜東部地域＞

天武朝の有力官人墓

尾市1号古墳
福山市新市町常

墳　　丘　正八角形墳
埋葬主体　横口式石槨3
副葬遺物　不詳
築造時期　終末期（7世紀後半）

＜見どころ＞
①墳丘の形態（八角形）
②3方向の特異な石槨
③切石の石槨と漆喰

概要　羨道の奥に北・東・西と方向を変えて、3個の石槨を設けた全国に例のない構造をもつ石槨墳である。
　芦田川の支流神谷川をさかのぼった芦浦の谷の奥部に位置し、谷を見下ろす丘陵先端に営まれており、標高は約196ｍ、丘陵麓の道路との比高は約30ｍである。古墳の背後は尾根が続くが、他は谷に向けての急傾斜面で、古墳は周囲とは孤立した地形にある。墳丘の封土は、石槨の天井石が露出していたので、かなり流出しているようである。これまでの測量調査や発掘調査により、墳丘の裾に巡る石列の状況から、墳形が正八角形をなすことがほぼ確かめられたことは極めて重要で、この対角長は12ｍである。石列の外側にはさらに一回り大きい八角形の裾が推定され、その対角長は15ｍである。一方、墳丘には部分的に円弧状の石列が残っており、本来は円形に巡らされていたと想定され、この直径は約9ｍである。このような内容から墳丘をみると、墳形は正八角形で、規

土嚢で保護している墳丘の状態

横口式石槨開口部の状況（2012年現在）

105

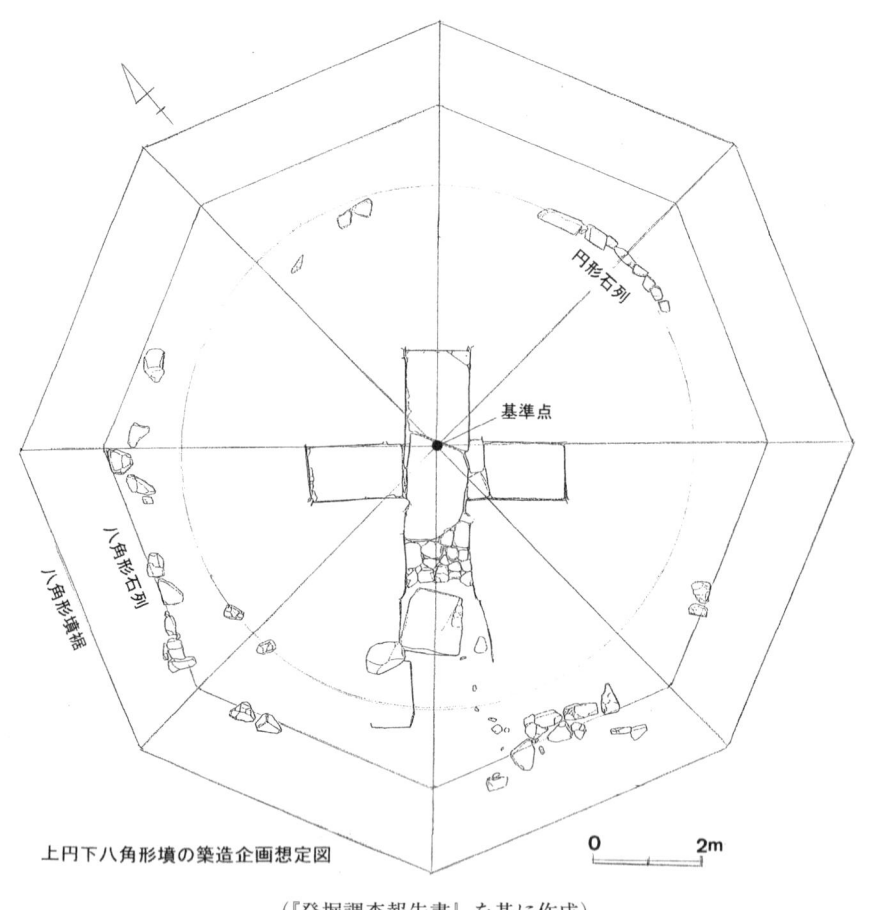

図中のラベル：円形石列、基準点、八角形石列、八角形墳裾、上円下八角形墳の築造企画想定図、0　2m

（『発掘調査報告書』を基に作成）

模は対角長が約15mである。この内側に対角長12mの正八角形石列を配し、さらにその内側に円形石列を巡らしており、全体としては上円下八角墳であったことが考えられる。

　埋葬の主体部は南西方向に開口した横口式石槨(よこぐちしきせっかく)であるが、羨道の奥に3個の石槨を設け、全体の平面形が十字形をなすという特異な形態で、十字塚と呼ばれたこともある。羨道と中央石槨を合わせた南北の長さは6.68m、東石槨と西石槨を合わせた東西の長さは4.6mである。石槨は全て花崗岩の切

2　古墳時代＜東部地域＞

石で構築されており、石面の加工は良好であるが、調整の不十分な箇所や石と石との接合部には漆喰が残存している。漆喰は元々石面全体に塗られていたとみられる。

それぞれの石槨は各面とも1枚石で組んでおり、3石槨ともほぼ同様の規模で、中央石槨は長さ168cm、奥幅116cm、高さ115cmである。羨道は側石を2段積みにしたり、床面は小さな石を敷いたりし、やや雑な造りといえる。石槨と羨道の境には、東と西の石槨の側石端を縦方向に弧状の加工を施した閉塞部が設けられており、ここに扉石（閉塞石）がはめ込まれていたことがわかる。

副葬品については明らかでないが、羨道部入口から須恵器の杯蓋の破片が出土しており、7世紀後半頃の資料である。

中央石槨内部と石組み状況

東石槨内部と石組み状況

本古墳は正八角形の墳丘に3石槨を主体部とした終末期の合葬墓である。墳丘と石槨とは一体の設計で構築されており、中央石槨の中央を走る南北の基準線と東・西石槨の北側側壁を走る東西基準線との直交点が基準点（原点）とみられ、基準線上に八角の稜角が一致する。

八角形墳は、天皇陵やその候補の古墳に採用された墳形であり、畿内以外では極めて稀である。また、この時期の合葬墓の石槨墳は奈良県の牽牛子塚古墳（八角形墳）など、ほとんど例がみられない。こうした状況からすると、尾市1号古墳の被葬者は、造営時期からみると、天武朝の王族と極めて深い関係にあった人物とすることができ、その背景には、この地域特有の政治的

状況が存在していた。それは、古代国家の建設を目指す天武・持統朝が、強力に進めた吉備統治の政策を反映したものである。「備後国」設置を任務とした有力官人とその家族の墓と推察できるのである。

用語の意味 横口式石槨－終末期古墳の、切石によって造られた小型の横穴式石室状の、棺を納める施設。石材を組合わせた構造のものと刳り抜いたものがある。また、石槨だけのものと石槨に羨道を付設したものとがある。

行き方 ＪＲ福塩線新市(しんいち)駅から県道26号線を金丸(かねまる)方面に約3.8km行くと、渡上橋(わたりあがりばし)がある。橋を渡り(渡上バス停あり)、芦浦の谷へ約1.6km進むと八幡宮下の火の見櫓(消防団車庫)のそばに案内標示がある。北東の丘陵上に古墳が見える。丘陵の東側に進むと登り口案内あり。付近に駐車可。斜面急坂を登る。現在、墳丘は暫定的に土嚢で覆って保護している。内部石槨は見学可。但し、石槨内は狭いので、石面や漆喰に触れないよう細心の注意が肝要。

詳しく知る参考文献 252頁の38。

西石槨内部と石組み状況

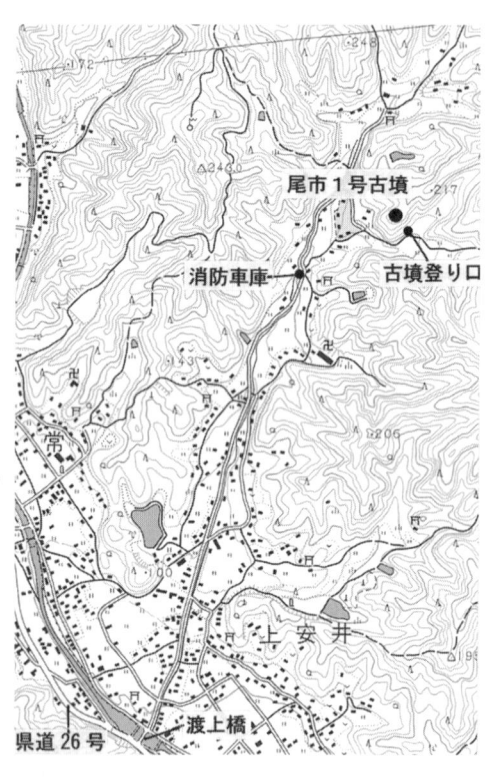

地形図（金丸）

2 古墳時代＜東部地域＞

左右対称の横口式石槨墳

曽根田白塚古墳
そねだしらつか

県史跡　福山市芦田町下有地

墳　丘　円墳
埋葬主体　横口式石槨
副葬遺物　不詳
築造時期　終末期（7世紀後半）

＜見どころ＞
①切石の石槨の形態
②左右対称の石材の組み合わせ

概要　芦田川下流域の3基の横口式石槨墳の中で、河川の南側地域に営まれている例である。花崗岩の切石で左右対称を強く意識して構築されているのが大きな特徴である。標高約100mの尾根頂部付

墳丘と横口式石槨開口部の状況

花崗岩切石を組んだ石槨内部

近に位置し、墳丘は直径約9mの円墳のようであるが、確実ではない。墳丘の背後には丘陵を削ったカット面と溝が観察できる。

　主体部は石槨部に羨道が付設した形態で、南々東方向に開口し、全長は6.7mである。石槨部は奥壁、天井ともに1枚石を使用し、側壁は一見すると、左右とも2枚ずつのようであるが、よく見ると、右（東）側壁は1枚石であり、縦方向に亀裂を入れて左側壁と対称の2枚に模しているのである。また、底（床）には石を敷いておらず、猪の子1号古墳とは異なっている。床面は長さ2.2m、奥幅1.22m、現在高さ1.22mの大きさである。羨道は幅、高さとも石槨部より大きく造っており、入口幅1.8m、現在高さ1.1mである。両側壁ともほぼ同じ石組みであるが、左（西）側壁は最前の小型の石が埋没

109

1　曽根田白塚古墳　　2　潮崎山古墳　　3　後池1号古墳（横穴式石室）

している。天井は1枚石で、石榔部天井より約38cm高い。

白塚といわれているように、石面全体に漆喰が塗られていたと想定されるが、現在は石間の接合部などごく一部に確認できる。

発掘調査はされておらず、副葬品などについては明らかではないが、7世紀後半頃に築造されたと考えられる終末期古墳である。

石榔東側奥の漆喰残存状況

芦田川下流域の3基の横口式石榔は、①花崗岩の切石で造られている、②石榔部に羨道が付設した構造である、③石面に漆喰を塗っていた、④石組みは切り込みをして合わせている、などの共通した特徴がみられる。一地域に石榔墳が集中することは極めて異例で、その背景には、備後国の創設にあたって、吉備地域ならではの政治的状況があったことがうかがえる。

2　古墳時代＜東部地域＞

メモ・気づき　汐首(しおくび)バス停そば（池の北側）から東側に進むと、芦田川に突き出た丘陵上に、三角縁神獣鏡(さんかくぶちしんじゅうきょう)（直径22cm、「日月天王日月」銘）が出土している潮崎山(しおさきやま)古墳（前期）がある（脇坂光彦「広島県芦品郡潮崎山古墳について『古代学研究』90、1979）。現地は、遺構は不詳であるが、前方後円墳の可能性がある。芦田川沿いの立地状況がよくわかる。

行き方　新市町の戸手高校南側の芦田川に架かる佐賀田(さがた)大橋を渡り、県道158号線を下有地方面に約1.3km行くと東ノ面(とうのめん)バス停がある。そこから西の谷間に約1.3km進み久田谷に至ると、道路のそばに古墳登り口の案内標示がある。ここから山道を徒歩約15分で古墳正面。付近駐車可。

詳しく知る参考文献　253頁の39。　　　地形図（新市）

芦田川下流域の終末期古墳一覧

古墳名	所在地	墳形	主体部	備考
猪の子1号古墳	加茂町	不詳	横口式石槨（石槨＋羨道）	槨長は最長級 花崗岩切石
曽根田白塚古墳	芦田町	円墳か	横口式石槨（石槨＋羨道）	槨部底石なし 花崗岩切石
尾市1号古墳	新市町	正八角形墳（対角長15m）	横口式石槨（3石槨＋羨道）	槨部は3個 花崗岩切石
北塚古墳	駅家町	不詳	横口式石槨か 家形石棺状露出	花崗岩切石
大佐山白塚古墳	新市町	方形墳	横穴式石室	二室に区分
ヤブロ古墳	駅家町	不詳	横穴式石室	
大坊古墳	神辺町	長円形か	横穴式石室	二室に区分
狼塚2号古墳	駅家町	円墳	横穴式石室	二室に区分

111

内陸部の最後の前方後円墳

南山1号古墳　県史跡
府中市上下町水永

墳　　丘　前方後円墳
埋葬主体　横穴式石室
副葬遺物　須恵器など
築造時期　後期（6世紀末～7世紀初）
＜見どころ＞
　①墳丘の形態
　②石室の構造

墳丘の全景（右が後円部）

横穴式石室内部（右側に玄門部石柱）

概要　府中市街地と上下町とを結ぶ県道24号線の水永の峠付近に位置しており、道路南西側に見える。

南から北へ延びる丘陵の先端に築造された前方後円墳で、南東側に前方部がある。全長約22.5m、後円部は直径約14.5m、石室入口側での高さ約4mである。前方部は長さ約8m、幅は先端部で約10m、高さは後円部よりも約3m低く、比高が大きい感じである。後円部の背後（西側）から南側にかけて、丘陵を削った斜面と溝が観察できる。

主体部は後円部の横穴式石室で、県道側の北東方向に開口しており、全長は約8.3mである。平面形を見ると、奥部が広く、入口に向けて狭まっているが、側壁は配石が直線的ではなく、湾曲気味である。入口から見て右側壁には約3.5m入った位置に、高さ約1.4m、厚さ40cmほどの石柱が立てられているが、これは側壁の一部ではなく、遊離している。石室を区分する標石のようで、ここより奥が玄室、手前を羨道としたものであろう。玄室は長さ

2 古墳時代＜東部地域＞

約4.5m、奥幅2.51m、石柱部での幅1.53m、奥高2.2mの大きさである。奥壁は2枚の大石の上に横長の石を2段ほど積み、側壁は下段に大型の石をすえ、その上に横長の石を5段ほど内側にせり出しながら積んでいる。羨道は入口幅約1mで、高さも入口に向けて低くなっている。

石室（玄室）奥部の石組み状況

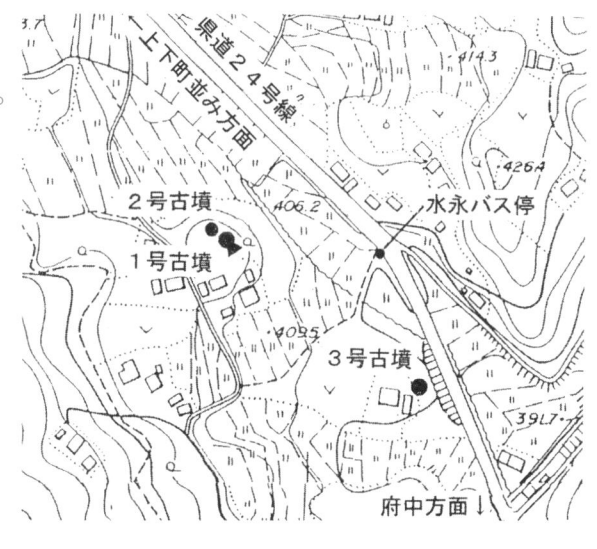

　入口が狭まる平面形や側壁の石組みなどは、内陸部の石室に類例が多い。また、石室を区分する石柱は、可愛川下流域の玄門式石室の影響がうかがえる。

　古墳の整備に伴って、玄室の奥部が発掘調査されており、須恵器片の出土などからみて7世紀初頭には築造されている。前方後円墳の横穴式石室墳としては、二子塚古墳よりも新しい可能性がある。分水嶺の峠付近に位置し、道路側の北寄りに開口するなど、交通路との関わりが深いことに加え、墳丘は畿内型、石室は内陸型という特徴が、本古墳の性格を考えるうえで重要である。

行き方　上下町と斗升町との境峠付近で、県道24号線沿いの水永バス停の西側。JR福塩線上下駅からのバス便は少ない。付近駐車可。

詳しく知る参考文献　253頁の40。　　　　　　　　地図（『報告書』を基に加筆）

天平勝寶二年の木簡出土

安芸国分寺跡 国史跡
あきこくぶんじ

東広島市西条町吉行

所在国郡　安芸国賀茂郡
主要遺構　塔跡、講堂跡ほか
出土遺物　墨書須恵器、木簡など
創建時期　奈良時代（8世紀）

＜見どころ＞
①建物（伽藍）の配置
②塔跡の礎石群

概要　JR山陽本線西条駅の北東へ徒歩10分ほどに現在の国分寺があり、この周囲一帯が奈良時代創建の安芸国分寺跡である。

国分寺は、741（天平13）年の国分寺建立の詔によって諸国に造営されたもので、広島県には安芸と備後の国分寺・国分尼寺が創建された。実際に完成した時期については諸国によって異なる。安芸国分寺では、2000（平成12）年の調査で、寺域の東端付近のゴミ捨て穴遺構から、「ある郡から国分寺に何かを届けた際の送り状の木簡」が出土し、これに「天平勝寶二年」（750年）の年号が記されていたことから、この年には建立されていたことが確認できるのである。

国分寺跡は、現在の仁王門と再建された本堂を結ぶ南北線を伽藍の中軸線と想定し、東西約240m、南北約120mの寺域とされている。長年の、遺構・寺域の確認調査、保存整備事業による発掘調査によって、塔跡、金堂跡、講堂跡、僧坊跡、国師院跡、東方建物跡（講院跡）、築地跡などが確認されてき

塔跡の礎石の状況

講堂跡の復元・整備の状況

3 古代

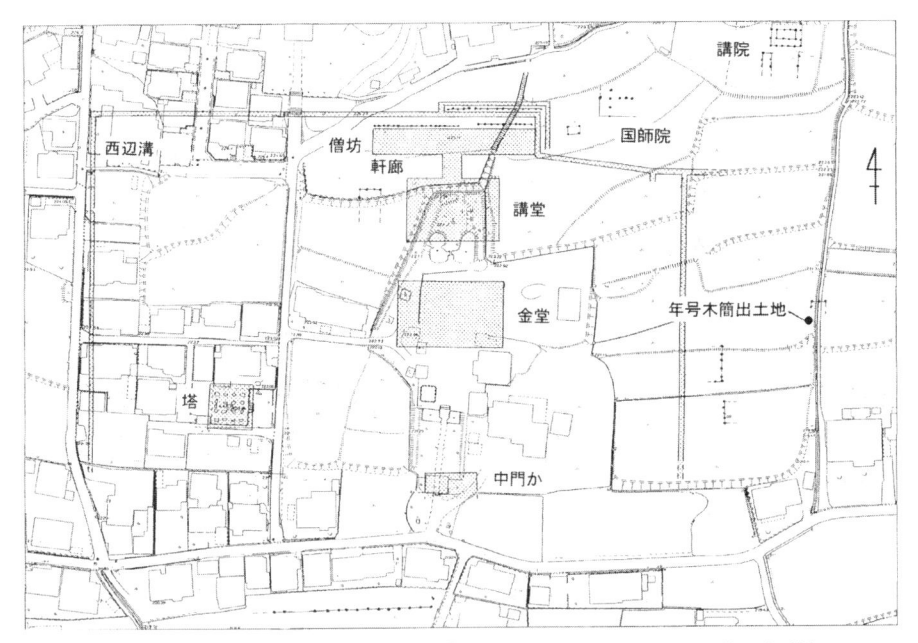

安芸国分寺跡の地形と伽藍配置 （『国分寺造営の謎を探る』を基に加筆）

ている。南大門、中門については現在のところ確定できてはいないが、仁王門付近に中門が想定され、南大門はさらに南側になるようである。

<塔跡> 早くから注目されてきた遺構で、中軸線の西方約70mにある。1932（昭和7）年に調査された後、現在のような玉垣囲いで整備された。礎石は、円形の穴を穿った心礎を中心に四天柱4個、側柱12個であるが、転落や欠落していた側柱礎石2個（南東隅と南西隅）が復元されている。基壇の本来の規模は、一辺約12m、高さは1～1.5mと推測されている。

<金堂跡・講堂跡> 金堂は本堂との関係で早くから削平されてきており、基壇のごく一部が確認できるくらいで、規模など詳しいことはわからない。講堂も後世の園池などで壊されているが、基壇の北辺石積みや雨落溝、礎石の一部などが発掘されており、基壇は東西約31m、南北13.5m以上とみられている。北辺部は復元・整備され見学できる。

<僧坊跡・軒廊跡> 講堂北辺の中央から、北側の僧坊に連絡する軒廊跡基

115

壇が検出されている。長さ約8ｍ、幅6.5ｍほどで、ここに2間×1間の軒廊が建てられていたようである。僧坊跡は基壇が東西約55ｍ、南北約12.5ｍの規模で、上面は削平が激しく、建物の規模などは分かっていない。

＜国師院跡＞　僧坊跡から約20ｍ離れた東側に、東西（桁行）7間、南北（梁間）2間（約19.6×5.4ｍ）で、北と南面に庇の付く大型建物跡が構築されている。この建物の西側約10ｍで木組みの井戸跡が検出され、その掘り方などから、底部に「国院」や「院」と墨書した須恵器杯身が、また、近辺からは「国師院」墨書の須恵器杯蓋も出土している。この特異な大型建物は国師院とみられ、僧坊と同じ時期に造営された主要建物であったとされている。

　1999（平成11）年に、史跡安芸国分寺跡の歴史公園整備基本計画が立てられ、現在進行中である。

用語の意味　国師－中央政府から諸国に派遣された高級僧侶。各国の仏教行事や寺院を監察。安芸国では国分寺に役所を置いていたものか。

メモ・気づき　出土遺物の一部は、ＪＲ河内駅南側の東広島市出土文化財管理センター（河内駅から東側の踏切を渡り、徒歩5〜6分）で展示。

行き方　ＪＲ山陽本線西条駅東側の陸橋を渡る。または、駅前交番横から酒蔵遊歩道を経て東へ。いずれも徒歩10〜15分。車の場合は国分寺の東側から西進、あるいは北東側から南下する。駐車場あり。

詳しく知る参考文献　253頁の41。　　　　　　　　　　　地形図（安芸西条）

3 古代

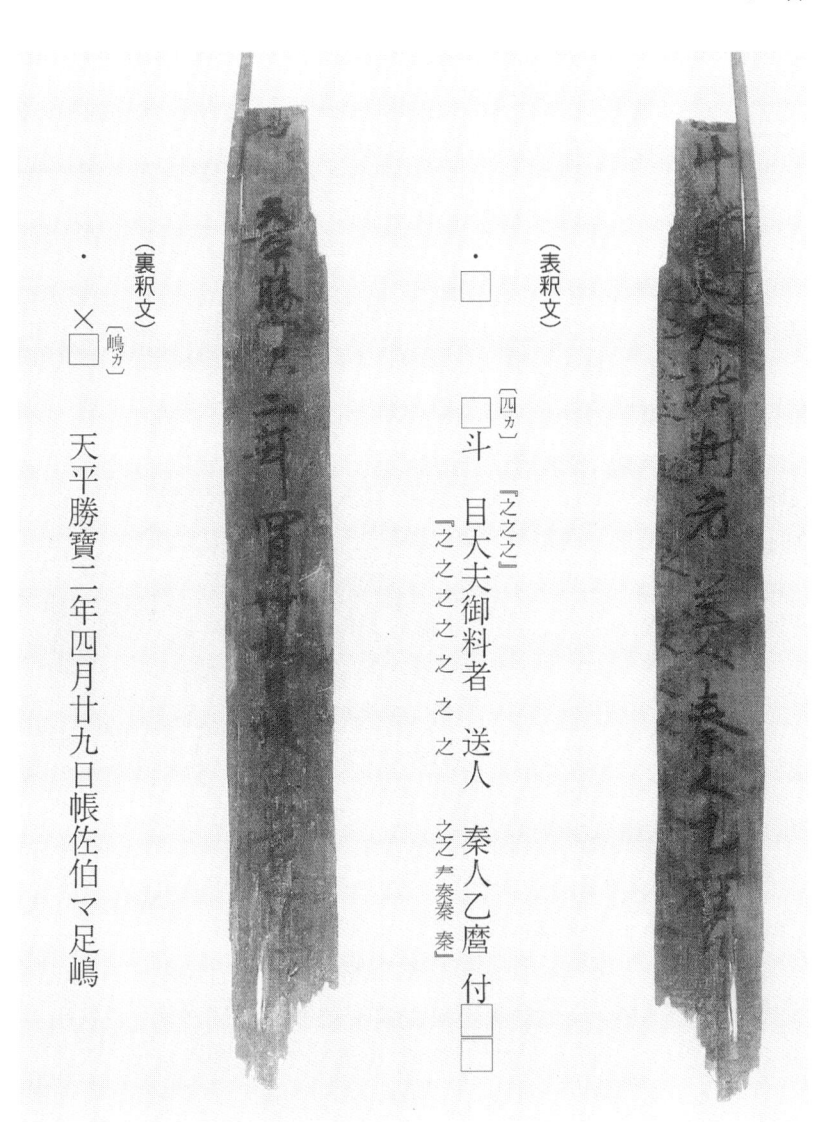

(表釈文)
・□
　□斗　目大夫御料者　送人　秦人乙麿　付□
　〔四カ〕　『之之之』　　　　　　　　　　　　　『之
　　　　　　『之之之之　　　　　　　　　　　　　之
　　　　　　　　之之』　　　　　　　　　　　　　芦
　　　　　　　　　　　　　　　　　　　　　　　　奏秦
　　　　　　　　　　　　　　　　　　　　　　　　秦』

(裏釈文)
・×□　天平勝寶二年四月廿九日帳佐伯マ足嶋
　〔嶋カ〕

「天平勝寶二年」（750年）銘の木簡　（『発掘調査報告書Ⅳ』から）

ほとんど失われた三次郡衙跡

下本谷(しもほんたに)遺跡 県史跡
三次市西酒屋町

所在国郡　備後国三次郡
主要遺構　正殿、脇殿など掘立柱
　　　　　建物跡、柵
出土遺物　転用硯、須恵器
創建時期　奈良時代（8世紀）

＜見どころ＞
①建物配置の状況
②西辺の柵又は塀

概要　古代の三次郡衙跡(みよしぐんがあと)で、県内で確認されている唯一の郡衙遺跡であるが、道路工事でほとんどが消滅したのが悔やまれる。

整備されている状況

道路部分に中心部建物があった

三次市街地の南側の緩やかな丘陵上に位置しているが、この丘陵の南側に中国自動車道三次ＩＣが建設されたため、市街地とを直線的に結ぶ国道（375号線）が新設されることになり、郡衙の中心部が失われることになったのである。

建物跡などの遺構は、7世紀後半から10世紀（平安時代初期）頃まで営まれたようであり、大きく4時期の建てかえがあるとされている。奈良時代の建物は、掘立柱建物群(ほったてばしらたてもの)が、他地域の官衙にみられるように規則的に配置され、建物群は柵(さく)又は塀(へい)で囲まれる状態である。中心となる建物は、桁行(けたゆき)（東西）6間、梁間(はりま)（南北）4間の四面庇(しめんひさし)の建物で、正殿(せいでん)と考えられる。正殿の前（南）側の左右（東と西）には、南北に長い7間×2間の建物が2棟縦列して建ち、脇殿(わきでん)に該当する。西側列は早くから削平されたが、全体としては、正殿と脇

3 古代

殿とがコ字状に配置され、柵又は塀で囲まれ区画されている。正殿の北側には、柵又は塀による別の区画があり、南北に長い建物が検出されている。また、正殿の約70m南側では2棟の総柱建物が東西に並び、倉庫とみられる。建物群を囲む柵又は塀の東西は約54m、北端から倉庫までの南北は約114mの規模とされている。これらの他、柵又は塀の外側にも数棟の建物跡が存在している。

遺物は、須恵器、土師器、緑釉陶器、須恵器の蓋を転用した硯などが出土している。

現在、西側の柵又は塀の一部と北側建物が保存され、その位置が植樹で示されている。

用語の意味 郡衙─古代律令制の郡に置かれた役所。郡司（郡の長）が政務を執る場所。

メモ・気づき 北西に続く丘陵一帯は後期旧石器時代の遺跡。出土のナイフ形石器は、中国地方では最古段階のものとされる。

行き方 三次IC交差点の北側の、国道西側法面の上。車進入駐車可。

詳しく知る参考文献 253頁の42。

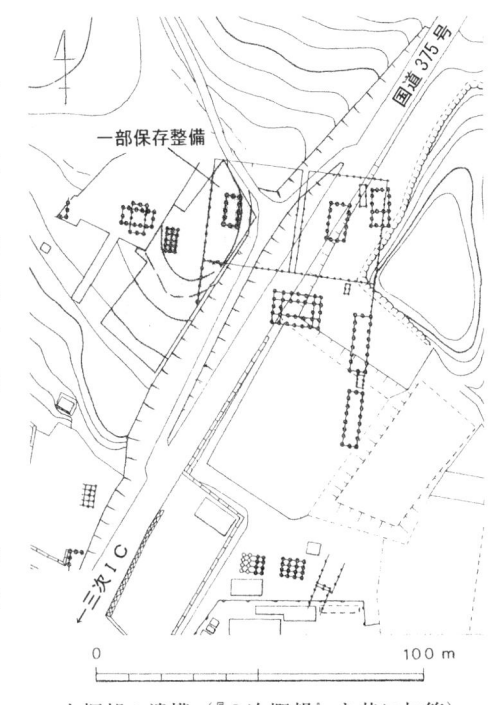

中枢部の遺構（『2次概報』を基に加筆）

地形図（三次）

百済系寺院の「三谷寺」跡

寺町廃寺跡 国史跡
三次市向江田町

所在国郡　備後国三谷郡
主要遺構　塔跡、金堂、講堂跡
出土遺物　水切軒丸瓦など
創建時期　白鳳時代（7世紀後半）

＜見どころ＞
①建物（伽藍）の配置
②塔跡の心礎、礎石

概要　平安時代の説話集である『日本霊異記』の記載から、「備後国三谷郡の大領の先祖が、百済の人の禅師弘済を招いて造った三谷寺」であり、寺院名、創建に関わった人物、創建の動機が知られる稀な例である。

廃寺跡全景の現状

塔跡の心礎と重ねられた礎石

　1979（昭和54）年から発掘調査が行われた結果、塔、金堂、講堂、回廊などがよく残っており、白鳳時代から平安時代初めに営まれた寺院跡として国史跡に指定されているが、現在のところ復元・整備はなされていないのが残念である。
　広域農道から寺院跡のある台地を望むと、麓に、中学生によって描かれた寺町廃寺の大きな復元絵画が建てられている。台地上は現在は休耕田で、その中に石塔状の積み石が見える。この底の石は塔の心礎で、直径約44cm、深さ22cmほどの円形の穴が穿たれている。また、この上に重ねられている2個の石には方形の造出しがあり、柱の礎石であることがわかる。

120

3 古代

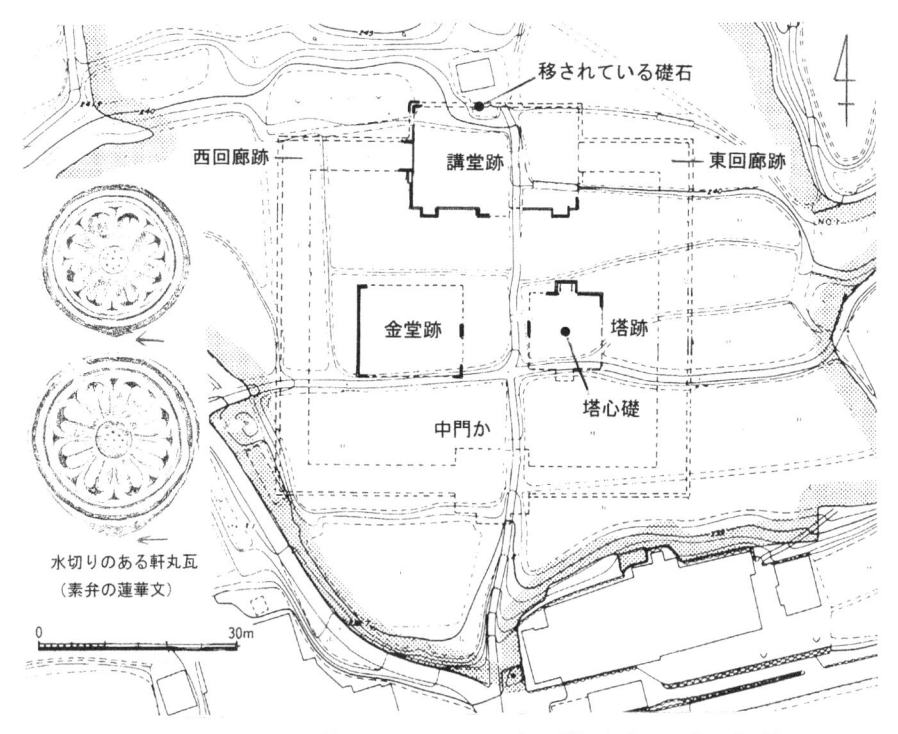

寺町廃寺の遺構（太線）と伽藍配置の想定　（『報告書』を基に作成）

　発掘調査によると、心礎は原位置が保たれており、これを中心に一辺が約11 m、高さ約1.5 mの塔基壇が確認されている。礎石は全て抜き取られていた。基壇の縁は塼(せん)（レンガ状の四角な焼物）を立てて並べた上に平瓦や丸瓦を重ねて化粧しており、百済(くだら)の寺院の影響がうかがえる。基壇北辺では3段の階段が付けられている。塔跡の西側で東西15.7 m、南北13.4 mの金堂基壇（塼と瓦積み）が検出されているが、上面はかなり削られており、礎石は残存していなかった。塔と金堂の北側に講堂跡があり、基壇（塼と石積み）は東西25.1 m、南北14.7 mの規模である。ここも礎石はなくなっていたが、南面で3か所に階段があり、東・西面に回廊が取り付くことが確認されている。
　南門、中門やその他の建物は確認されていないが、東に塔、西に金堂を配した法起寺(ほっきじ)式(しき)伽藍(がらん)配置(はいち)であることが明らかとなり、丘陵台地上のおよそ100

m四方が寺域と推定されている。

　出土遺物のうち、創建期の軒丸瓦とされる素弁(そべん)（花弁の中に子葉(しよう)がない）の蓮華文(れんげもん)軒丸瓦は百済の寺院の瓦と極めてよく似た文様である。また、瓦当面(がとうめん)の下側を三角状に尖らせたいわゆる「水切瓦(みずきりかわら)」を創案していることは、本寺院の最大の地域色といえよう。なお、文様のある軒平瓦(のきひらかわら)は出土しておらず、元々使用していなかったとみられている。

　「三谷寺」は百済文化を取り入れた最古級の寺院で、堂塔の遺構はよく残り、法起寺式伽藍配置も明確なことは県内では例がない。県南部の古代寺院が何かと畿内政権との結びつきが強い傾向があるのに対し、水切瓦の使用や交流か

塔心礎の円形孔（底に溝状の孔あり）

講堂跡背後の円形に造り出した礎石

らもうかがえるように、地域で独自に創建された寺院といえる。

　なお、動かされている建物礎石がいくつが確認できる。入口の標柱・説明板横の登り道左側石垣に、方形造出し（柱座）のある礎石が転用されている。また、講堂跡背後の小丘に円形造出しのある礎石2個が置かれている。

用語の意味　水切瓦－軒丸瓦の下側を尖らした瓦。水を切る機能は疑問。三次盆地の県北を中心に分布する地域文化で、島根県・岡山県でも散見。なお、出土瓦などは広島県立歴史民俗資料館（みよし風土記の丘）で展示。

メモ・気づき　寺院跡の北方、JR芸備線下和知駅東方の丘陵中腹に、寺町廃寺に瓦を供給した**大当瓦窯跡(だいとうかわらがまあと)**（和知町）がある。また、南西方約1.2kmに、同じ設計図で造営されたとされる**上山手廃寺跡(かみやまて)**がある。遺構は見学不可。

3 古代

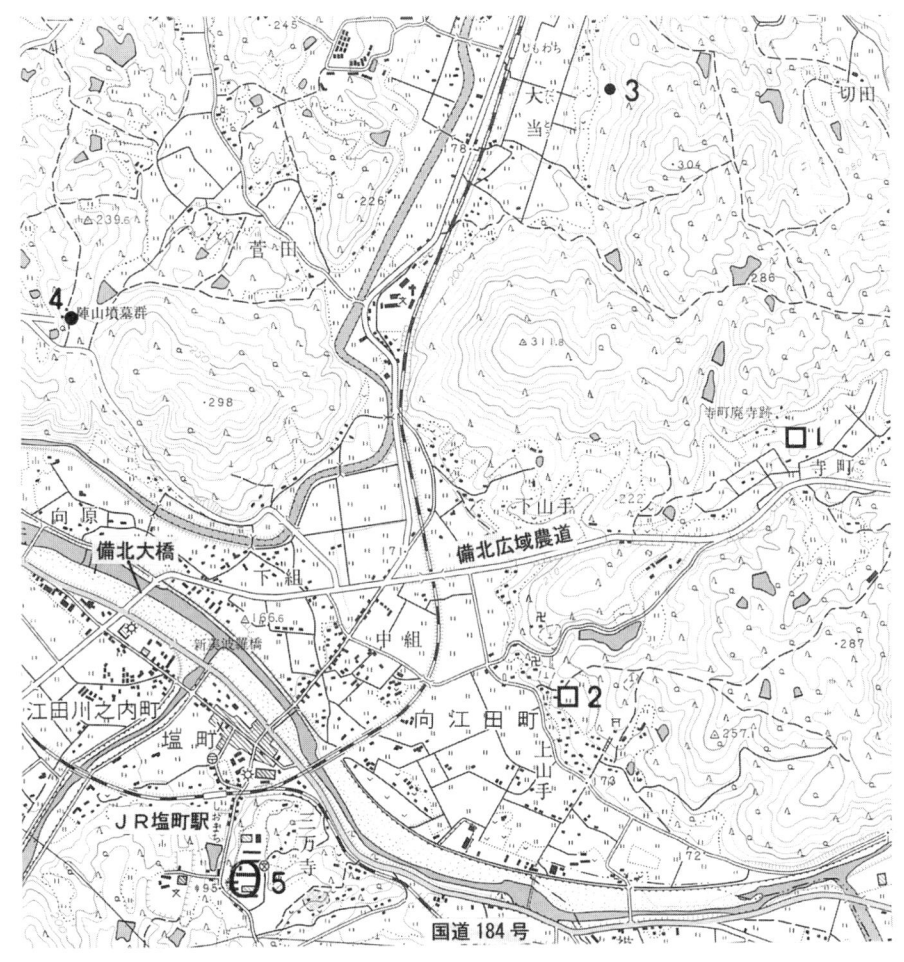

1　寺町廃寺跡　　2　上山手廃寺跡　　3　大当瓦窯跡（説明板あり）
4　陣山墳墓群（未整備、説明板あり）　　5　塩町遺跡（三次青陵高校グランド）

行き方　JR芸備線塩町駅の北西、国道184号線から、馬洗川に架かる備北大橋を渡って備北広域農道を東進、中国横断自動車道（尾道松江線）下のトンネルを抜けると間もなく、北側の緩やかな台地が寺院跡。付近に駐車可。

詳しく知る参考文献　253頁の43。　　　　　地形図（三良坂、横断自動車道は未記入）

福山湾に臨む寺院跡

宮の前廃寺跡 国史跡
福山市蔵王町宮の前

所在国郡　備後国深津郡
主要遺構　塔跡、金堂跡
出土遺物　文字瓦など
創建時期　白鳳時代（7世紀後半）

<見どころ>
①建物（伽藍）の配置
②塼積み基壇
③塔跡の礎石

廃寺跡の全景（手前が金堂跡、奥が塔跡）

塔跡の復元・整備された状況

概要　人名をヘラ書きした文字瓦が多く出土したことで知られ、また、門前が、『日本霊異記』に記された「備後国深津市」と想定される、天平期（8世紀）を中心に栄えた寺院跡である。
　蔵王町の蔵王八幡神社へ登る石段手前の参道左右が廃寺跡である。江戸時代の文献では、海蔵寺跡といわれ、礎石が残存していたことが記されている。これまでの発掘調査で、参道の東側に塔跡、西側に金堂跡が検出されているが、講堂、回廊、中門など他の建物遺構は確認されていない。背後が神社本殿への崖面になっているので、北側に講堂などが建つ広さは確保できない地形である。法起寺式伽藍配置を基本とし、東西約60m、南北約30mの山腹造成面に、2棟の建物を中心として配置した小規模な寺院跡であったと考えられている。
　塔跡は、塼積み化粧した基壇で、一辺12.6mの規模である。塼は、およ

124

そ長さ30cm四方、厚さ11cm大のものを使用し、小口・面・小口と重ねて高さ約1mとしている。礎石は、中心柱の心礎と、側柱の礎石3個が残存していた。現在、他の側柱と四天柱の礎石を補充し、復元している。

金堂跡は、東西25.3m、南北15.5mの基壇規模で、東辺と南辺が塼積み化粧、北辺は石積みであった。基壇上面については明らかにされていない。

出土遺物として、特に注目されるのが「文字瓦」で、丸瓦や平瓦の凸面にヘラ書きされたものが12点ある。これらは、塔跡や周辺から出土しており、文字は、「紀臣和古女」、「紀臣石女」、「軽部君黒女」「□部臣飯依女」、「栗栖君□」

塔跡の心礎・礎石の状況

など、全て人の名前であることが特記され、また、女性の名前が多いのも特徴である。寺院の造営、中でも塔の建立に何らかの関わりをもった人達であったとみられている。

この付近は、当時は海に面した良港があり、深津市が栄えて、神辺、駅家、府中方面から人々が往来している。備後国分寺や備後国府への海からの門戸であるとき、宮の前廃寺は官衙(かんが)的性格の強い寺院であったといえるのである。

メモ・気づき　創建期の軒丸瓦は藤原宮式、軒平瓦は扁行唐草文(へんこうからくさもん)。

行き方　国道182号線の「福山東IC」交差点から、北側へ住宅地を約150m進むと蔵王八幡神社鳥居前。小型車は駐車可。また、金堂跡西側へ登る車道あり。

詳しく知る参考文献　253頁の44。　　　地形図(神辺)

拡張・整備を続けた山城

小倉山城跡 国史跡
山県郡北広島町新庄

規　　模　約4万㎡、比高50m
主要遺構　郭、堀切、建物跡
関係人物　吉川経信～興経
存続期間　15～16世紀中頃

<見どころ>
①独立した郭群が集合した山城
②郭の造成と構造
③多くの登城路

概要　新庄盆地の北を画す丘陵群にある吉川氏の本拠城である。

吉川氏は、14世紀に「大朝新庄地頭」の記載があるが、城が確認できるのは、1452（享徳元）年の西禅寺（菩提寺）宛の文書が初めである。以後、16世紀中頃の興経が、日山城（北広島町新庄・中山）に本拠を移すまで吉川氏の本拠であった。なお、興経は1547（天文16）年、家臣のクーデターにより失脚、そのあとには、毛利元就の二男元春が日山城に入っている。

城は、丘陵群の鞍部を掘り切って城域を画し、それぞれ独立しながら連携した本丸（以下、名称は地元の通称による）・二の丸・三の丸の郭群からなる。中央の本丸郭群は他より高く構造も整っているが、郭が直線状に北方に並ぶ三の丸郭群は古い形態を残していることから、当初は、三の丸郭群だけであった城を、背後の本丸郭群を取り込んで拡張、さらに、市や集落のある南側を意識した二の丸郭群を加え、全体を一つの城として整備したことが考えられ

龍山八幡神社から見た小倉山城跡

整備された本丸郭群の掘立柱建物跡

4　中　世　＜西部地域＞

る。これは1544（天文13）年の記録に、「三重之上様（三の丸の隠居）」と記されたように、本丸は当主、三の丸は隠居と、郭群に役割の分担があったらしい。

　このうち、発掘調査が行われたのは、10の郭からなる本丸郭群で、ここでは、礎石や掘立柱の建物、門、塀、土坑、溝、鍛冶炉などの遺構とともに、土師質土器や輸入陶磁器、鉄製品、石製品などの遺物が出土し、年代は15世紀から16世紀前半とされている。

　遺構は郭ごとに検出状況が異なり、本丸郭群のなかでも居所や虎口空間、通路、防御空間などの役割分担があったことが分かる。

1　城跡本丸郭群　　2　町立図書館

　ただ、各郭の最上層の時期には、鍛冶遺構のほかに生活の痕跡はなく、16世紀中頃の日山城への本拠の移動により、本拠城から鍛冶工房に機能を変えたことが考えられる。

　現在、城跡は発掘調査された本丸郭群を中心に、歴史公園として整備され、郭には建物や門などの平面標示が行われている。

メモ・気づき　城跡の南西下に**西禅寺跡**（国史跡）があり（門前は新庄市）、氏神である龍山八幡神社（国重文）もある。北広島町立図書館内の郷土資料室は、小倉山城跡のガイダンスルームである（月曜は休館）。

行き方　浜田自動車道大朝ＩＣから国道261号線を北へ約1km進み、案内標示に沿って右折すると間もなく専用北側駐車場。本丸まで徒歩約10分。

　なお、日山城跡へは、国道261号線沿いの中山（案内標示あり）から登城路を約200m進む。駐車可。そこから本丸（比高約300m）へ徒歩約50分。

詳しく知る参考文献　253頁の45、50。　　　地形図（大朝・生田）

戦国武将の館と生活

吉川元春館跡 国史跡
きつかわもとはるやかた

山県郡北広島町海応寺

規　　模	約1.5万㎡、比高8m
主要遺構	礎石建物、庭園、石垣
関係人物	吉川元春・元長・広家
存続期間	1583（天正11）年～ 1591（天正19）年

＜見どころ＞
①計画的な館の構造
②独特の石垣と庭園
③復元された中世の台所

元春館跡正面の石垣（中央部が表門）

館跡内の庭園（国名勝）

概要　吉川氏の本拠日山城の南西山麓約2kmの、志路原川沿いの河岸段丘上にある。

　館の建設は、元春が長男元長に家督を譲る1583（天正11）年に始まり、元春の没する1586年まで続けられたが、翌年には元長も没し、以後は、三男広家が整備を続けたらしい。1588年、広家は、秀吉の養女との結婚にあたり、「吉野原普請（館の改修）」を行うが、1591（天正19）年には、出雲富田城へ移封され、館は機能を終える。館の跡地には、元春の菩提寺海応寺が建てられる。

　館は、東側の正面は高さ約3.2mの石垣、北側は段丘崖を削って切岸、南側は谷を利用した堀で画し、西側背後は斜面を削って大溝を巡らす。敷地は、間口・南北110m（1町）、奥行・東西80m（45間）の不整形をなす。後世の攪乱により、一部不明な部分があるが、ほぼ全容が明らかである。

　正面石垣の中央に表門、南寄りに通用門を開け、南北両側には土塁をめぐ

4 中世 <西部地域>

らす。表門を入ると、奥行20m、幅60mの広場があり、奥に主殿と遠侍と考えられる大型の礎石建物が並ぶ。その背後には、常御殿と考えられる大型の礎石建物と、庭園を備えた会所があり、さらに後ろには、塀で区切って湯殿、便所、厩、その他の小建物が並ぶ。また、正面北側には、築地で画し

館跡内の復元された台所

て、書院造の大型の礎石建物、南側には、通用門口に面して番所、さらに南には、大型の台所と付属屋がある。

　この構造は、表門から広場、遠侍、主殿、会所までが、儀式と接客のための公的空間であり、その背後西側と南・北側の三方が、私的空間となる。私的空間は、その位置により、北側は奥向き空間、西側は生活空間、南側は接客のための裏方空間となり、館内の空間構造・役割分担が明らかである。

　発掘調査では、敷地の造成、土塁による館の敷地区画、その外側への石垣（石塁）構築、背後の斜面や庭園からの排水対策など、館の普請に関わる様々な知恵と技術が明らかにされている。特に、石垣は、両側に面をもつ石塁の背後を埋めて石垣としたもので、5～10mの適度な間隔に立石を配し、その間を横積みする意匠とともに、この地域独特のものであり、吉川氏に「石つき之もの共」と呼ばれた職人集団がいたことが推定されている。また、庭園は、背後の山を借景に、塀で囲んだ狭い空間に滝石組をもつ築山と敷石をもつ人工的な池を設けたものである。当時の庭園としては保存状態がよく、景観や技術的にも秀逸とされ、2002（平成14）年に**「吉川元春館跡庭園」**として、国名勝に指定されている。

　出土遺物は、7万点を超す土器類をはじめとして多いが、なかでも墨書木札類には特色がある。例えば、「よし者ら御つ本年（吉野原御局）」や「かいさま（母様）」は、元春夫人を示したものである。また、便所発見の端緒となった便槽の堆積物からは、動・植物遺体など、当時の食物や寄生虫卵化石、

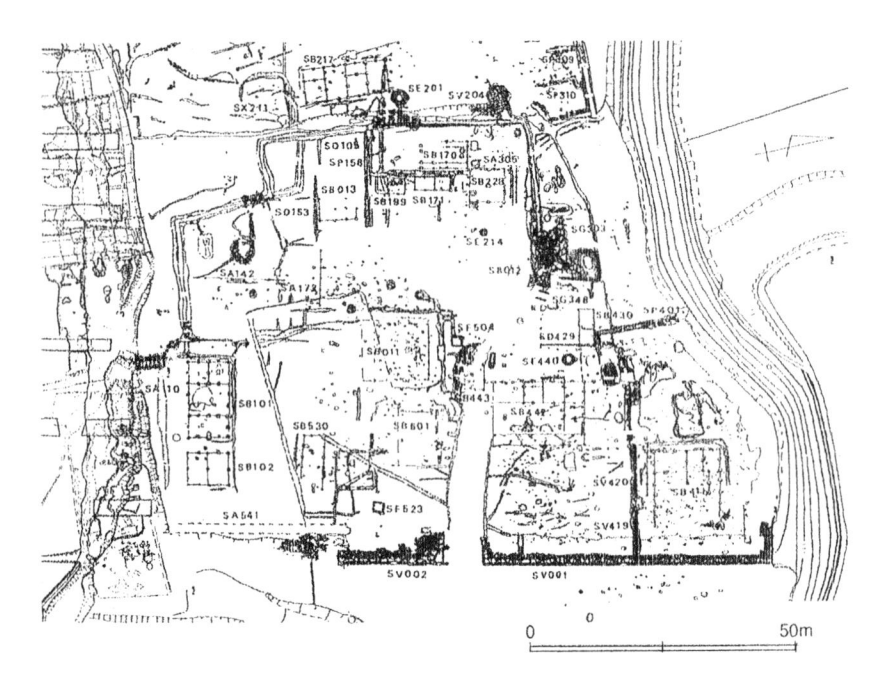

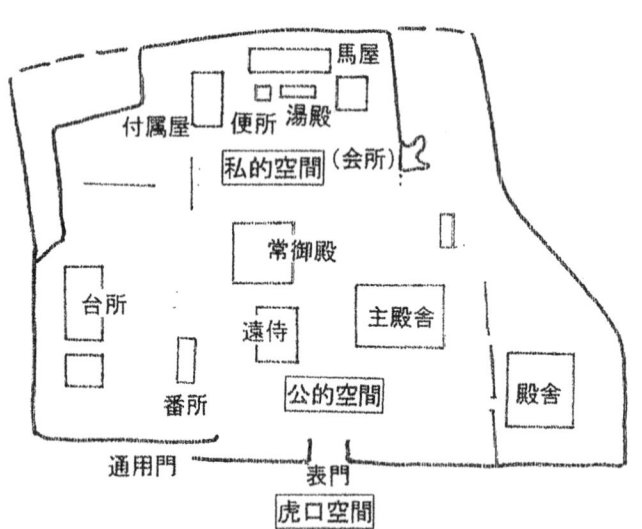

(上）館跡の遺構平面図　（下）同館内構造の模式図　（上は『発掘調査概要』から）

130

4　中　世　＜西部地域＞

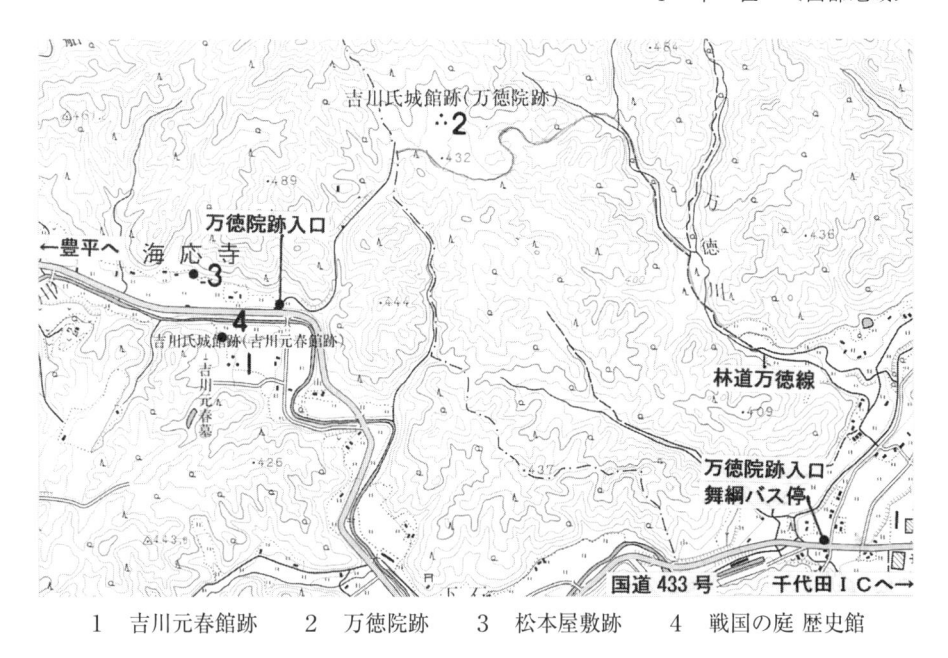

1　吉川元春館跡　　2　万徳院跡　　3　松本屋敷跡　　4　戦国の庭 歴史館

虫下しの薬とされたベニバナの花粉などが発見されており、当時の食物だけでなく、その利用形態も明らかにされている。

　本遺跡は、発掘調査で明らかになった内容が、文献史料調査の所見と一致したことが最大の特色である。16世紀第4四半期というわずかな期間の戦国武将の館の構造や内容、さらに、土木・建築の技術、館内の生活、そして、それを支えた地域の生産力など、多くのことが明らかにされた。

　発掘調査された遺跡は、埋めもどされた後、遺構の修復、建物の平面表示、台所は建物上屋が復元され、当時の様子を立体的に観察することができる。また、そばには、ガイダンス施設「戦国の庭　歴史館」が設けられている。

メモ・気づき　館跡のある志路原川沿いには、八丁馬場や松本屋敷などの地名とともに、計画的な地割が残り、初期的な城下町を想定させる。

行き方　中国自動車道千代田ＩＣから国道261号線を北進（大朝方面）し、「蔵迫中央」交差点から国道433号線を豊平方面に約3.5km。専用駐車場あり。

詳しく知る参考文献　253頁の45、51。　　　地形図（志路原）

「草庵」から「廟所」に

万徳院跡 国史跡
山県郡北広島町舞綱

規　　模　約4.5万㎡
主要遺構　礎石建物、庭園、参道
関係人物　吉川元長・広家
存続期間　1574（天正2）～
　　　　　1603（慶長8）年

<見どころ>
①中世寺院の全体像
②流れの池庭
③復元された風呂屋形

万徳院跡の参道

庭園から本堂・風呂屋を見る

概要　吉川元春館跡北側の国道から、林道を北側山中に登って行くと、吉川元長の菩提寺である万徳院跡がある。元長の発願により、1574（天正2）年から翌年にかけて建立、1587（天正15）年の彼の死後は菩提寺となった。

　元長は、「人ヲウタカヒ被疑ぬき、あひそしりあひ候事」ばかり行う自らを罪深いとし、「我等こときの罪深候者ハ」「アマタノ加勢（大勢の仏の加護＝万徳）」を得なければ思いが叶わない、として建立を思い立ったとされ、生前は、「草庵」、死後は、自らの「廟所」に定めていた。元長を継いだ広家は、寺院を改修して元長の菩提寺とするが、その後、吉川氏の出雲、そして周防移封により、1603（慶長8）年、岩国に移転した。

　万徳院跡は、中心となる境内と周辺部の遺構からなる。

　境内は、南面する斜面の谷地形を利用したもので、間口・東西72ｍ（40間）、

4　中　世　＜西部地域＞

奥行・南北45m（25間）である。前面には、吉川元春館跡の正面石垣に類似する立石を配した、高さ1.8mの石垣が築かれ、中央と東側に門を開く。本堂を中心に、西側に池庭、東側に庫裏、北側に霊屋と坪庭風の小庭、庫裏の北には風呂屋、南に番所がある。

本堂は、東西8間、南北6間で、内部は4列に仕切った左右非対称の方丈型をなし、西側上間に御座間をもつ。庫裏は、南北5間以上、東西5間の南北棟の建物に、東西7.5間の東西棟の建物を増築している。霊屋は、本堂背面にあり、南北3間、東西2間の土壁造りである。

風呂屋は、東西3間、南北2間で、西側が土間でカマド、中央と

境内西側の庭園（国名勝）

ガイダンス施設「青松」（本堂の外観復元）

東側が板敷きで湯殿と上がり場になる。室町時代の絵巻物である「慕帰絵詞」や、江戸時代の大工書「愚子見記」に描かれた蒸し風呂の構造に一致する。現存・発掘例とも類例が少ないことから、上屋が復元されている。

番所は、通用門と表門に接して2棟がある。表門は、正面中央の石垣上にある四脚門、通用門は、薬医門または棟門と考えられている。

建物の構成は、京都の禅宗寺院の建築様式を取り入れたものとされている。

池庭は、境内西側の谷川を利用したもので、流れを分岐させて、中央に南北18m、東西8mの中島を配置している。護岸と景石からなる中島と池は、雄大な姿を見せるが、池は、谷に立地する境内の水処理を意図したものでもある。また、本堂書院の裏には、塀で囲んで立石と池をもつ坪庭風の小庭も

133

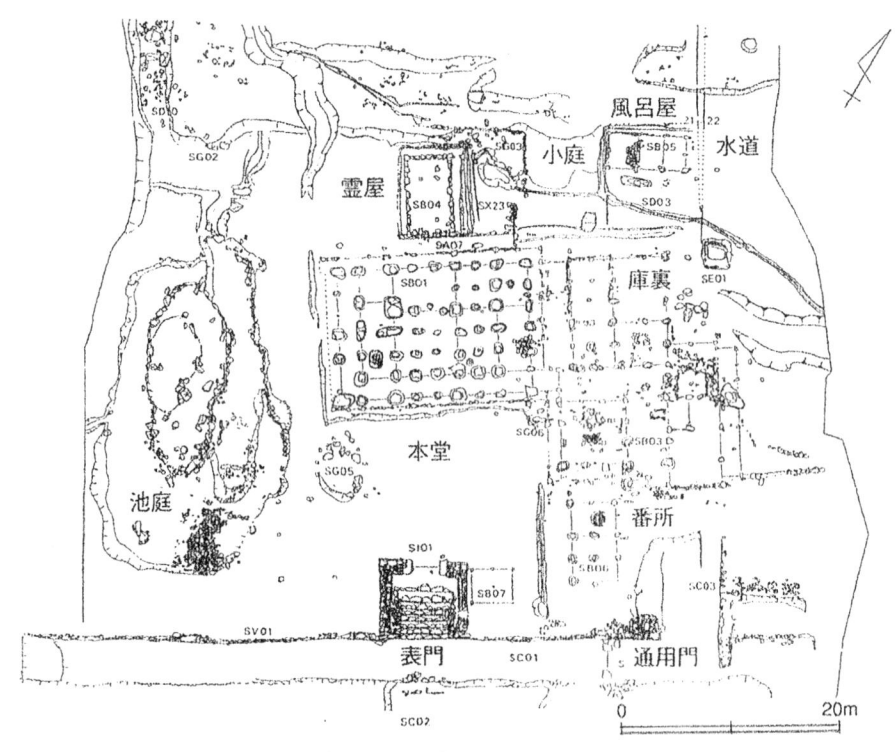

万徳院跡の境内平面図　(『発掘調査概要』を基に加筆)

ある。これら庭園は、戦国大名による寺院付属庭園として、2002（平成14）年、「旧万徳院庭園」として国名勝に指定された。この他、建物や庭園に付属する水溜や、竹筒の水道施設などもある。

　これらの遺構は、境内が東西に拡張されたこと、それに伴って、池庭や石垣が造られたこと、また、庫裏の増築や種々の建物が新築されたことなどから、少なくとも、二時期にわたって整備されたことがわかる。

　出土遺物は、16世紀第4四半期と考えられる土師質土器・陶磁器類のほか、建築部材や生活用具などの木竹製品、石製品、金属製品などがある。なかでも、池底から発見された2枚の法華経版木と竹製の裏目物差は、出土例が稀で注目される。法華経版木の1枚は、横86cm、縦24.4cm、厚さ2cmの大

4　中　世　＜西部地域＞

きさで、ヤマザクラ材である。裏目物差は4片に折れて出土しており、幅1.2〜1.3cm、厚さ0.4cm、全長は36.7cm以上とされている。目盛は、1寸（3.03cm）のルート2倍である、4.3cm間隔の大きな目盛（裏目の1寸）を10等分した小さな目盛を刻んでいる。

　境内の周辺には、南側に長さ約220mの参道と、それに沿って方形区画がある。西南側には、東西18m、南北11mの墳墓基壇と、それに伴い2棟の建物をもつ東西45mの方形区画、西側には、伝容光院墳墓と5段の墓地区画がある。これら周辺の遺構は、正面石垣のラインを東西基準線とし、これに表門中点で直交する南北基準線で想定できるマス目（地割り）に沿った位置にあり、全体の配置が計画的に設計されていることがわかる。

　以上のことから、万徳院は、①本堂と庫裏からなる創建の時期と、②石垣や池庭の整備により、境内を拡張して建物を増築し、参道や西南側の墳墓などを設置した改修の時期、があることがわかる。これを史料と対比すると、①は1574年頃、元長が「アマタノ加勢」を得ようとして創建した「草庵」としての寺院、②は1587年の元長の死後、広家が元長のため整備した「廟所」としての寺院、があてられよう。また、西側の伝容光院墳墓については、1591（天正19）年の容光院（広家の妻）の死後の建立である。

　なお、万徳院庭園は、仏教世界を現した信仰の庭とされる万福寺庭園（島根県益田市）と、景観の類似性が認められる。これは、元長が仏教に深く帰依していたことと、益田元祥など益田氏と親密な関係にあったことから、元長の「廟所」建立に際し、万福寺の庭園を写し作庭した可能性がある。

メモ・気づき　万徳院跡参道の南端に、ガイダンス施設「青松」がある。この建物は、発掘調査で明らかになった本堂の外観を、同じ規模で復元しており、内部に展示、休憩コーナー、トイレがある。

行き方　中国自動車道千代田ＩＣから、国道261号線を大朝方面に進む。「蔵迫中央」交差点を左折し、国道433号線を豊平方面に約1.5km進み、舞綱から右折して林道万徳線を北進。また、吉川元春館跡からは、北側への林道を登る。いずれも、ガイダンス施設の駐車場に至る。　　　　位置図は131頁。

詳しく知る参考文献　253頁の45、254頁の52

復元された中世製鉄遺跡

坤束製鉄遺跡（こんぞくせいてつ） 県史跡
山県郡北広島町阿坂

規　　模　約250㎡
主要遺構　製鉄作業場、炭窯
存続期間　13～14世紀

＜見どころ＞
①中世製鉄遺跡の全体像
②発掘遺構と操業時の比較
③製鉄用の炭窯

鉄のふるさと公園として整備

製鉄炉などの復元の状況

概要　太田川の最上流にあたる、吉木川と瀬山川で区切られた阿坂（あさか）山中の小川沿いにある中世の製鉄遺跡である。

東に延びる小さな尾根の急斜面を削って、幅約20m、奥行約10mの平坦面を造り、製鉄炉を中心とした作業場と炭窯（すみがま）を設けたもので、斜面下には多量の鉄滓（カナクソ）が捨てられている。

本遺跡は、発掘調査で現れた遺構を埋め戻して、その上に、発掘時の状況と操業当時の姿を比較して観察できるよう、遺構を断ち割った形で復元されており、発掘された製鉄炉の地下構造も同時に観察できる。

作業場は、中央に製鉄炉を設け、高所の山側に、中央の鞴座（ふいござ）を中心に原料の砂鉄（さてつ）置き場と木炭置き場、それに、鉄小割場を配置する。製鉄炉の両側には、下部斜面への廃滓溝（はいさい）や湯溜め土坑、炉材捨て場があり、これらが全体として作業場を形成した。製鉄炉は、除湿と高温を得るため、地下を7×2mの範囲に掘りくぼめて、本床状遺構（ほんどこ）とその両側に小舟状遺構（こぶね）を設け、その

4 中世 ＜西部地域＞

上に築かれるが、炉は1回の操業ごとに壊されるため、残されていない。本床状遺構上部の熱変から、長さ2m、幅1m程度のものと推定される。炉壁は厚く、鞴から風を送る木呂穴があいている。

作業場の北端に接して、半地下式の炭窯がある。焼成室の長さ2.6m、奥壁の幅1.8mで、奥壁中央に煙道が付く。製鉄用の木炭を焼く窯と考えられ、製鉄炉と炭窯がセットとなって操業されたことがわかる。

出土遺物には、鉄製品、鉄塊、炉壁片、古銭などがあるが、量は少ない。

操業開始年代は、放射性炭素による年代測定や、地磁気の測定、炉床の地下構造などから、13～14世紀と考えられている。

旧豊平町内では、これまで約200か所の中世製鉄遺跡が知られている。中世製鉄遺跡の調査例は少なく、なかなか見ることができないが、ここでは、この時期の遺跡の立地や全体像、なかでも、検出された遺構と操業時の姿の復元により、当時の様子を、より具体的に知ることができる。

豊平どんぐり公園には、坤束製鉄遺跡をはじめとした旧豊平町内の製鉄遺跡の資料を展示した「どんぐり資料館」（土・日・祝祭日に開館）がある。

メモ・気づき 中世の製錬は、炉に砂鉄と木炭を入れ、鞴からの送風によって火勢をあげる。すると、不純物の多い鉄滓分が流出、鉄は炉の底部に鉄塊として生成されるので、炉を壊して取り出すという作業である。

行き方 広島自動車道広島北ICから右折、国道261号線を千代田方面に向かい、「豊平分れ」交差点から県道40号線を北進、豊平どんぐり公園（道の駅）に入り、左折してテニスコート南側から、林道を約600m進む。駐車場あり。

詳しく知る参考文献 254頁の53。　　　　地形図（琴谷）

137

城と館がセットで見られる

今田氏城館跡 県史跡
いまだししじょうかん

山県郡北広島町今田

規　　模　約5万㎡、比高110m
主要遺構　土塁・石垣・庭園
関係人物　今田氏
存続期間　15～16世紀後半

＜見どころ＞
①山上の戦国期の城
②山麓の石垣をもつ館
②館の庭園

今田氏城跡の遠景（山裾が館跡）

今田氏館跡の全景（左側が正面の石垣）

概要　旧千代田町の八重(やえ)盆地から西に入った今田の谷の最奥部に、今田氏の城と館がある。

今田氏は山県凡(おおし)氏の後裔で、一族の有田氏、壬生氏と共に、この地域に勢力を持っていたが、安芸分郡守護武田氏の滅亡に伴って滅びる。その後には、1547（天文16）年、吉川経世の次子経高が入り、今田の名跡を継承する。吉川元春の時、経高は親類次とされ、その後も重臣として吉川氏の政策に参画する。

遺構は、山上の城と山麓の館からなる。城は独立丘陵状をなす山頂に、比較的小さな郭を階段状に並べたもので、通路でつながり、要所に土塁をもつ。通路には二折れと竪堀を組み合わせた虎口がある。山頂の郭からは今田の谷はもちろん、八重盆地周辺や吉川氏の本拠城である日山城(ひのやまじょう)も遠望できる。

山麓の館は、間口約80m、奥行き約50mで、正面（東側）に高さ約2.5mの石垣を築く。石垣には大石が用いられ、石の広い面を表に出すなど、積

4　中世　＜西部地域＞

み方に個性がある。また、後世の積み直しから、以前は門があったことがわかるが、この位置は館の正面中央である。

　館跡の南西部には、築山の前に池をもつ庭園が残っている。築山は高さ約2mで、滝石組などの立石があり、池は護岸の石で区画しているようである。

館跡庭園の築山（滝石組と立石）

　このように、今田氏城館跡は、山上の城と山麓の館がセットで見られることに特色がある。城の遺構は、郭が小さく防御施設が不十分で、立地も今田の谷を強く意識しているなど、戦国時代以前の特色がみられる。これに対し、館跡は、正面の石垣や庭園など、吉川元春館跡に類似した戦国時代末から織豊期の特色が見られる。山城は中規模領主の山県今田氏が築城、その後、吉川今田氏も一部改修して使用し、最終的には、城の麓に館を建設、背後の城は詰の城としたものと思われる。館の庭園は、当時の姿を残す貴重な遺構である。

1　山城跡　　2　館跡

行き方　中国自動車道千代田ICから国道261号線を大朝方面に進み、「春木（はるき）」交差点を左折し県道316号線に入る。薪水館（しんすいかん）バス停の所から左折、農道を奥今田（おくいまだ）に進み、「今田城こぶしの名水」へ。名水の場所が登城口。駐車可。

詳しく知る参考文献　253頁の45、254頁の54。　　　地形図（八重）

可部の市街地にそびえる山城

高松城跡 県史跡
たかまつじょう

広島市安佐北区下町屋・上原

規　　模　約3万㎡、比高290m
主要遺構　郭、堀切、石垣
関係人物　熊谷氏（熊谷信直）
存続時期　16世紀

<見どころ>
①山上の郭群
②堀切と石積
③山頂からの展望

頂上部の郭を分ける堀切

頂上部郭の石垣

概要　可部(かべ)の市街地東にそびえる三角状の山が、熊谷(くまがい)氏の居城高松城跡である。城跡の北側山麓には、正面に石垣をもつ**熊谷氏土居屋敷(どいやしき)跡**、その対岸には菩提所**観音寺(かんのんじ)跡**があり、県史跡に指定されている。

三入荘(みいりのしょう)地頭となった熊谷氏は、南北朝期には三入荘北部の**伊勢ヶ坪(いせつぼじょう)城**（県史跡）にいたことが知られるが、近世の覚書きでは、信直の時に伊勢ヶ坪城から高松城へ移ったとされる。1539（天文8）年には安芸分郡守護武田氏に従って「高松」「熊懸要害」にいたこと、1575（天正3）年にも「高松の城」の記録があることから、天文年間までには伊勢ヶ坪城から移り、少なくとも天正期まで居城したことが分かる。

城は、比高290mの独立丘陵である高松山を利用したもので、東西に延びる尾根頂上部を中心に、その東西の尾根と南北に延びる支尾根上に、郭群を放射状に配置している。頂上部の郭群は、三角点のある西側の郭と東側の郭

4 中世 ＜西部地域＞

を大きな堀切で区切り、尾根上に郭を並べる。いずれも郭は大きく比高差もあって、一部に石垣も見られる。頂上から周囲の眺望は抜群で、広島湾まで見渡せるが、武田氏の銀山城や、かつての居城伊勢ヶ坪城は山に隠れる。

頂上部郭群から尾根続きに下る東西の尾根や、南北の支尾根上の郭群は、頂上部郭群から数十m下った位置にある。東側の郭群は先端は堀切で画し、郭間の3本の堀切や畝状竪堀群など防御は厳重である。南側の郭群（与助丸郭群）は細尾根を利用したもので、帯郭がめぐり、削り残しの岩盤もある。これらの頂上部から延びる郭群は、郭群の両側を堀切で画して独立性が強いが、構造は異なっている。

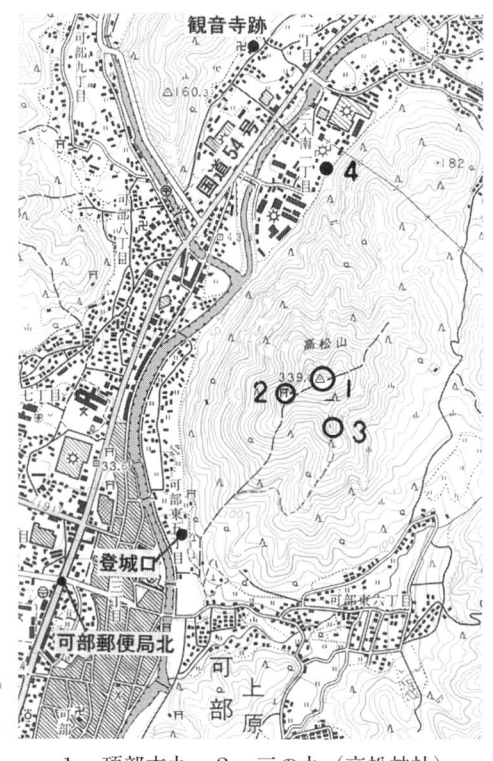

1　頂部本丸　2　三の丸（高松神社）
3　与助丸郭群　4　土居屋敷跡

この城跡は、高い大きな山の尾根上に、広範囲に郭群を並べた大規模城ということができる。一方、それぞれの郭群は独立性が強く整い、石垣をもつ頂上部郭群をはじめとして、構造や造成に個性があり、それらが合体した形態とも考えることができる。これは、数十年にわたる熊谷氏の在城中に、拡張や改修が行われた可能性を示すものといえよう。

行き方　国道54号線の「可部署北」交差点（バイパス）、または「可部郵便局北」交差点から東に進み、根之谷川に架かる高松橋を渡った後、東詰から土手沿いに約200m北進して、高松山裾の広場（駐車可）から登る。登り口に説明板。山頂付近の高松神社（三の丸）まで徒歩約45分。途中急坂あり。

詳しく知る参考文献　253頁の45、49。　　　地形図（可部）

大内氏の安芸国支配の拠点

鏡山城跡（かがみやまじょう） 国史跡
東広島市西条町御薗宇

規　　模　約8万㎡、比高100m
主要遺構　郭、堀切、畝状竪堀群
関係人物　大内氏
存続期間　15〜16世紀前半

＜見どころ＞
①権力を表現した郭
②周囲の眺望
③畝状竪堀群

城跡の遠景（南側から）

頂部の「御殿場」と呼ばれる1郭

概要　本城跡は、西条盆地のほぼ中央南寄りの丘陵群中にある。東西条（とうさいじょう）と呼ばれたこの地域は、南北朝期以降、周防大内氏の直轄領で、鏡山城はその拠点と考えられている。築造の時期は明らかでないが、15世紀中頃には安芸分郡守護武田氏との争いや、応仁・文明の乱でも戦場となる。乱の後、大内氏は鏡山城を安芸の政治拠点とし、1478（文明10）年には城掟である「安芸国西条鏡城法式」を定めて、安富行房や陶興房などの重臣を東西条代官（城督）としている。その後、1523（大永3）年には、出雲の尼子氏が安芸に進出、鏡山城は尼子方の毛利元就らに攻められ落城する。以後、大内氏の拠点は、西方高所の槌山城（つちやまじょう）・曽場ヶ城（そばじょう）に移され、鏡山城は廃城となった。

　城は東西に延びる丘陵群を大きな堀切で画し、独立させる。尾根頂部に大きな郭である「御殿場」、「中のダバ」を置き、それから15〜20m下がった東に「下のダバ」、南に「馬のダバ」と門と考えられる小郭を配置している。

4　中　世　＜西部地域＞

さらに下の緩斜面には、南北ともに畝状竪堀群を設け、南側ではその下に通路と段状の遺構が連なる。この城は、大きな堀切による城域の区画と、多くの竪堀、さらに畝状竪堀群など、防御が極めて厳重であることが特徴といえる。一方、尾根上の「御殿場」、「中のダバ」は広く、礎石や石組井戸が見られることから、居住機能が考えられるが、高い切岸や堀切でこれらの郭群を突出させており、城主の強い権威を城の遺構で表現したものかもしれない。戦国前期までの大内氏の地方支配を示す城ということができる。

現在、鏡山城跡へは、北側の鏡山公園から登るが、南側の登城路は段状遺構、門、「馬のダバ」とつながることで明らかなように、正面は、安芸津など瀬戸内海方面を意識した南側で、この南側には鏡西谷遺跡や鏡東谷遺跡、鏡千人塚遺跡など、鏡山城に関わる生活・防御施設が広がっていたことが考えられている。

「中のダバ」南側切岸（斜面）

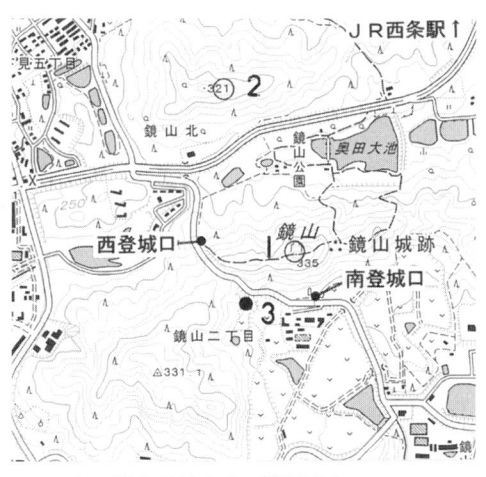

1　鏡山城跡本丸（御殿場）
2　陣ヶ平城跡　　3　鏡西谷遺跡

行き方　ＪＲ山陽本線西条駅から、南へのブールバール通り（広島大学方面）を約3km進むと、左手に鏡山公園。公園駐車場から頂部本丸まで約30分。なお、山城跡の西側と南側（大手道）からも遊歩道あり。

詳しく知る参考文献　253頁の46、254頁の57。　　　　地形図（清水原）

143

平賀氏の居館跡

御薗宇城跡 県史跡
（みそのうじょう）
東広島市高屋町高屋堀

規　　模　約1.3万㎡、比高30m
主要遺構　土塁状の郭
関係人物　平賀氏
存続期間　～16世紀初頭

＜見どころ＞
①土塁状の郭をめぐらす城
②平賀氏の墓地

御薗宇城跡の全景

城跡外周の土塁（西側）

概要　東国の武士であった平賀氏が高屋地域に最初に拠点とした城館跡といわれている。

この地域は低い丘陵とその間の小さな谷が複雑に入りくんだ独特の地形が広がっている。

城跡は北から南に延びる丘陵の北側を掘り切り、東側と西側の小さな谷を天然の堀として利用し、南北約150m、東西約100mの独立丘状の構えとしている。北端部の郭が最も高く、その南側に、幅10m前後の土塁状の郭を馬蹄形にめぐらせ、中央部を4～5m低く削平して平坦面の郭を設けている。この郭は60×55mほどの広さがあり、居館として利用されたものであろう。この南に東西に長い1段低い郭があり、城館の正面に位置している。内部の発掘調査などはなされていないので、建物や遺物などについては明らかではない。

城跡の西側の県道（351号線）を北方向に約500m行った右側に**平賀氏の墓地**があり、この下側に2段ほどの平坦面がある。このあたりは明道寺廃寺跡

144

4 中世 ＜西部地域＞

といわれる平賀氏の菩提寺跡である。墓地には多くの宝篋印塔や五輪塔が並んでいる。中でも道路側（西側）の3基と奥側の1基の宝篋印塔は2～4段の基壇上に基礎石2段を置いて建てられた丁寧な造りの墓である。この中には塔身に「真岳」や「天厳」と刻まれたものがあり、前者は平賀弘保、後者は弘保の孫隆宗に該当するとされている。

　安芸国の代表的な国人領主に成長した平賀氏は、16世紀初頭に御薗宇城から南東約3.5kmの白市の白山城（しろやまじょう）に本拠を移し、さらにその後、北東約2.5kmの頭崎山（かしらざき）（標高約504m）に大規模な頭崎城を構築し移っている。3か所の城跡と墓地を合わせ「平賀氏の遺跡」として県史跡とされている。

行き方　山陽自動車道西条ICから国道375号線を豊栄（とよさか）方面に約2.5km北進、三叉路を右折（東広島中核工業団地方面）して約3km進み、

平賀氏の墓地の状況

1　御薗宇城跡　2　平賀氏墓地

県道351号線との交差点を右（南）折すると、約100mで平賀氏墓地、さらに南約500mで御薗宇城跡。そばに駐車可。高美が丘団地東入口からは北へ約800m。白山城跡へは、白市町並みに探訪の駐車場有り。

詳しく知る参考文献　253頁の46、254頁の58。　　　地形図（白市）

竹原小早川氏の拠城

木村城跡 （きむらじょう） 県史跡
竹原市新庄町イカケ

規　　模　約2万㎡、比高約120m
主要遺構　郭群、井戸跡
関係人物　竹原小早川氏
存続期間　～16世紀
＜見どころ＞
①独立丘的な地形利用
②階段状の郭群
③井戸跡

城跡の全景（西側から）

頂部（本丸）の状況（建物礎石あり）

概要　小早川氏は13世紀に都宇・竹原荘を得、竹原小早川氏を起したとされるが、築城の時期は明らかでない。15世紀には沼田小早川氏と争うが、1544（天文13）年には隆景が毛利氏から入り、1550（天文19）年には沼田小早川氏も相続して、翌年高山城に移っている。

　城は南から北に延びる比較的細い丘陵に構築されており、西側は賀茂川、東側は末宗の谷、南側は大きな落差の斜面という、天然の守りを備えた独立的な地形である。南端の頂部（本丸）から北に階段状に郭を連ねており、全長は約200mである。

　東側の谷から登り道を進むと、途中には斜面にいく筋もの畝状竪堀が観察され、やがて、東斜面の馬返し（うまがえし）の段と呼ばれる郭に着く。ここには円形の石組井戸がある。さらに急斜面を登ると小さな郭（ここにも円形の石組井戸）があり、低い石垣のある上の段が丘陵北端の郭である。ここには慶長年間に村

4 中世 ＜西部地域＞

人によって造られたという、隆景を祀る若宮社があった高台がある。この小祠が明治時代に西側麓に移されたのが小早川（和賀）神社である。北端の郭から北側や西側の賀茂川流域が眺望できる。西側眼下には手島屋敷の石垣も見える。

南側の郭群に登っていくと、円形の石組井戸のある郭がある。井戸はよく残っており、直径約1.6 m、深さは現在約6 mである。ここから西側の帯郭を登って行くと南端の郭（本丸の背後）に着く。

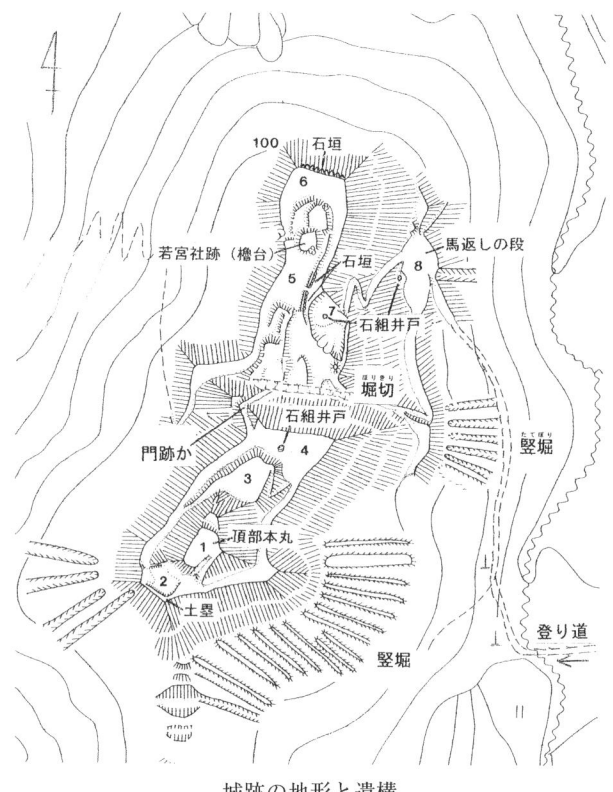

城跡の地形と遺構
（『総合調査報告書』3を基に加筆）

一方、井戸跡の東側からも、東斜面に沿って帯郭・通路が南に延びており、こちらから登っても同じ南端の郭に到ることができる。この南側は急斜面で落ち込んでおり、そのきわには低い土塁が観察できる。この郭の北側頂部が本丸で、長さ約19 m、幅約12 mの広さである。ここには2～2.1 m間隔の礎石列が観察できるので建物があったことは確実である。

城跡全体の規模はそれほど大きくはないが、種々の遺構がよく残っており、立地状況と合わせて中世山城の典型的な例といえよう。

小早川神社バス停から賀茂川を渡って西側山裾に向かうと**手島屋敷**である。正面の石垣は、住宅入口の通路で左右に分かれているが、全体の長さは

147

約43m、高さ2～3mで、石積断面はそりがある。両隅角は大型の切石を長短面を交互に積んだ算木積みとし、石垣両端にはL形に石垣を配した枡形を設けている。屋敷内は横幅約55m、奥行約45mの広さがある。

手島屋敷の北側の山裾に**竹原小早川氏の墓地**がある。基壇のある宝篋印塔1基の他、宝篋印塔、五輪塔計30基ほどが並んでいる。また、ここから斜面を約30m登った所に、ほぼ同じ規模の宝篋印塔が2基あり、小早川興景夫妻（隆景の義父母）の墓と伝えられている。こうした状況は、手島屋敷が、かつて竹原小早川氏の館であった可能性を考えさせる。

行き方 国道2号線の「新庄」交差点から竹原市街地方面に約1km南進、小早川神社バス停の背後の丘陵。バス停から山道を丘陵の東側の谷（末宗）へ進むと説明板と登り口がある。駐車可。

バス停から頂部まで徒歩約20分。JR呉線竹原駅からバス便（広島バスセンター行）あり。

詳しく知る参考文献 253頁の47、254頁の59。

竹原小早川氏墓地の状況

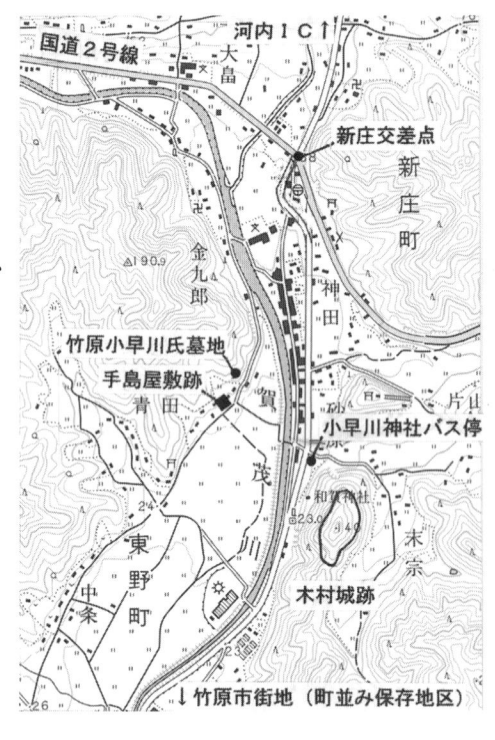

地形図（竹原）

4　中世　＜西部地域＞

県内最大・毛利氏の本拠城

郡山城跡　国史跡
安芸高田市吉田町吉田

規　　模　約60万㎡、比高190m
主要遺構　郭、堀切、石垣
関係人物　毛利元就・輝元など
存続期間　15～16世紀

＜見どころ＞
①広域かつ巧みな縄張
②織豊期の石垣や石塁
③初期の切岸・堀切
④城の変遷

可愛川から見た郡山城跡の全景

頂部本丸の状況（奥が櫓台）

概要　毛利氏の本拠城で、吉田市街地の北側の独立丘陵である、郡山全域に営まれている。

　毛利氏は、承久の乱の後、吉田荘を得て、14世紀にはここに入ったとされる。しかし、本拠としての城が確認されるのは、1453（享徳2）年の「城誘」の記事以降で、家臣などの在城の記録などが散見される。1540（天文9）年には、元就が出雲の尼子晴久に攻められ籠城した、郡山合戦がある。その後、1551（天文20）年頃、山麓の興禅寺前に堀をめぐらすとの記事があり、城域が拡張したことが考えられる。永禄年間（1560年代）の記録では、城内に「かさ」や「尾崎」「桂左所」「粟掃」「井新丸」の記載があり、1572（元亀3）年には、「年寄衆・奉行之者」は郡山城に「在城」、また、1581（天正9）年の「村山家檀那帳」では、城内に輝元など74名の檀那がいたことが分かる。さらに1583年には「城内之普請」「麓堀掃」、1588年には「石組」をともなう「惣普請不相成候」の記事

がある。しかし、翌1589（天正17）年には広島築城を開始、1591年には広島城に移っている。

郡山城は、東西約1.3km、南北約1kmの郡山全山を利用したもので、西・南側山麓には堀をめぐらす。城は、山上の遺構群（城）と、山麓の遺構群（里・麓）からなる。

三の丸へ登る通路と石垣

山上の遺構群は、①山頂部付近を切岸や石垣で区画して、本丸・二の丸などを置いた中枢部、②中枢部から放射状に延びる尾根上に、姫丸壇や厩壇、勢溜壇などの郭群を配置した内郭部、③内郭部郭群から派生した尾根上にある尾崎丸や矢倉壇などの郭群、さらに、先端部の尾根を独立させた「本城」や羽子の丸郭群などからなる外郭部、に分かれ、山麓の遺構群は、④山麓から堀までの微高地を利用して屋敷群を置いた周縁部として、全体としては四重構造にされている。

城跡の特色は、まず、全体規模が大きいことである。個別の郭は、自然地形に沿って曲線的でそれほど大きいとはいえないが、郭の数は270段以上あり多い。郭は、中心となる郭と付属の郭がセットとなり、郭群を構成する。さらに、郭群は通路によりつながり、城内に満願寺跡、常栄寺跡など、複数の寺院を持つ。全体的に、切盛による造成で切岸に特色があり、堀切や竪堀、土塁などの防禦施設は少ない。郡山というシンボル的な山を利用することで、軍事的より政治的な性格が強い、権威を示す城ということができる。

郡山南東端の半島状に延びた尾根上に築かれた「本城」は、背後を3本の堀切で切って独立させた郭群で、比高は約90mである。西端の高所が本丸に該当し、櫓台状の土塁を備えるなど、防備が厳重である。尾根先端に向かって16段の郭を階段状に連ねるなど、初期の実用的な城の性格を残している。

中枢部郭群は、要となる山頂部の突出した位置にあり、個別の郭の規模が大きく直線的で、折の虎口や石垣、石塁、築地をもつなど最新技術が用いら

4　中世　＜西部地域＞

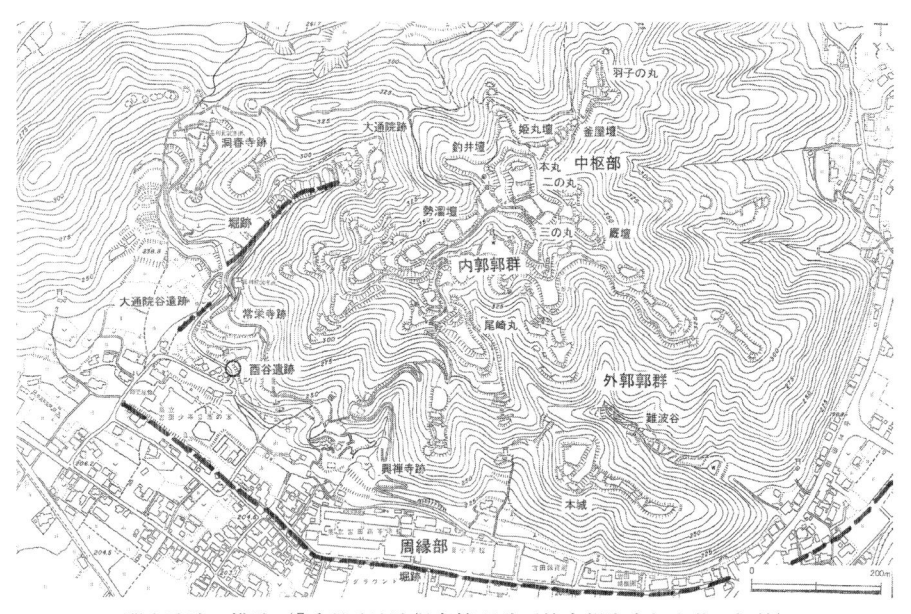

郡山城跡の構造（『毛利氏城跡保存管理計画策定報告書』を基に加筆）

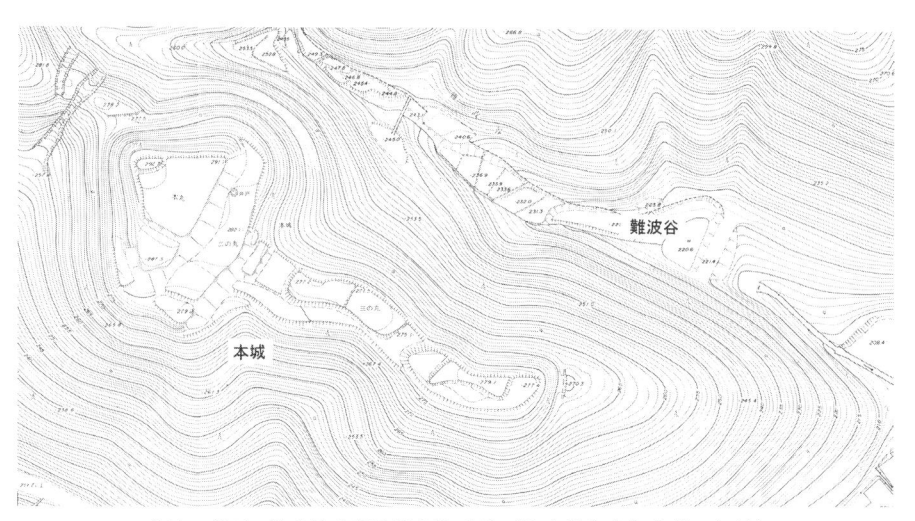

本城の様子（『毛利氏城跡保存管理計画策定報告書』を基に加筆）

151

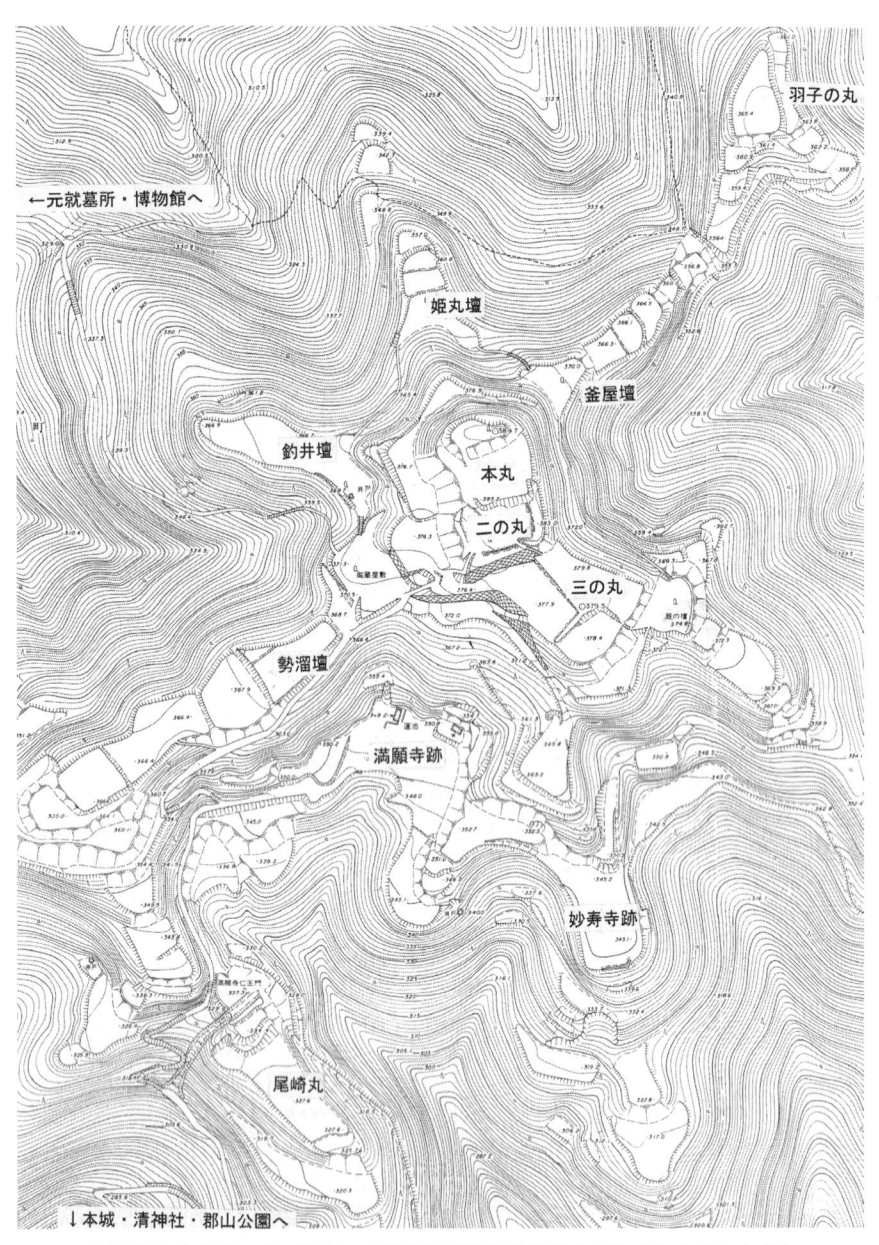

中枢部と内郭部の郭（『毛利氏城跡保存管理計画策定報告書』を基に加筆）

4 中世 <西部地域>

れており、郡山城の中で、この部分は改修されたことがわかる。

　このように、郡山城は存続期間が長く、異なる時期の遺構が混在するが、大きく次の三時期の変遷があったことがわかり、このことは、残された記録や出土遺物の年代などからも明らかである。

1　郡山城跡本丸　　2　郡山城跡本城
3　安芸高田市歴史民俗博物館

①期　「本城」の時期（～16世紀前半）。防御中心の単純な構造の中規模城で、この時期の終わり頃、郡山合戦があった。初期には山麓に館。国人領主としての城。元就まで。

②期　郡山全山を使用した時期（16世紀第3四半期）。政務を行う大規模城。山麓に堀をめぐらす。城主・家臣とも城内に居住。戦国大名としての城。元就が拡張後、隆元・輝元が居住。

③期　城の一部を改修した時期（16世紀第4四半期）。中枢部や登城路、虎口などに石垣。瓦葺建物もある。豊臣大名となり、広島城に移る。輝元が居住。

メモ・気づき　郡山の麓には堀がめぐっていたが、その外側には可愛川とその支流の多治比川がめぐる。この一帯が郡山城下町跡と考えられる。ほぼ東西にのびる竪縄手に直交して、祇園縄手、香取縄手、巡礼堂縄手などの街路が残るが、町屋の遺構はいまだ明らかではない。

行き方　吉田市街地の国道54号線「消防署前」交差点から、県道6号線を美土里方面に進むと安芸高田市歴史民俗博物館。車は博物館または大通院谷川砂防公園の駐車場を利用。博物館から山頂本丸まで徒歩約40分。

詳しく知る参考文献　253頁の46、254頁の55。　　　地形図（安芸横田）

圧倒する土塁と深い堀切

五龍城跡 県史跡
安芸高田市甲田町上甲立

規　　模	約9万㎡、比高130m
主要遺構	土塁、堀切、石垣
関係人物	宍戸氏（元源・隆家）
存続期間	15～16世紀

<見どころ>
① 堀切で区切った郭群
② 高い土塁と深い堀切
③ 石垣と石塁

城跡の全景（北側から）

本丸の櫓台（土塁）と石垣

概要　国人領主宍戸氏の本拠として知られ、可愛川とその支流本村川にはさまれた丘陵上にある。

宍戸氏は、南北朝期に甲立荘をえて、常陸国宍戸荘から移ってきた。当初は、本村川対岸の**柳ヶ城**におり、後に五龍城を築いてここに移ったとされるが、築城の時期については明らかではない。1499（明応8）年には「五龍城」の記載がみられ、1558（弘治4）年には城内に「たまり所」「矢くら」があったことが知られる。15世紀後半から16世紀の元家、元源の時、勢力を拡大し、16世紀前半には隣接する毛利氏や高橋氏と争うが、高橋氏が滅んだ後、1533（天文2）年には、宍戸隆家が毛利元就の娘と結婚、両氏は和解し、以後、宍戸氏は毛利氏と行動を共にする。毛利氏から「海賊殿」と呼ばれており、河川交通で利益を上げていたことがうかがえる。

城の遺構は、両河川の合流点に向け半島状に延びる尾根上に、長さ約700mにわたって広がっている。尾根を土塁と堀切をセットとして3か所で区

4 中世 ＜西部地域＞

切っており、全体的には、類似した三つの郭群が連続したように見えるが、郭群の構造はそれぞれ異なる。

　先端部郭群（尾崎丸）は、細尾根の自然地形を整地して郭を連ねただけである。中央部郭群（本丸）は、土塁、堀切とも大規模で、郭間の比高差も大きい。郭の周囲は直線的で、本丸のように石垣で囲まれたものや石塁もある。本丸西端の削り残した土塁は、高さが約5mある。西端部郭群（御笠丸）は、中央部郭群の堀切からやや間隔をおいた高所に、直線的な長大な郭を並べたもので、西端は深さ約20mの大堀切で区切る。一部に石垣が見られる。北側斜面や大堀切の西・外側（足軽段）にも郭がある。

　本城はこのように、構造の異なる郭群を、堀切で区切りながら連ねるという独特の造りが見られる。このことは、当初、先端部郭群だけの城であったものを、勢力の拡大に伴い、城域を南西側高所に拡張したためと考えられ、同時に石垣や石塁など新しい技術も導入され、中央部郭群を中心として、全体が機能的に再配置されている。これは記録でも明らかなように、15世紀後半から16世紀後半まで、増改築が続けられたことを示している。

行き方　甲田町の国道54号線甲立トンネル上が山城跡。旧道の五龍橋南詰に駐車箇所と登り口がある。宍戸司箭神社の石段は急なので、北側からの道を登る。本丸まで徒歩約20分。JR芸備線甲立駅から登り口まで徒歩約15分。

詳しく知る参考文献　253頁の46、254頁の56。　　　地形図（甲立）

3　五龍城跡（西端部郭群）
2　柳ヶ城跡　　1　甲立古墳

戦国期山城から近世城郭へ

五品嶽城跡 県史跡
庄原市東城町川西

規　　模　2万㎡、比高185m
主要遺構　郭、堀切、石垣
関係人物　宮氏、佐波氏、福島氏
存続時期　～1619（元和5）年

＜見どころ＞
①時期の異なる遺構
②山上の大きな郭群
③常の丸の石垣（破城）

城跡の遠景（東側から）

山頂の常の丸（囲いは井戸跡）

概要　宮氏の居城から福島氏の支城となった城跡で、東城盆地の西側を画す丘陵上にあり、盆地一帯を見渡す位置にある。

国人領主宮氏が築城し、天文年間（1532～54）に西城大富山城に移るまで、本拠としたとされる。その後、1591（天正19）年には国替えにより佐波広忠が入るが、1600（慶長5）年の関ヶ原の戦いの後は、毛利氏と共に萩に移る。毛利氏に代わって芸備に入った福島正則は、各地に支城を構え、東城には家老の長尾隼人正が入るが、1619（元和5）年の改易に伴い、支城のこの城も廃城になる。

城は丘陵先端部を利用したもので、背後は、鞍部を急な切岸と5本の堀切で城域を区画する。郭群は、大きな郭が連なる尾根上の郭群と、山麓の三方に延びる支尾根上の郭群とからなる。最高所の「常の丸」（本丸、郭の名称は地元の通称）は枡形虎口を持ち、周囲に石垣をめぐらしている。郭の西端には石垣の櫓台もあるが、石垣は隅や上部が壊されている。周囲には瓦が散

4 中世 ＜北部・東部地域＞

乱している。また、北側斜面には畝状竪堀群もある。この東には、北側を土塁で囲み、池や築山・立石がある郭や、「太鼓の平」と呼ばれる土塁を持つ大きな郭がある。

郭群はここで、比較的小さい3段の郭からなる東側尾根郭群と、郭の北縁に土塁をめぐらせ、基部を石垣で補強したり、北側に虎口を開き、石積井戸や礎石の見られる「ケヤキが平」、「カヤの平」など、大きな3段の郭からなる北側尾根郭群に分かれる。

これら尾根上の郭群は規模が大きく、北側に土塁を備え、それぞれに比高差をもつことが特徴的である。また、東側・北側郭群にはさまれた谷頭には、砂防堤状の石垣を持つ2段の郭がある。

宮氏の戦国期山城を、織豊期に佐波氏が郭の規模を大きく改修、さらに近世初頭、福島（長尾）氏が石垣と瓦葺建物を加えたものと考えられる。「常の丸」櫓台の破却は、福島氏の改易に伴う破城によるものであろう。

常の丸背後（西側）の石垣

行き方 中国自動車道東城ＩＣから、国道314号線に進み、市街地の「東城郵便局前」交差点を西進すると、正面が山城跡。山裾の世直神社（天満宮）から登る。頂部（常の丸）まで約30分。駐車は市役所支所又は文化会館を利用。

詳しく知る参考文献 253頁の48、255頁の62。　　　地形図（東城）

西城宮氏の拠城

大富山城跡
庄原市西城町栗・入江

規　　模　6万㎡、比高180m
主要遺構　郭群、大堀切
関係人物　宮氏（久代宮氏）
存続期間　16世紀

＜見どころ＞
①独立丘的な地形利用
②頂部本丸を囲む郭群
③搦め手の大堀切

城跡の遠景（手前は西城川、南側から）

頂部（本丸）の平坦面

概要　西城町並みの南端にそびえる大富山を中心とした戦国期の山城である。北側の比高約70mの丘陵（厳島神社あり）は二の丸とも呼ばれる**明神が丸塁跡**である。一方、大富山頂部から南に続く丘陵には、**天神が平郭群・物見が丸郭群**が営まれている。また、これらの城跡のすぐ東側には西城川が南流し、天然の要害となっている。

大富山北東麓の西城小学校南側に登山口があり、大富山公園・護国神社を経由して山頂まで徒歩約40分である。この道は当時の大手道とされている。公園から数回曲折しながら斜面を登っていくと、菊の段と呼ばれる比較的広い郭に至り、この上側にあやめの段と呼ぶ郭がある。これらは本丸東側の攻防に備えている。ここから山頂部にかけては岩盤斜面を削った切岸が著しい。

頂部本丸は長円形状の平坦面で、約2000㎡あり、これを取り巻く1〜2段の郭(大手の段と呼ばれる帯郭など)がめぐっている。南側の切岸は岩盤を削っ

4　中世　<北部・東部地域>

た絶壁で、斜面に石垣を築いた形跡は見られない。東側の2段下には井戸の段と呼ばれる郭があり、直径4～5mの凹部があるのは井戸跡であろう。

　菊の段からあやめの段へ登る途中から、南側山腹を下る小道があるのが搦め手道で、天神が平郭群の丘陵と区画する大堀切につながっている。大堀切は、現在、大富山林道の一部となっているが、林道建設に先立って部分的に発掘調査が行われている。堀の上端幅は約20m、堀底幅は3m余り、天神が平郭面からの堀の深さは約8.5mであった。

　大堀切の南側に続く天神が平と物見が丸の郭群は、比較的細い尾根上に小郭を連ねているが、全体の長さは南北約600mにも及んでいる。出丸と考えられる北側の明神が丸塁（二の丸）とあわせると全長1.5kmにも及び、広大な縄張りは、圧倒的な迫力がある。

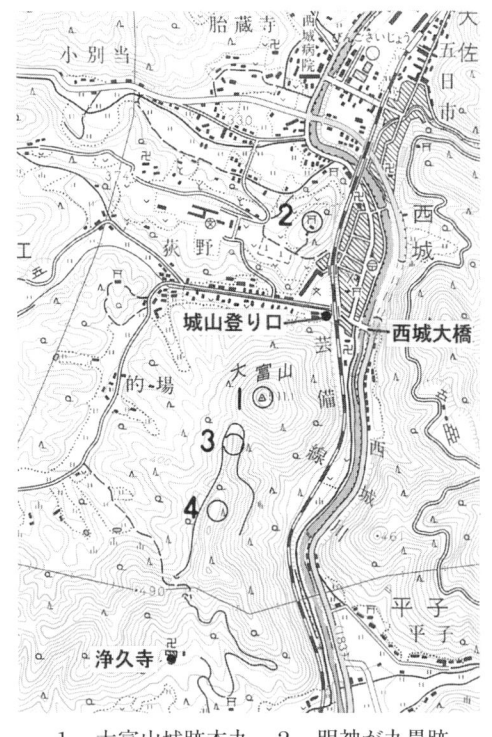

1　大富山城跡本丸　　2　明神が丸塁跡
3　天神が平郭群　　　4　物見が丸郭群

メモ・気づき　物見が丸郭群の南麓で、大富山林道の登り口に宮氏の氏寺浄久寺があり、宝篋印塔群がある。宮氏は東城町久代の五品嶽城から1533（天文2）年西城に移り、1590（天正18）年、伯耆国に移封と伝えられる。

行き方　国道183号線の「西城大橋東詰」交差点から橋を渡り、直進してJR芸備線のガードをくぐった左側が登り口。車の場合は、町並みの旧道を進み、西城小学校前バス停から北約200mにある休憩所ひばごんの里を利用。

詳しく知る参考文献　253頁の48、255頁の63。　　　地形図（西城）

領主の城と村落の景観が残る

甲山城跡 県史跡
庄原市本郷町甲山

規　　模　約30万㎡、比高120m
主要遺構　郭、堀切、土塁
関係人物　山内首藤氏
存続時期　15～16世紀

<見どころ>
①城と村落からなる中世の景観
②大規模な郭群
③菩提寺円通寺（本堂は国重文）

城跡の遠景（南側から）

頂部本丸の切岸（斜面）

概要　備後の有力国人領主山内氏の本拠城である。庄原市街地の西・本郷の盆地の北を画す奥まった丘陵上にある。城の周囲には、寺社や屋敷、市の地名が残り、史料や地名から、中世景観の復元も行われている。

　山内氏は、13世紀に地毗荘（庄原北部・西部一帯）の地頭として相模国山内荘から移ったとされる。当初、荘内で庶家が分立していたが、14世紀中頃には惣領家のもとに結集、甲山城はこの頃築城されたとされる。記録では、1472（文明4）年に山内氏家臣の在城が知られ、1477（文明9）年には山名氏に攻められるが、防いでいる。1528（享禄元）年には、「甲山火事」の記述があり、1536（天文5）年には尼子氏に攻められ、落城したことが分かる。

　城は、独立丘陵状をなす甲山の全域に広がる。郭は山頂部を中心に、北東―南西に延びる尾根上と東斜面や、北側支尾根に群をなして見られる。

　頂部の郭群は、櫓台をもつ中心郭を、広大な二つの郭が囲み、周囲に大型

4 中世 ＜北部・東部地域＞

の郭が付属する、本城の中枢をなす郭群である。ここから北東方向には、2重の堀切を隔てて、先端に大きな郭をもつ長さ約250mにわたる郭群がある。また、南西方向には、3本の支尾根に郭群を連ね、南西端には円通寺が存在する。一方、東側斜面には、地形の改変の少ない小郭を連ねた郭群が、北側支尾根には、縁辺が直線的で広大な郭が並ぶ郭群がある。これらは、頂部郭群の周りを囲むように配置され、頂部郭群の外郭を形成しているが、郭群ごとに構造が異なっている。これは、当初は造成の時期や意図が違っていたものを、一つの城として一体化し、改修した可能性がある。

円通寺の本堂（国重文）

本城跡は、基本的には土造りで、郭と郭との比高が大きい。大型の郭や虎口もあるが、石垣や石塁は見られない。史料も16世紀後半のものは知られていないので、16世紀末まで下る使用はなかったものと考えられる。

1　城跡頂部郭　　2　円通寺

行き方　国道183号線の「七塚西(ななつかにし)」交差点から、県道458号線を北進（口和(くちわ)方面）すると、円通寺入口の標示がある。正面が城跡。円通寺に駐車、本堂の左手、墓地背後から登城路がある。山頂本丸まで徒歩約15分。

詳しく知る参考文献　253頁の48、255頁の64。　　　　地形図（永田）

161

広大な郭を構えた三吉氏の拠城

比熊山城跡
ひぐまやまじょう

三次市三次町上里

規　　模　約6万㎡、比高170m
主要遺構　郭群、土塁、竪堀
関係人物　三吉氏
存続期間　16世紀

<見どころ>
①河川を利用した立地状況
②本丸の広大さと土塁
③西端の堀切と畝状竪堀群

城跡の全景（手前は江の川、南側から）

頂部（本丸）東端の大規模な土塁

概要　三次市街地北側の比熊山（日隅山）頂部一帯に、広大な郭群を営んだ三吉氏の戦国から織豊期の城とされる。西城川と江の川に挟まれ、南眼下に三次市街の沖積地を見る天然の要害にあると同時に、交通の要衝に位置している。南麓の尾関山公園は、近世浅野氏の**尾関山城跡**である。

　公園北側の鳳源寺背後から登り、頂部（本丸）まで徒歩20分程である。本丸は千畳敷ともいわれる長方形状の広大な平坦面で、90×50mの規模とされている。東端には、南北方向に、高さ約3m、幅約5m、長さ約30mの大規模な土塁が築かれており、見ごたえがある。

　土塁の東側には、階段状に3段の郭が延び、さらに続いて枡形に石垣を配した遺構と郭がある。本丸南側には通路状の郭があり、さらに1段下がって南に張り出した郭がある。この郭の東辺と西辺には土塁があり、平坦面を挟む構造となっている。

4 中世 ＜北部・東部地域＞

本丸の西側には、1段下に、南北に広がる長方形状の郭があり、広さは本丸よりやや小さいものの、本丸と合わせた面積は相当に広い。さらに、この北側には、小さな谷地形をはさんで、北郭群というべき東西方向に長く郭群が構築されている。北郭群の西端には、尾根を横断する南北の堀切とこれに交差した東西の堀切が構築され、西側の備えとしている。また、東西の堀切に接して直交する10本の畝状竪堀が、整然と配置されているのは見事な構えといえる。

西端の堀切と畝状竪堀群

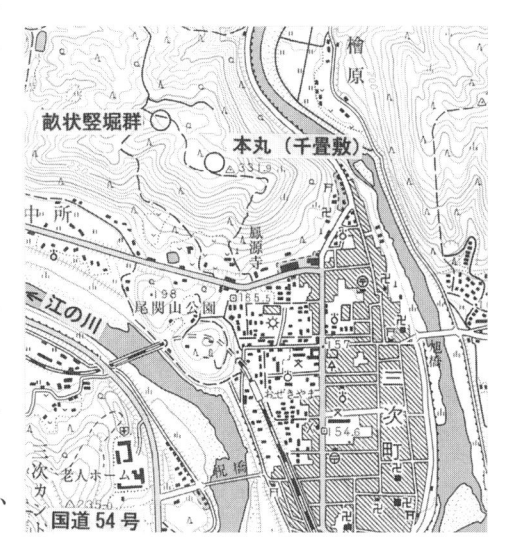

この城跡は、東方約4kmにある**比叡尾山城**（畠敷町）を拠城としていた三吉氏が、毛利氏の勢力下に属した後、16世紀末に移ったと伝えられているが、築造はそれ以前から進められていたものであろう。比叡尾山城跡は、頂部には、高い土塁で囲まれた2段の広大な郭が構築されている。両城跡は、三次地域に勢力を拡大した三吉氏の、戦国期の遺構がよく残り、近世城郭への過渡期の城跡として注目される。

行き方 国道375号線沿いの鳳源寺・尾関山公園の北側山頂。鳳源寺背後の墓地から登山道あり。探訪は往復約1時間。車の場合は、公園駐車場を利用。なお、比叡尾山城跡へは、東側の岩屋寺への登り道から小型車以下で進行可。

詳しく知る参考文献 253頁の48、255頁の65。　　地形図（三次）

数少ない中世の方形館

高杉城跡 (たかすぎじょう) 県史跡
三次市高杉町神杉

規　　模	約6千㎡、比高5m
主要遺構	横堀、土塁
関係人物	祝氏×毛利・三吉氏
存続期間	～1553（天文22）年

＜見どころ＞
① 方形に囲む堀と土塁
② 知波夜比古(ちはやひこ)神社

城跡の遠景（手前は祝氏の墓地）

城跡の全景（南側から）

概要　三次盆地の南寄り、馬洗川左岸の河岸段丘上にある中世の方形館(ほうけいかん)で、知波夜比古神社がある。

1540（天文9）年の郡山合戦(こおりやまがっせん)の後、三次地域は大内・毛利氏についた三吉氏・和知氏と、尼子氏についた江田氏に分かれていた。史料によると、江田氏の支城（「江田之端城」）であった高杉城は、1553（天文22）年7月23日、毛利氏を中心とした軍勢に攻められ落城した（「切崩(きりくずし)」）。翌年、三吉致高・隆亮父子は焼失した御神体を再造立、1556（弘治2）年には毛利元就・隆元父子が本殿を再建したことが知られる。近世地誌には「祝城」や「祝甲斐守」などの記載があるが、神社との関係や築城時期、落城後については明らかではない。

城は、高さ約5mの河岸段丘の南辺を利用したもので、現在、神社の敷地となる。東南側は社務所、西側は里道によって一部姿を変えているが、現状の測量によると、南を正面とし、東西（間口）約70m、南北（奥行）約80mの範囲を方形に囲む幅4.5～7m、深さ1.1～1.5mの横堀と、その内側に

4　中　世　＜北部・東部地域＞

幅5.5 m、高さ0.6〜1.5 mの土塁で囲んだ方形館である。土塁で囲まれた平坦面は、間口45 m（25間）、奥行56 m（31間）で、面積は2520㎡（約770坪）となり、入口は南辺中央の他、東辺の南側と北辺の東側に、土塁の途切れがあることから、通用口があったことが考えられる。

河岸段丘の縁辺となる南側正面には、水田面よりやや高いテラスがあり、虎口を意識したものかもしれない。なお、水田、広域農道をはさんだ南側の浄楽寺古墳群裾には、祝氏の墳墓と伝えられる宝篋印塔と自然石墓標がある。

城跡北辺の堀跡

メモ・気づき　高杉城攻城戦については、『陰徳太平記』巻21「祝城没落之事」（香川正矩著1712）に、軍勢、城の構造、武将の活躍、討ち取った人数など、詳しく記されている。しかし、これは18世紀になって記されたものである。この戦いに係る同時代史料は、「高杉城切崩」の際の感状(かんじょう)（てがらをほめて与えた文書）が数通残るのみである。

1　高杉城跡　　2　祝氏墓地

行き方　中国自動車道三次ＩＣから、国道375号線を東広島方面に約2 km進み、「山手」交差点を左折して備北広域農道を三良坂(みらさか)方面に約1.5km行くと、左側に神社の見える森。境内駐車可。ＪＲ芸備線神杉(かみすぎ)駅の南西、徒歩約10分。

詳しく知る参考文献　253頁の48、255頁の66。　　地形図（三良坂）

165

石造物の宝庫　大田荘(おおたのしょう)

万福寺跡の石塔群(まんぷくじ)
世羅郡世羅町堀越

規　　模　　約2万㎡（寺域）
主要遺構　　中世寺院跡、石塔群
存続期間　　14～16世紀

＜見どころ＞
①紀年銘のある石塔群
②多様な石塔
③万福寺の寺域

廃万福寺塔婆（七重層塔）

概要　万福寺跡は備後国大田荘の故地の西寄りにある。寺跡は世羅(せら)盆地の北を画す丘陵群から、馬蹄形状に延びる丘陵にはさまれた谷奥にある。

臨済宗康徳寺の末寺で、地頭大田氏や、戦国時代には堀越城主小寺氏の保護を受けたが、江戸時代後半には衰えたらしい。寺域など詳しい内容は明らかではないが、江戸時代末の絵図には、本堂や庫裏、七重石塔などが描かれている。現在、寺院の建物遺構については明らかではない。

寺院跡西側の丘陵尾根上には七重層塔があり、その東側斜面には宝篋印塔や五輪塔の残欠群がある。東側の丘陵上には日南(ひな)の宝篋印塔、谷の奥寄りにも宝篋印塔がある。

七重層塔は、広島県では代表的な南北朝時代の層塔で、「**廃万福寺塔婆**(はいまんぷくじとうば)」として県重要文化財に指定されている。一辺が約9mの方形基壇の中心部に建てられており、花崗岩製で高さ4.19mとされている。基礎石は一辺が85cm四方、高さ58cmの規模で、前面には造塔の趣旨と、「大工藤原行顕」、「應

4 中世 <北部・東部地域>

安第三庚戌」(北朝、1370年)の銘が縦7行で刻まれている。基壇の地下には一字一石経が納められていたとされる。

日南の宝篋印塔は、一辺約7.5mの基壇を設け、その中心部に建立されている。花崗岩製で、相輪部は欠損している。笠石までの現高は1.8mである。基礎石は2段あり、共に反花をもつ。上段は一辺が64cm四方、高さ43.2cmで、正面の開き蓮華文(格狭間)の左右縁に、造塔の趣旨と南朝の「正平十二」(1357)年銘が刻まれている。

寺跡南側で、谷の入口の西側崖面には、花崗岩製の**大乗妙典塔**と呼ばれる高さ1.26m、下端幅34cmの石塔もある。

七重層塔の基礎石前面の刻銘

日南の宝篋印塔の現状

なお、天満宮の西約150mの小高い丘陵先端に**廃光明寺宝篋印塔**がある。花崗岩製で高さ2.44m、町内では最大の宝篋印塔とされている。

大田荘域では、中世の紀年銘石造物は19点が知られており、県内の五分の一を占める。万福寺跡の七重層塔と宝篋印塔は、南北朝期の標式となる基本資料として重視される。

行き方　世羅町役場から国道432号線を大和町方面に約4km行くと、京丸会館(駐車可。バス停あり)がある。ここから北東方向の天満宮(神社前駐車可)に向かい、境内西側から背後丘陵に約100m登ると七重層塔がある。

なお、位置図については65頁(神田2号古墳)を参照。

詳しく知る参考文献　255頁の67。

167

二本の尾根に郭を連ねた山城

高山城跡 国史跡
三原市高坂町

規　　模　約15万㎡、比高180m
主要遺構　郭、通路、堀切、石垣
関係人物　沼田小早川氏
存続期間　16世紀

＜見どころ＞
①2本の尾根を取り込んだ縄張
②山上の広大な郭群
④郭群をつなぐ通路

高山城跡の遠景（沼田川上流側から）

南郭群イワオ丸

概要　沼田小早川氏の本拠城として知られる高山城跡は、三原湾から沼田川を約9kmさかのぼった左岸の峻険な岩山にある。
　築城の時期は明らかではない。15世紀後半の応仁の乱では、西軍に属した一族の竹原小早川氏や大内氏に攻められ、1539（天文8）年には大内氏、1543年には尼子氏に攻められているが、いずれも籠城により防いでいる。こうしたなか、1544年には、毛利氏から隆景が竹原小早川氏（木村城）に入り、1550（天文19）年には沼田小早川氏も相続、翌年には高山城に入る。しかし、その翌年には沼田川対岸の新高山城を整備して移っている。
　城は、東西方向に延びた二本の並行した尾根（南・北郭群）を利用したものである。南郭群は、広さ約2000㎡の「イワオ丸」（千畳敷、地元の呼称による）を中心に、尾根の起伏を利用しながら、西に「権現丸」、「太鼓丸」、「西の丸」が、東に「南丸」、「出丸」が長さ約550mにわたってほぼ同じ高さで並ぶ。

4　中 世　＜北部・東部地域＞

東端の「出丸」には幅広の土塁があり、背後（西側）は大堀切で画している。ここから北側に下っていくと北郭群の「本丸」に行ける。北郭群は、広さ約2000㎡の本丸を中心に、東側に「扇の丸」、西側に「二の丸」、「北の丸」など、広大な郭群が尾根上に連なる。本丸、扇の丸は、南の谷側に石垣を築き周囲を整えるなど、造りは丁寧である。全体的にも、郭の造成は南郭群より整っている。

北郭群扇の丸西側の石垣（隅部）

　南・北郭群の間の谷にも広大な平坦面があり、郭として使用されていたものと思われる。また、南郭群の南山麓には、塔の岡と呼ばれる高さ約50ｍの丘がある。城の遺構は明らかでないが、城に関わる施設があったようである。

　高山城は13世紀に築城されたとも伝えられるが、現在観察できる遺構は15世紀以降のものである。しかも、南郭群と北郭群とは縄張りに相違があり、部分的には石垣も用いられるなど、築城後、16世紀後半まで、城域の拡張と改修が重ねられたものと考えられる。

メモ・気づき　高山城跡の東南約1.5kmの沖積地に、14世紀を中心とした館跡である**三太刀遺跡**がある。一辺約100ｍの範囲に、規格性のある建物群や井戸が検出されており、小早川氏初期の館の可能性も考えられている。

行き方　ＪＲ山陽本線本郷駅の西側から、北方の塔の岡に向かって登り、住宅地を抜けると山際に南郭群への登山口あり。車の場合は近くの本郷生涯学習センターを利用。ここから南郭群頂部の「イワオ丸」まで徒歩約40分。また、北郭群へは、東側の県道50号線（仏通寺方面）の真良の下二バス停そばから、西側の山道を登る。墓地のそば（駐車可）から、搦め手道の急坂を登ると二の丸→本丸→扇の丸へ。墓地から本丸まで徒歩約30分。

詳しく知る参考文献　253頁の47、254頁の60。　　　地形図（竹原）

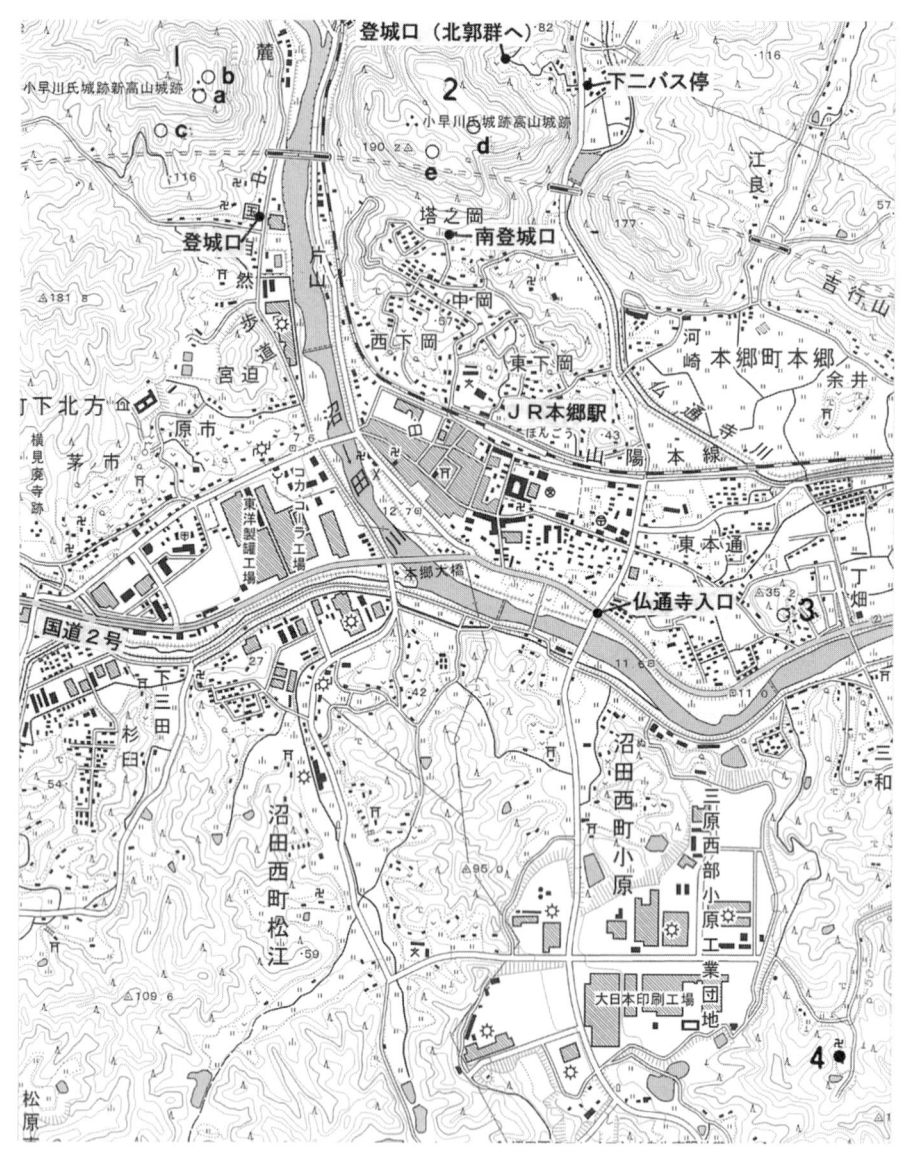

1 新高山城跡　a本丸　b釣井の段　c匡真寺跡
2 高山城跡　d本丸　eイワオ丸
3 三太刀遺跡　4 米山寺（小早川氏墓地）

4 中世 ＜北部・東部地域＞

小早川隆景の壮大な城跡

新高山城跡 国史跡
にいたかやまじょう

三原市本郷町本郷

規　　模	約16万㎡、比高185m
主要遺構	建物基壇、礎石、石垣
関係人物	小早川隆景
存続期間	1552（天文21）～1596（慶長元）年

＜見どころ＞
①戦国後期と織豊期の遺構
②石垣、階段、石組井戸群
③土造りの「鐘の段」

概要　小早川隆景の居城新高山城跡は、高山城跡対岸の急峻な山上にある。山頂からは、高山城跡をはじめ、沼田川下流一帯を見渡すことができる。
こばやかわたかかげ

新高山城跡（左）と高山城跡（右）の遠景

本丸南西隅の石垣残存状況

　高山城に入った隆景が、1552（天文21）年、対岸のこの山を整備し入城したとされる。この頃、毛利・小早川氏は瀬戸内に面した三原を重視しており、1553年には「三原要害」の記述もある。1561（永禄4）年には、毛利元就・隆元父子が新高山城に10日間滞在しており、1577（天正5）年には、城山中腹に雲門山匡真寺を建立し、元就の七回忌と母妙玖の三十三回忌法要を行っている。また、1581（天正9）年の「村山檀那帳」では、城内に隆景をはじめ数十人の檀那が確認され、新高山城はこの頃まで本拠であったことがわかる。その後、城下は徐々に三原への移転が始まったようだが、隆景は1585年伊予へ、さらに、1587年には筑前へ移っており、その間の様子は明らか
きょうしんじ

171

ではない。1595 (文禄4) 年、家督を養子の秀秋に譲り、引退して三原に帰るが、翌1596年から三原城の整備を始め、本拠も三原城に移ったらしい。

城は、沼田川から急に立ち上がる丘陵を利用したもので、遺構は尾根頂部の郭群と南側中腹の郭群、南側先端の郭群に分かれる。

本丸北側大手門前の段の石垣

頂部郭群には、周囲を石垣で画し、礎石や建物基壇がある広さ2000㎡の広大な「本丸」(以下、郭の名称は近世地誌による) と、岩盤が露出した「詰の丸」、頂部郭群の虎口となる「中の丸」がある。本丸から北へは二本の尾根が延び、それぞれ「ライゲンガ丸」、「東の丸」などの広大な郭群が造成され、各郭は、周囲を石垣や切岸で直線的に整備している。それらにはさまれた窪地は、広さ2000㎡を超す「釣井の段」と呼ばれる郭で、6基の円形石組井戸がある。このうち北端付近にある井戸は、直径約4.3mの大型で見ごたえがある。

中の丸から西に下った尾根上にも「西の丸」、「北の丸」などの郭群続くが、本丸などの郭群に比べて郭は小さい。西側斜面には畝状竪堀群が見られる。

南側中腹の支尾根には、東から「番所跡」、「匡真寺跡」、「シンゾウス郭」の各郭群がある。匡真寺跡は広大な郭で、虎口を持ち、敷地を区画する石列や礎石、庭園があり、瓦片も多数散布している。

匡真寺跡の尾根南には、細尾根を利用した長い郭があり、その先端には土塁と横堀で画した「鐘の段」郭群がある。土塁をもつ主郭の周囲に副郭をもつもので、独立性が高い。谷に面し、山麓からの高さは90mしかなく、当初はこの郭群のみが、城として使われていた可能性がある。

このように、新高山城跡の遺構は、①鐘の段郭群のように、低い位置にあり、土造りで小さくまとまったもの、②西の丸・北の丸郭群のように、尾根上にはあるが、土造りで郭が曲線的で比較的小さく、斜面に畝状竪堀群をも

172

4 中世 ＜北部・東部地域＞

つもの、③本丸郭群のように、虎口を持ち、石垣で区画した直線的で大型の郭をもつものの三種がある。これらは、①を、隆景入城以前、あるいは入城時の天文年間の城、②を、隆景による永禄年間の改修、③を、天正年間の改修と考えることができるが、本丸周辺の石垣には新しい技術も観察でき、さらに、④として、隆景の隠居に伴う慶長初期の改修も考えられる。

いずれにせよ、これらの郭群は、帯郭や通路で互いに結ばれており、部分的には改修されながらも、全体としては一つの城として一体的に使用されたものと考えられる。

メモ・気づき 沼田川の右岸（南側）の沼田西町には、小早川氏の菩提寺米山寺がある。寺には、絹

釣井の段の最大の円形石組井戸

米山寺の小早川隆景墓（県重文）

本着色小早川隆景像（国重文）が納められている。境内の小早川氏墓所には、20基の宝篋印塔が前後2列に10基ずつ整然と並んでいる。後列の北端には、塔身の正面に「元応元年」(1319)などの銘をもつ重厚な宝篋印塔（国重文）があり、前列の南端には小早川隆景の墓（県重文）がある。

行き方 ＪＲ山陽本線本郷駅から、西方の沼田川に架かる本郷橋を渡り、西詰めから川沿いに約800ｍ北進すると、登山道入口と駐車場がある。山頂本丸まで徒歩約30分。米山寺へは、国道2号線「仏通寺入口」交差点から沼田川を渡って南進し、小原工業団地内の南東端（案内標示あり）から東へ進む。

参考となる文献 253頁の47、255頁の61　　位置図は170頁。

中世の見事な大型石塔

浄土寺の石塔 国重文
尾道市東久保町

所在場所　浄土寺境内
種　　別　宝塔、宝篋印塔
時　　代　13～14世紀
＜見どころ＞
　①古式の大型石造宝塔の形態
　②均整のとれた宝篋印塔の形態

概要　鎌倉時代末期に再興された、県内でも有数の文化財の宝庫といわれる浄土寺に、国の重要文化財に指定されている見事な3基の石塔がある。

大型の宝塔（浄土寺納経塔）

　境内の東端の塀際に、特に目をひく大型の宝塔と宝篋印塔が並んでいる。

　宝塔は「**浄土寺納経塔**」と呼ばれ、尾道では、紀年銘が刻まれている最古の石造物といわれている。切石造りの基壇の上に建てられた高さ2.7mの花崗岩製である。基礎石は一辺が107～109cmの方形で、四方の側面に格座間がある。筒形の塔身には四仏の種字（梵字）が刻まれている。笠石の上には宝珠をのせている。全体的にやや磨滅しているが、形態の整った重厚な作品である。銘文によると、「弘安元年戊寅十月十四日」（1278年）に、浄土寺の修造にあたった尾道の豪商「沙弥光阿弥陀」の供養にあたり、子息の「孝子光阿吉近」が経典などを奉納して建てた塔であるという。

　隣の「**浄土寺宝篋印塔**」は高さ3.2mの花崗岩製で、基壇の上に基礎石を2段重ね、上段の基礎石は一辺81～81.5cmで、4側面に格座間がある。塔

4 中世 ＜北部・東部地域＞

身には四面に種字が刻まれている。上段基礎石と塔身の間に一辺が69.5〜70cm、厚さ18cmの受台石が入れられているのが大きな特徴である。この側面には反花が見られる。受台を用いるのは四国の伊予地方で流行した地域的特徴を示すものとされている。笠石の四隅の突起には種字が施されている。

境内東端に並ぶ宝篋印塔と宝塔（右）

基礎石の刻銘(こくめい)によると、「沙弥行円」ら４人の逆修塔（生前に自分の死後の冥福を願って建てた塔）であり、「光孝追善」のため、「貞和四年」（1348年）に建てられたものである。

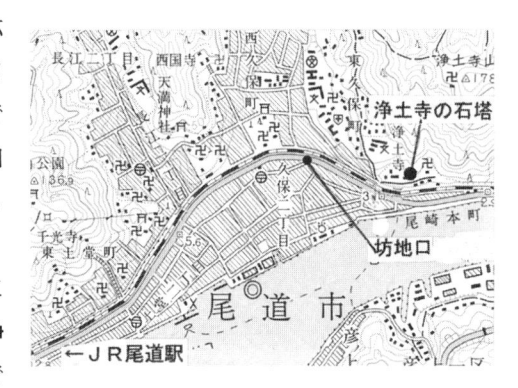

南側にある山門の東側の塀際に「尊氏供養塔」とされている**「浄土寺宝篋印塔」**と五輪塔が並んでいる。

地形図（尾道）

宝篋印塔は高さ1.9mで、２段の基礎石を設けている。反花座を施した下段基礎石に、一辺が61cmの上段基礎石をすえ、４側面には格座間がある。塔身には４面に種字が彫られ、笠石の隅突起にも種字が見られる。全体的に精巧な造りで、均整のとれた優品である。刻銘はないが、浄土寺とゆかりの深い足利尊氏の墓との伝承がある。南北朝期の代表作といえる。

これらの石塔は、尾道の港を拠点として活動した豪商と浄土寺への厚い信仰が結びついた歴史遺産といえよう。

行き方 ＪＲ山陽本線尾道(おのみち)駅からレトロバス。浄土寺下バス停から石段を登り山門へ徒歩３分。小型車は、国道２号線の「坊地口(ほうぢぐち)」交差点から入り、山門前を経由して寺院東側から境内に進む。駐車可。

山上にそびえる石垣の城

相方城跡 （さがたじょう） 県史跡
福山市新市町相方

規　　模	約5万㎡、比高170m
主要遺構	石垣、枡形門（ますがたもん）
関係人物	有地氏、毛利氏
存続期間	15世紀後半～16世紀末

<見どころ>
①山上の石垣による郭群
②石垣、枡形門
③山頂からの眺望

芦田川南岸沿いに築かれた城跡

東郭群の枡形門の石垣・石段

概要　石垣の城として注目される相方城は、神辺平野の南を画す芦田川南岸の高い丘陵上にあり、平野全体を見渡すことができる。

　城の歴史は明らかではないが、地誌によると、戦国期には在地の領主宮氏に関わる有地氏がいたとされる。また、最近の研究では、毛利氏が天正年間の惣国検地（こくけんち）の後に直属の中間衆を品治郡（ほんじぐん）に配置し、毛利氏の直轄城（ちょっかつじょう）としたとされる。

　城の遺構は、西側の石垣部分を含め東西約1kmに広がっていたが、尾根上に堀切で区切って小さな郭を並べていた東側部分は、工業団地造成によって消滅している。西側部分は5か所の堀切などで分断され、山頂部の東・西郭群には石垣が築かれている。石垣は南側にはほぼ全面に見られるが、芦田川に面した北側には見られない。堀切に面した東郭群の西端は枡形門となり、横矢掛りも随所に見られる。西郭群では上部が崩れた部分が多いが、櫓台（やぐらだい）と考えられる折れや高まりも確認できる。16世紀末の石垣としては、規模

176

4 中世 ＜北部・東部地域＞

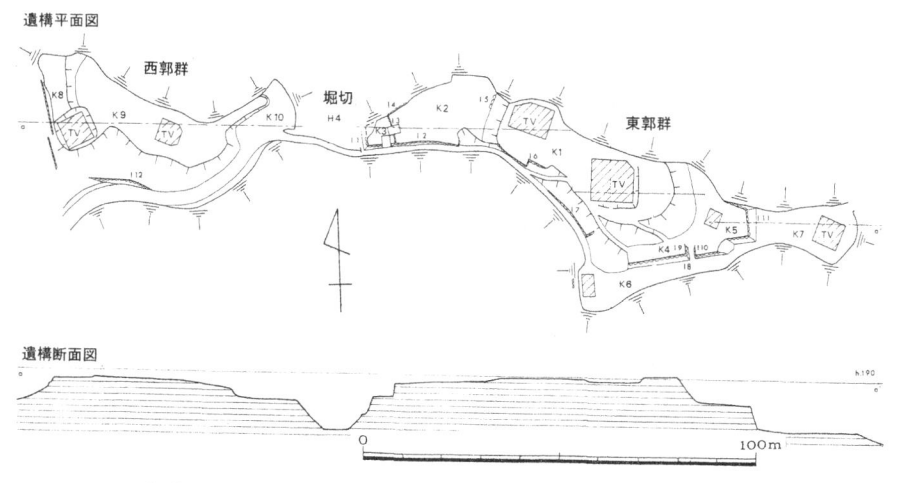

相方城跡の遺構平面図と断面図 （『芸備』7報文を基に加筆）

や構造などに県内屈指の技術を観察することができる。現存する石垣は、東郭群を中心に12か所、延長約120ｍが知られ、高さが5ｍを越す箇所もあるが、石積が異なり、時期差があるかもしれない。これまでの発掘・試掘調査では、土師質土器、輸入陶磁器の他、瓦も出土している。

本城跡は石垣部分が注目されるが、城域は広く長期にわたって使用された。発掘調査の成果から考えると、①15世紀後半から16世紀前半には、尾根を堀切で区切って小さな郭を設け、城の全域が使われた、②16世紀後半には城域が西側部分のみとなるが、個別の郭は大きくなる、③16世紀末には山頂部郭群を石垣で改修した、という三時期の変遷がある。それは、①宮氏に属した有地氏の城から、②毛利氏に属した有地氏の城、③毛利氏領の東の出城ともいえる直轄城へ、という相方城をめぐる周辺の状況と、城そのもの

東郭群南東部の南壁石垣

の機能の変遷を示しているといえる。

語句の意味 惣国検地―毛利氏が1587～1590（天正15～18）年に実施した領国規模での統一的な形式の検地。豊臣政権下での領国支配体制の刷新・強化を図ることを目的とし、全ての家臣の領地・石高を把握していった。その結果、毛利氏領国は112万石とされている。

メモ・気づき 芦田川をはさんだ北側には宮氏の**亀寿山城**、北西側には守護杉原氏の**八ッ尾城**がある。相方城跡山頂からは、芦田川流域一帯を眺望できるが、とりわけ、東側下流域は**神辺城跡**から岡山県境まで見渡すことができる。宮氏に代わった毛利氏も、この地域の拠点として重視したことが分かる。

行き方 国道486号線の「戸手高校入口」交差点から南進（芦田方面）し、芦田川に架かる佐賀田大橋を渡って、あしな台団地を経由、新市地区工業団地の西端奥まで進むと、城跡麓の駐車場がある。小型車以下は山上まで進入できるが、離合が困難。駐車場から山頂部まで徒歩約15分。

参考となる文献 253頁の47、255頁の68。　　　　地形図（新市）

4　中　世　＜北部・東部地域＞

中世の見事な町並みを発掘

草戸千軒町遺跡
福山市草戸町

立　地　芦田川河口付近
種　別　町並み（港・市）
時　代　13～16世紀初

＜見どころ＞
①瀬戸内海と直結した立地
②生活の遺構と遺物

法音寺橋から見た発掘済みの中州跡

同下流方面の現状

概要　鎌倉・室町時代に栄えた港町・市場町で、芦田川下流域の商業活動の拠点集落遺跡である。

江戸時代の地誌に、「草戸千軒という町があったらしい」との記述から遺跡名が付けられている。芦田川の中州に存在するということで知られているが、芦田川は本来、福山城の南側方向に流れていた。大正から昭和初期に、洪水対策として流路を直線的に付け替えたため、遺跡の存在が確認されたもので、結果として、川底の遺跡と呼ばれたりしてきた。遺跡は、江戸時代には、河口付近の島状の平地（田畑）であったようであるが、瀬戸内海と直結する位置であったことは明らかである。

考古学による発掘調査は、1961（昭和36）～1994（平成6）年に、明王院東側付近の中州を中心とした約6万7千m²が実施されている。遺跡の範囲は、北は国道2号線に架かる神島橋付近、南は下流の草戸大橋付近、東は市街地へ数100m広がって、全体は約1km四方（100万m²）に及ぶとみられている。

発掘調査の成果からいくつかの特徴をあげてみる。

①中世の町として営まれた時期は、鎌倉時代後半（13世紀後半）から室町時代中葉（16世紀初頭頃）頃で、町が拡大した最盛期は、南北朝期前半（14世紀前半頃）と考えられている。

②町並みの遺構は、道路・水路・溝・柵などで区画し、さらに短冊形に区画して、主に掘立柱建物（2×4間程度の平屋）を配置した状況である。間口が短く、奥行の長い中世の典型的な構造といわれる。

③発展期の短冊形区画は職人の店や仕事場であったことが、遺構・遺物の様子から知られる。例えば、ノミ・錐・手斧・木槌などが出土する大工職人の家、鍛冶炉があり、鉄屑・ふいごの羽口・砥石などが出土する鍛冶屋、漆工具（容器・ヘラ・漆用の砥石など）や漆椀などが出土する塗師職人の家などである。

④広域にわたる流通が行われていたことが、特に出土する陶磁器から明らかである。国産の陶器は、壺・甕・すり鉢が大量に出土しており、常滑焼（愛知県）・備前焼（岡山県）・亀山焼（同倉敷市付近）が多い。輸入陶磁器では、青磁・白磁・染付など、ほとんどは中国産である。これらの陶磁器は船で搬入され、近隣の町や村にも流通したものであろう。一方、草戸からの搬出品については、米・麦・豆などの農産物や特産物であったことが、多量の木簡（荷札やメモ書き）や削屑片の墨書から知られる。

⑤木簡の墨書には、「もと」・「かし」・「りふん（利分）」など金銭の貸付けに関わるものがかなりあり、金融を営む商人がいたことが明らかである。中国から大量の銅銭が輸入されており、発掘調査の開始以前に出土しているものを合わせると5万枚以上といわれている。また、約100枚ずつに束ねた12,591枚の中国銭が、南北朝期の亀山焼の甕から出土したり、約5千枚と推定されている銅銭塊も出土している。こうした状況は、物資の売買にこの銅銭を使用していたもので、商業取引の様子を示すものである。

草戸に千軒ほどの多くの家があったのかどうかは明らかではない。最盛期には、短冊形に区画された家々が町並みとして連なっていたことが確認されており、それが草戸全体に広がっていたとするなら、その可能性は否定できないとの見方でよいだろう。16世紀の初頭頃に町が衰えていった理由につ

4 中世 ＜北部・東部地域＞

いては芦田川の沖積作用が進み、港や水路の機能が果たせなくなるといった自然条件があったといわれる。また、当時、何らかの政治的背景も推測されているが、今後の研究課題といえる。

現在、中州のほとんどは取り除かれているが、新しく架けられた法音寺橋の中ほどの歩道に遺跡の説明版があり、ここから眺めると、およその位置や環境がわかる。

発掘調査された遺構や遺物は、福山城跡公園にある広島県立歴史博物館に展示されている。町並みの実大での復元展示や、井戸の実物復元、また、陶磁器・木製品など膨大な出土遺物は見ごたえがある。

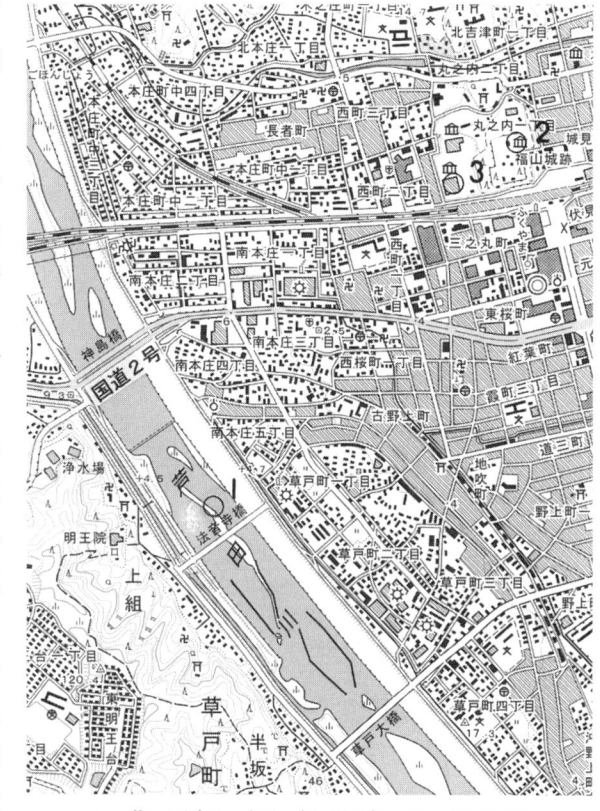

1　草戸千軒町遺跡（中州跡）　2　福山城跡
3　広島県立歴史博物館

用語の意味　明王院—平安時代の創建が推定される律宗寺院で、当初は常福寺と呼ばれた。本堂、五重塔は国宝で、ともに14世紀前半の建物。五重塔背後の山裾に、発掘調査以前に出土した五輪塔などの石塔類が集められている。

行き方　明王院前から法音寺橋の中ほどまで徒歩約5分。国道2号線神島橋バス停から南へ約700ｍ。車の場合は左（東）岸河川敷に駐車可。

詳しく知る参考文献　255頁の70。　　地形図（福山西部）

城主の交代が激しい備後の要衝

神辺城跡
かんなべじょう

福山市神辺町川北

規　　模　約1.5万㎡、比高115m
主要遺構　石垣、礎石建物
関係人物　山名理興、杉原盛重
　　　　　毛利元康、水野勝成
存続期間　～17世紀初頭
＜見どころ＞
①山上の広い郭群
②山上からの神辺平野の眺望

概要　中世まで備後南部の政治・経済の中心的位置を占めた神辺の拠点の城である。神辺平野の東端にあり、平野を一望できる。山麓を中世以降の山陽道が通る。

山城跡の遠景（北側から）

二の丸から本丸を見る

　神辺城は南北朝期に備後守護朝山氏が築造し、守護所にしたと伝えられるが、明らかではない。天文年間（16世紀前半）、この地では尼子氏と大内氏のとの抗争が続いていたが、1543（天文12）年、尼子方になった城主の山名理興は大内方に攻められ、神辺合戦を経て1549年に敗走、大内氏は家臣を入れたが、大内氏滅亡後の1557（弘治3）年には、毛利氏についた山名氏一族の杉原盛重が入城した。しかし、盛重没後の1584（天正12）年には、毛利氏から譜代の家臣が入り、1591（天正19）年には毛利元康が入城した。1600（慶長5）年、毛利氏が防長に移封した後、芸備に入った福島正則は神辺城を広島城の支城としたが、正則も1619（元和5）年には改易となり、そのあと備後に入った水野勝成が、本拠の福山城が完成するまで居城した。

4 中世 ＜北部・東部地域＞

　城は神辺平野の東を画す丘陵群から延びた尾根背後を掘り切って城域とし、黄葉山頂部の尾根上と東側の支尾根に郭群を配置する。頂部の郭群は、頂上から西・北に延びる尾根を階段状に造成したもので、郭の面積は全体に大きく、西側先端部には畝状竪堀群がみられる。頂上と北側尾根郭群の一部が発掘調査されており、複数の礎石建物と石組溝、石垣などとともに、瓦や土師質土器、備前焼などが発見されている。これらは、建物の方向の違いや瓦の出土状況から、少なくとも二時期以上があることが考えられている。

　東側支尾根の郭は、細尾根を利用したものだが、登城路となる谷側には畝状竪堀群もある。なお、北側山麓の天別豊姫神社周辺は、杉原屋敷の伝承がある（小屋遺跡）が、この試掘調査で、庭園状遺構が検出されている。この周辺は「固屋」と呼ばれ、山陽道に沿って「三日市」「七日市」「古市」などの地名も残り、戦国期以降、城下町の形成が進んでいたのかもしれない。

　神辺城は、現在残る遺構や記録から、少なくとも16世紀前半までさかのぼれるが、尾根上の大きな郭群は後半以降の改修によるものである。礎石建物や瓦の出土は、さらに後の16世紀末から17世紀初頭の再改修によると考えられるが、それにしては、石垣がほとんど見られない。発掘調査では埋没石垣が検出されており、廃城時に埋められた（破城）可能性もある。

メモ・気づき　出土遺物は、山上の神辺歴史民俗資料館に展示。
行き方　山陽自動車道福山東ICから国道182号線を東城方面に北進。神辺第一陸橋から国道313号線に進み、天別豊姫神社の東側から吉野山公園へ。車は頂部本丸の背後（大堀切）まで登ると駐車場。
詳しく知る参考文献　253頁の47、255頁の69。

地形図（神辺）

沼隈半島の堅固な城

一乗山城跡(いちじょうさんじょう)
福山市熊野町上山田

規　　模　　約2.5万㎡、比高70m
主要遺構　　堀切、畝状竪堀群
関係人物　　渡辺氏
存続期間　　15世紀後半～16世紀後半

＜見どころ＞
①コンパクトな城域
②堀切などの厳重な防備
③谷奥にある中世の景観

概要　沼隈(ぬまくま)半島のほぼ中央部、熊野盆地の山田の谷奥丘陵上にある中世山城跡で、国人領主渡辺(わたなべ)氏の居城である。文明年間(1468～87年)に渡辺兼が築造し、1600年の毛利氏の防長移封まで続いた。

頂部主郭(本丸)の櫓台(土塁)

頂部主郭(本丸)東側の石組(しがわたきやま)

兼は応仁の乱では西軍につき、大永から天文年間(16世紀前半)には大内氏・毛利氏について、宮氏の亀寿山城(かめじゅやま)(新市町)や志川滝山城(加茂町)攻めに加わり勢力を拡大したとされ、その後も代々毛利氏に仕えている。「中書家久公御上京日記」には、島津家久が、1575(天正3)年に、今津から鞆への行程で「山田といへる町を打過、やがて山田の城有」と記されている。この山田の城が一乗山城と思われる。

城は、南から北方向に延びる丘陵先端付近を利用して造られており、南側背後を5条の堀切で区切り、主郭とそれに伴う複数の郭を置いている。郭群の周囲斜面には畝状(うねじょう)竪堀(たてぼり)群をめぐらし、厳重に防御している。

4 中世 〈北部・東部地域〉

主郭（本丸）は、約20ｍ四方で南側に櫓台とも考えられる大型の土塁をもつ。土塁の基底部には、腰石垣がめぐる。付属の郭は、主郭の東西と北側に、5〜10ｍの比高差をもって主郭を囲む。部分的に石垣や腰石垣が見られる。これらの郭群は、コンパクトながら、急峻な地形に、周囲を多数の堀切と畝状竪堀群で囲み、守りは極めて堅固である。なお、北側堀切のさらに北の尾根先端にも、不整形ながら長大な平坦地が見られる。

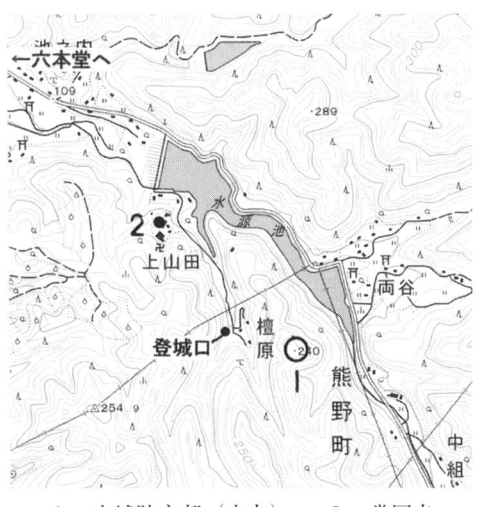

1　山城跡主郭（本丸）　2　常国寺

この城は、戦国期を通じて山田荘の要となったが、谷地形の最奥部という立地は、当時の村落と城との関係を如実に示している。一方で、南側の丘陵を越えれば、瀬戸内海の要港の鞆津である。渡辺氏は、「草土」にいたことが知られ、草戸千軒町遺跡の南端で検出された16世紀初頭の方形館跡は、渡辺氏の館である可能性が指摘されている。このことは、海上・陸上交通の結節点である草戸と、海上交通の要港鞆を意識していたという点で、毛利氏のもとにおける渡辺氏の性格の一端を示すものといえよう。

メモ・気づき　城跡麓の常国寺は渡辺氏の菩提寺で、文明年間に日蓮宗の日親を開基として創建という。渡辺氏ゆかりとされる五輪塔群もある。

行き方　福山市街地から芦田川に架かる水呑大橋を渡り、県道72号線（福山沼隈線）を熊野町に進む。六本堂バス停から約60ｍ先の交差点（三叉路）を左折して直進すると、市水道熊野水源池（熊野ダム）に至る。池の背後に見える山が城跡。水源池の土手を通り、常国寺前を過ぎ、南の小谷に入ると登城口あり。そばに駐車可。下から七面社を経て、主郭まで徒歩約15分。

詳しく知る参考文献　253頁の47、255頁の71。　　　地形図（福山西部）

整備された鉄穴流しの洗場

六の原製鉄遺跡
県史跡　庄原市西城町油木

規　　模　長さ約100m（洗場跡）
主要遺構　鉄穴流し洗場跡
存続期間　18〜19世紀

<見どころ>
①整備された洗場跡
②たたら跡に伴う金屋子神の祠
③砂鉄採集から製鉄までの工程

中央の杉林が金屋子神社

金屋子神社前側に製鉄炉跡

概要　備北の東城・西城地域は、近世以降の製鉄遺跡が多いことで知られている。六の原製鉄遺跡は、広島県の「県民の森」造成事業により明らかになったもので、金屋子広場に、2基の製鉄炉跡（たたら跡）と金屋子神をまつる神社、そこから約200m西に鉄穴流しの最終工程である洗場跡がある。

製鉄炉は、神社の東前面約20mで、地下の基礎部分（炉の下部の床釣施設）が発掘されている。長さ約13m、幅5m、深さ1.5mの穴に、円礫とその上にマサ土や鉄滓を含む土、灰を積んで基礎を造り、その上に本床と小舟を築いたもので、地下の湿気を防ぐ施設である。上部施設である炉跡は残されていない。この製鉄炉は、下に古い製鉄炉があり、それを壊して構築している。古い製鉄炉も、本床に小舟を伴う同じ構造である。

鉄穴流し洗場跡は、砂溜、大池、中池、乙池、洗樋の5段階の池からなる。砂溜は池状をなすが、一部埋没、大池・中池は連続し長さ約40m、底に角

材や丸太を敷いたもので、部分的に護岸の石積がある。2本が並行しているが、現状は1本のみ復元してある。上流の砂溜側に水門があり、間に止水板、下流にも小水門がある。乙池は長さ15m、水門や護岸は石積で、底に板が敷いてある。これも2本が並行する。洗樋は乙池から直角に曲がるもので、長さ12m、乙池と同様に石積と板敷があり、丁寧な造りである。2本が並行する大池、中池、乙池は、交互に使用して作業効率を高める工夫がなされたと考えられている。

製鉄炉は、現在埋められて見ることはできないが、鉄穴流し洗場は分かりやすく整備されている。金屋子神の祠もあって、一つの場所で砂鉄の採集から製鉄までの作業工程をたどることができる好例の遺跡である。

鉄穴流し洗場跡（乙池）

1　金屋子神社　2　鉄穴流し洗場跡
地形図（比婆山）

用語の意味　鉄穴流し―砂鉄を多く含む山土を掘り崩し、長い水路に流して土砂と砂鉄を分離させ、底に溜まった砂鉄を採集する方法（比重選鉱法）。
行き方　西城町並みから国道183号線を北進、備後落合（びんごおちあい）から国道314号線で奥出雲方面に向かい、途中、県道256号線から県民の森へ駐車。県民の森公園センターから、スキー場への途中の金屋子神社付近へ徒歩約5分。
詳しく知る参考文献　255頁の72。

近世城郭を思わす石垣

古家真屋敷跡
(こけまやしき)

庄原市比和町森脇

規　　模　約3000㎡、比高3m
主要遺構　屋敷地、石垣、堀
関係人物　名越（古家真）氏
存続期間　18〜19世紀

＜見どころ＞
①屋敷地を囲む石垣
②櫓台と堀
③切石を思わす石積

概要　壮大な石垣で知られるこの屋敷跡は、吾妻山(あづまやま)に近い森脇の比和川(ひわがわ)沿いの山麓にある。この地域は、近世には全国有数の鉄生産地であった。

屋敷跡の全景（東側から）

正面西側の石垣（左は櫓台状の張出し）

屋敷跡に係る記録は明らかではないが、近世地誌によると、森脇地区には近世初期から名越氏がいて、製鉄業に携わっており、「古家真」家はその分家とされる。当時、たたらは藩の経営で、鉄穴(かんな)で採れた砂鉄は、藩の「御鑪(たたら)所」へ納入されたとされ、1875（明治8）年の記録では、森脇村の鉄穴の75％を名越氏が所有し、その約半数を古家真家が所有していたとされる。しかし、明治以降、洋鉄の輸入拡大によって、たたら製鉄は衰退した。

屋敷跡は山麓に沿った南東向きで、間口110m、奥行15〜40mの規模をもつが、敷地は、石垣で囲まれた南側部分（間口56m、奥行40m）と、石垣のない北側部分（奥行15m）に分かれる。

南側部分は、正面中央の南寄りに入口があり、両隅には高さ4mの石垣を

もつ櫓台状の張り出し部を造り、正面石垣の前には幅3mの堀が設けられている。北側部分との境は、高さ2mの石垣で区画し、背後の山側には、高さ3mの石垣（下段）と、その後ろに段をつけて、高さ4mの石垣（上段）を積む。これらの石垣は、上下段とも、ほぼ中央で途切れている部分があり、ここには上から流れてくる滝があったとされ、下段には鏡石や滝壺の区画が見られる。石垣は精美で、隅角部は算木積、石材は割石で、一部表面を加工した谷積、勾配は約70度である。

屋敷内の建物跡（奥座敷跡）

南側部分については、遺構確認のための発掘調査が行われており、礎石建物や溝、水溜などが検出され、18～19世紀代の陶磁器類などが出土している。

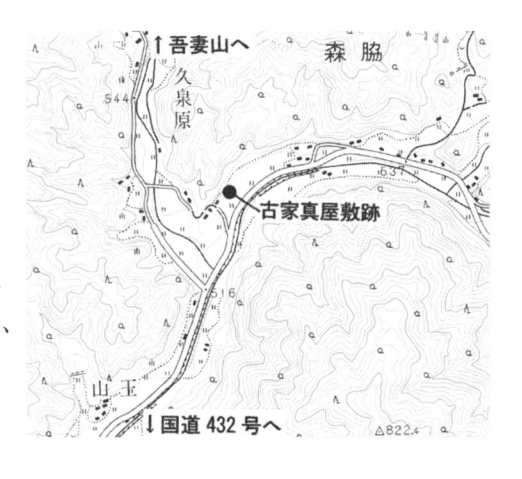

地形図（比婆山）

屋敷跡は壮大な石垣に特色がある。しかし、この石垣には谷積などの新しい技術が見られ、一般の屋敷には見られない櫓台も備えている。これは、改修によるもので、政情不安な幕末期、藩の鉄生産の一端を担い重視されていた古家真家の屋敷地は、藩の指示で整備・改修されたものと考えられている。

行き方　庄原市街地から国道432号線で高野・比和町方面に進む。比和町の北約7kmの森脇三叉路で右折（吾妻山方面）して、県道255号線を2.5km進むと、「いざなぎふれあい広場」に着く。広場の向かい側すぐ。駐車場あり。

詳しく知る参考文献　255頁の73。

福山藩の大規模な砂防堰堤

堂々川砂留群
どうどうがわすなどめ
福山市神辺町湯野・西中条

所在場所　堂々川河床
種　　別　砂防堰堤
時　　代　江戸～大正時代

<見どころ>
①複数の堰堤の設置状態
②大規模な堰堤の石積みと構造

概要　備後国分寺の西側を流れる堂々川上流の砂留群は、江戸時代の砂防土木工事の確かさを現在も継承した建造物であり、2006（平成18）年に国の登録有形文化財とされている。

1番砂留の現状

堂々川で最大規模の6番砂留

下流側から上流にかけて1～6番の砂留が、800mほどの間に連続して構築されており、城壁のような石積みは見事である。現在は堂々公園として整備されており、駐車場も設けられて市民の憩いの場として活用されている。

国分寺本堂西側の墓地から、徒歩で堂々川土手の道路に上がり、約200m進むと1番砂留である。ここには砂留全体についての説明板がある。**1番砂留**は、土砂災害の防止のため最初に構築されたと考えられており、当初は堤の長さが約20mほどあったとされるが、現在は左岸側約9.6mが残存している。階段状に石積みし、その上にかさ上げ増築している。**2番と4番砂留**はほぼ同じ構造で、中央に水通し部と水たたき部を造り、石積みは通常の石垣である。中央部は明治時代以降の改築とされている。**3番・5番・6番砂**

留は基本的には同じ構造で、長方形状の石材を階段状に積み、明治時代以降にかさ上げ増築している。6番砂留が4層の石組みからなる最大規模のもので、堤の長さ55.8m、堤の高さ13.3mとされ、1835（天保6）年頃の築造といわれている。

5番と6番砂留の間の西側の谷川には鳶ヶ迫砂留が整備されており、見学できる。

堂々川は芦田川の支流高屋川に合流する小さな河川であるが、上流は急流、下流は天井川の様相をなしているので、土砂災害が度々起こっている。左岸に接している備後国分寺は、1673（延宝元）年の豪雨による堤防決壊で倒壊したと伝えているが、この時の砂礫層が国分寺の発掘調査で確認されて

3・5・6　堂々川3・5・6番砂留

いる。国分寺は1694（元禄7）年に北側に再建されているが、これと連動して堂々川の改修整備が行われ、砂留が築造されていったようである。その後、江戸・明治・大正・昭和にかけて増築や改築が行われたものである。

メモ・気づき　奈良時代の**備後国分寺跡**は、現寺院の南側一帯で発掘調査され、法起寺式の伽藍配置と考えられている。遺構の復元や整備はなされていないが、説明板はある。駐車場あり。

行き方　神辺市街地から国道313号線を井原方面に進み、「湯野口」交差点から堂々川土手の道路を北進すると先ず1番砂留。最も北側に6番砂留。

地形図（神辺）

江戸時代のアーチ式石組堰堤

金名の郷頭
福山市新市町常

立　　地	金名川河床
種　　別	治水堰堤及び道路橋
時　　代	江戸～大正時代

＜見どころ＞
①堰堤・道路橋の構築状態
②堰堤・川床の石組と構造

概要　神谷川の支流金名川の治水のため江戸時代に造られた堰堤と、道路橋とを兼用した石組建造物である。

郷頭南面の石積みの状況

隧道の石組みと底面の敷石

金名川は府中市との境界付近の権現山裾を源流とし、東流して神谷川に合流する小河川で、源流から金名付近にかけては高低差が大きく（比高は約150m）、急流となる。そのため上流には、1730（享保15）年に築造されたと伝える切池が構築されており、灌漑と洪水に備えたものととらえられる。市道府中－金丸線の常城バス停そばから山側に登っていくと切池へ、東へ坂道を50m程下ると郷頭への小道がある。

郷頭は、切池の下流約1kmにあり、道路橋を兼ねた郷頭本体の堰堤とその北側の堰、郷頭本体下側の川岸石積みおよび川底敷石の全体の石造施設であり、本来は洪水防止の施設である。北側の堰から郷頭堰堤の下流の川岸石積端までの全体距離は約55mである。

郷頭本体は、南壁は上幅約8m、下幅3mあまり、高さ約6mの石積み堰

堤を構築し、ほぼ中心部に隧道を貫通させて導水路を設けた施設である。隧道部は長さ5.75m、幅約1.9m、高さ約1.2mで、側壁は3段ほどの持ち送り石積み、底は平石敷、天井は板石状の大石5枚を架した構造である。

堰堤全体は、上流側に弧状に張り出すアーチ式の平面であるのが大きな特徴である。堰堤南壁の隧道底面から川底までは落差約2.7mである。川底は幅3〜4mで、平石敷が下流へ約15mまで確認される。

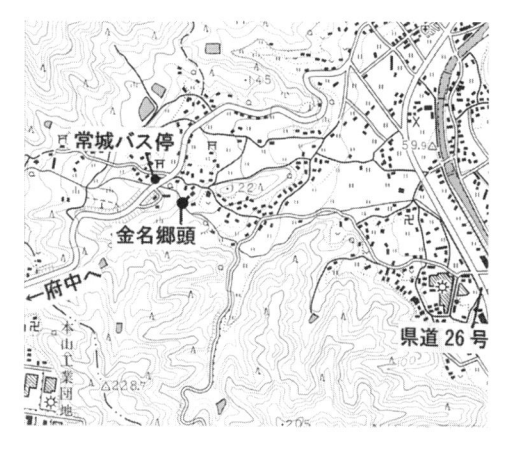

北側の堰は、郷頭本体の北約22mにあり、高さ約3.3mの石積み（石垣）を構築している。川底は平石敷である。大水の際には両堰堤間が調整池となり、郷頭堰堤の隧道から水勢を押さえて放水するものである。郷頭堰堤は、地形的には落差の最も大きい崖面に構築されている。

堰堤上面は幅約1.8mの道路となっているが、郷頭本体から1.8m（1間）かさ上げされており、壁面の石積みの相違が明らかである。この道路は、府中本山と常金丸を結ぶ旧道で、昭和20年代までの主要道であった。現在はこの堰堤に並行して新たな道路橋がつけられている。

これらの施設の構築時期については明確ではないが、1840（天保11）年の豪雨の際、切池が決壊して大水が出たのを、この郷頭でくい止めたとの伝承があることから、それ以前の築造であろう。治水の構築物との観点からみると、上流の切池と同時期の事業として竣工された可能性が考えられる。江戸時代中期にアーチ式の構造を取り入れた土木技術の遺産として注目される。

行き方　JR福塩線府中駅前から本山経由金丸行のバス便あり。常城バス停の東側から南へ下ると案内表示あり。車の場合は、バス停から金丸方面へ数十m行くと駐車可能の場所がある。

参考となる文献　255頁の74参照。

地形図（金丸）

西国街道の国境の道標

坊地峠の藩 境 碑
尾道市久保町坊地

所在場所　尾道市坊地峠
種　　別　道標石碑
時　　代　江戸時代

＜見どころ＞
①街道と道標の位置関係
②街道と番所の位置関係

概要　尾道市街地の国道2号線の「坊地口」交差点から北方へ登っていくと坊地峠に着く。さらに峠から東側の高須町へ下ると今津町（松永）を経て福山市街地に至るが、この道は近世の西国街道にあたる。

芸州領を示す藩境の石碑（花崗岩製）

坊地峠は江戸時代の広島藩と福山藩の境界であり、峠を挟んで西側に「従是西　藝州領」、東側に「従是東　福山領」と刻んだ標柱が、20mほど離れて建っている。いずれも花崗岩切石の角柱である。

広島藩の標柱は石垣を組んだ基壇に建ち、現在高約2.15m、断面30〜32cm角で、上端は頂部中央を尖らせている。刻字は1面にのみ彫られている。

福山藩の標柱も石垣を組んだ基壇に建ち、現在高約1.63m、断面19〜21cm角で、上端は平坦である。以前は3本に折られ、「米つきの台や敷き石」に利用されていたそうで、接合痕が見られる。刻字は3面に彫られている。広島藩のものが一回り大きく、上部を尖らせ、どっしりしている。

福山藩の標柱の北東側約50mの小高い斜面に民家風の建物があるのが福山藩の番所とされている。現在内部は見学できないが、眼下に街道や峠を監

5 近世

視できる位置である。広島藩側にも番所跡がある。

近世の西国街道は、『広島県史』（近世1）によると、1619（元和5）年に広島に入部した浅野氏、福山に入部した水野氏が、福島正則の交通政策を継承し、主として寛永年間に整備・充実がはかられたという。1633（寛永10）年の幕府巡検使の派遣、翌々年の参勤交代制度が大きな画期とされている。

福山藩では、西国街道をこれまでの山側から、今津から高須を経て尾道に至る沿岸部に変更しているが、このきっかけとなったのが、1659（万治2）年の高須村の新開造成とされる。この経路が坊地峠越えであるとすると、両藩境の標柱はこれに合わせて設立されたと考えられる。

坊地峠に両藩の藩境標柱の石碑、番所・番所跡、街道跡が現存し、当時の国境の環境がそろって残存しているのは珍しい。早急に番所の保存対策が望まれる。

藩境の道路と両藩の石碑の状況
（正面奥への道が高須・福山方面）

行き方 国道2号線の「坊地口」交差点から峠方面への北進は道幅が狭い。「尾道大橋入口」交差点から進み、新高山団地内を経由して北進、尾道市立市民病院前から西方向に約700m行くと番所バス停。付近に駐車可。JR山陽本線尾道駅からバス便（便数少）あり。

地形図（尾道）

低丘陵を利用した近世城郭

福山城跡 国史跡
福山市丸の内

規　　模	約30万㎡、比高20ｍ
主要遺構	郭、石垣、門、櫓
関係人物	水野・松平・阿部氏
存続期間	1619（元和5）～1873（明治6）年

＜見どころ＞
①往時の姿を伝える本丸の景観
②伏見櫓と筋鉄御門
③本丸・二の丸を囲む石垣群

本丸背後の石垣

伏見櫓（伏見城の遺構）

概要　JR福山駅は、福山城三の丸にあり、本丸の伏見櫓や筋鉄御門などは、山陽新幹線のホームから間近に見ることができる。これは、城が福山湾に延びる低丘陵を利用したことによるもので、福山湾一帯を望む位置にある。

　福山城は、福島正則の改易後、備後に入った水野勝成が、1619（元和5）年に築造を始め、水野氏が居城とした。その以後、松平氏を経て阿部氏と続き、1869（明治2）年の版籍奉還まで福山藩政の中心として機能したが、1873（明治6）年には廃城となった。

　城は、北側から延びる低丘陵の背後を、水路や堀切で分断し、他の三方に内堀をめぐらして本丸・二の丸を置き、その周囲の沖積地の東・西・南方にさらに外堀をめぐらして三の丸を置く。三の丸には舟入を設け、直接、海とつながる。外堀で囲まれた範囲は、東西約500ｍ、南北約600ｍの広さがあ

るが、現在、遺構を見ることができるのは、丘陵上の本丸・二の丸部分のみである。

本丸は、東西 80～120 m、南北約 160 m で、南側が広がる方形をなし、北側に一段高く天守台をもつ。周囲は高さ 2～5 m の石垣で固め、鏡櫓、月見櫓など多数の櫓と、筋鉄御門、台所御門などの門で防御していた。

大手虎口の筋鉄御門（伏見城の遺構）

天守閣は 5 層 6 階で、附櫓、附庇をもっていたが、戦災（福山空襲）で焼失し、後に外観復元された。本丸の中心には、伏見御殿の遺構、それに接した南側に復元された湯殿がある。伏見城から移築したと伝えられる伏見櫓と筋鉄御門は、戦災から逃れ、重要文化財に指定されている。

本丸の周囲は、一段下って二の丸が取り巻く。周囲は石垣で、特に西側には、櫓などで出隅や横矢をつくり、防御を厳重にしている。三の丸や外堀の遺構は埋め立てられ、市街地となっている。三の丸には、藩主の屋敷や御用屋敷、追手門などがあったとされる。この地域では、新幹線高架下に、発掘調査後、解体復元された三の丸西御門櫓台などの遺構もある。

本丸・二の丸は、一部復元された建物もあるが、城の中枢部を景観として眺めることができ、それを取り巻く上下二段の石垣は一見の価値がある。切石で整えられた伏見櫓や筋鉄御門の石垣、割石を用いた石垣、刻印のある石垣、戦災で焼け剥離した二の丸南側の石垣など、本丸周囲の観察も面白い。

メモ・気づき　復元された天守閣は「福山城博物館」。最上階からは、本丸・二の丸をはじめ、市街地全域を見渡せる。

行き方　JR 山陽本線福山駅北側すぐ。車の場合は城跡西側のふくやま美術館の駐車場利用が便利。　　位置図は 181 頁。

詳しく知る参考文献　256 頁の 75、257 頁の追補の C。

交通の要衝をおさえる「浮城」

三原城跡 （みはらじょう） 国史跡
三原市館町・城町

規　模	約35万㎡、比高10ｍ
主要遺構	郭、堀、石垣
関係人物	小早川・福島・浅野氏
存続期間	16世紀後半〜1871（明治4）年

＜見どころ＞
①本丸天守台の堀と石垣
②舟入櫓
③中門跡

城跡の遠景（北側から）

本丸天守台の石垣（西面）

概要　小早川隆景が、1567（永禄10）年に築造に着手、1582（天正10）年まで整備が続けられたとされる海城（うみじろ）で、瀬戸内海に面している。

　その後、隆景は伊予、筑前に居を移すが、1595（文禄4）年には秀秋に家督を譲り、三原に引退、翌1596（慶長元）年には、三原城の門・櫓などを整備して、新高山城から移っている。しかし、隆景は翌年には没し、三原は毛利氏の直轄となる。その後1600（慶長5）年、毛利氏に代わって芸備に入った福島正則は、三原城に重臣を入れるが、1619（元和5）年、福島氏は改易となり、浅野氏が入って、三原城は浅野忠吉に預けられる。この年、幕府の一国一城令が出るが、三原城は残され、以後、明治維新まで浅野氏の支城として機能した。

　城は、沼田川（ぬたがわ）河口のデルタを利用して築城され、背後には桜山（さくらやま）などの山

塊がせまる。築城は三原湾に浮かぶ大島・小島を中心に縄張りしたとされ、海を取り込んだ堀により郭が区画される。

　城地は、現在市街地となって、全体像は分かりにくいが、慶応年間（1865～68）に描かれた「備後国三原城絵図」と、現在遺構として残る本丸天守台や堀、舟入櫓、中門跡や街路を比べると、往時の姿をたどることができる。その姿は、まさに海に浮かぶ「浮城」であり、また、城に沿って西国街道を通すなど、海陸の交通の要衝となっている。ただ、この絵図に示された縄張が、小早川氏による築造の時期までさかのぼるものか否かは、検討を要する。

　三原駅北側に残る本丸天守台の石垣は圧巻であるが、この石垣をよく見ると、西側では大石を使い、隅も大石で積んでいるが、東側では石は小振りで、隅もほぼ大きさのそろった長い石を左右交互に積んだ算木積としている。つまり、西側と東側の石垣とでは、技術的・時間的な差が考えられる。これは、東側石垣が改修されている可能性を示すもので、縄張そのものについても、絵図だけでなく考古学的に検証していく必要がある。

舟入櫓の石垣

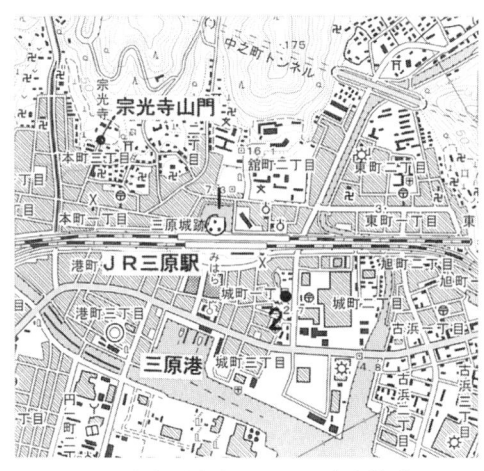

1　本丸天守台　　2　舟入櫓跡

地形図（三原）

行き方　ＪＲ山陽本線三原駅北側すぐ。駅は本丸跡。駅西口から天守台西側の堀へ。舟入櫓跡は、駅正面を出て、東南町中へ徒歩3分。

詳しく知る参考文献　256頁の76。

倭城の影響か、福島氏の支城

亀居城跡
かめいじょう
大竹市小方

規　　模	約20万㎡、比高85m
主要遺構	郭、石垣、礎石
関係人物	福島氏（正則・伯耆）
存続期間	1608（慶長13）～1611（同16）年

本丸と天守台の現状

＜見どころ＞
①海岸まで広がる城域
②山上の石垣と建物跡
③破城（はじょう）の痕跡

礎石の残る天守台から瀬戸内海を望む

概要　関ヶ原の戦いの後、広島城に入った福島氏の支城の一つで、福島氏領の西の備えである。亀居城のある小方（おがた）は、小瀬川（おぜ）で周防国と接し、古くから交通の要衝であった。城は瀬戸内海と接する丘陵を利用したもので、城からは陸路と共に瀬戸内の航路を見渡すことができる。

芸備に入った福島正則は、広島城を本拠とし、神辺、鞆、三原、三次、東城、小方に支城を配置した。亀居城は、1603（慶長8）年に築城開始、1608（同13）年に完成したが、1611（同16）年には徳川幕府の圧力により廃城になったとされる。その後の1619（元和5）年には、福島氏も改易となる。

城は、山上から山麓に広がる。山上は、南北に延びる尾根上に、郭を直線的に並べたもので、「本丸」・「二の丸」・「三の丸」・「有の丸」など7郭からなり、東の海側の、JR山陽本線がくぐる支尾根上に「妙現丸」など3郭がある。ほとんどの郭が面積1000㎡を超す大型で、石垣がめぐらされているが、

公園整備などにより改変された箇所があり、虎口も古絵図とは異なる部分がある。

　最高所の本丸は、発掘調査が行われている。本丸南西端の天守台に、付櫓と渡櫓が付属する。天守台には多くの礎石が残るが、天守の規模は明らかではない。付櫓には木の階段、渡櫓には石段が付く。

　支尾根の郭の先端にも石垣があるが、これらにはさまれた谷にも水溜石垣などの大規模な石垣があって、城域を囲んでいる。山麓は市街地となっているが、古絵図によると、東側は、海岸を石垣で画して門や潮入りを設け、北側にも土手をめぐらして城域を区画している。また、城域内に小方往還道（西国街道）を通している。

　亀居城は海岸に面し、山上から山麓を一体の城域として防御する特異な構造をなす。この構造は、文禄・慶長の役で豊臣軍が朝鮮半島に築いた倭城に類似する。福島正則もこの時出兵して倭城を築いており、その経験によるものかもしれない。石垣は、現在は修復されているが、発掘調査前は埋没しており、修復工事により現れてきた石垣は、隅の上部がことごとく破壊されていたという。これは、廃城と正則の改易に伴う城破りによるものと考えられる。このように、この城は17世紀初頭の短期間しか存在しなかったが、遺構のありようは極めて個性的で重要といえる。

行き方　山陽自動車道大竹ICを下りると正面南側の丘陵。国道2号線に出て岩国方面に進み、すぐの「黒川一丁目」交差点を右折し、亀居公園への案内表示に沿って山腹の駐車場へ。徒歩の場合は国道2号線の小方バス停付近の亀居城入口の石碑から近い。

詳しく知る参考文献　256頁の77。　　地形図（大竹）

広島の歴史を語る

広島城跡 国史跡
広島市中区基町

規　　模	約120万㎡、比高11m
主要遺構	郭、水堀、石垣
拠城主等	毛利・福島・浅野氏
存続期間	1589（天正17）～1869（明治2）年

＜見どころ＞
①水堀に囲まれた本丸と二の丸
②上下段の本丸の遺構
③復元された二の丸の建物群

城跡西側内堀と復元されている天守閣

天守台の石垣隅部

概要　豊臣大名毛利輝元が、瀬戸内に面した地に、新たに築造した平城である。
　吉田郡山城を本拠としていた輝元は、1588（天正16）年の上洛の翌年、広島湾内の太田川中州に新たな城を計画・着工した。1591（天正19）には輝元が入城、その後も、1599（慶長4）年まで工事は続いた。しかし、翌年の関ヶ原の戦いにより輝元は周防・長門に移封、代わって、福島正則が入る。正則は石垣など城の改修を行うが、1619（元和5）年には無断修築の疑いで改易される。その後、浅野長晟が入城、以後、1869（明治2）年の版籍奉還まで浅野氏が居城した。
　1871（明治4）年、城地には鎮西鎮台第一分営（後に広島鎮台、第五師団）が置かれ、1894（明治27）年の日清戦争のときには広島大本営が置かれるなど、広島城跡は軍都広島の中心的施設となった。そして、1945（昭和20）年の原爆投下により、全てが倒壊した。

5 近世

戦後、内堀より内側が史跡に指定され、天守閣や表御門などの復元が行われ、現在に至っている。

城は毛利輝元の築城後、福島正則や浅野氏により改修が行われており、当初の姿は明らかでないが、「正保城絵図」(1644～48) などの絵図と現在の町割りや発掘調査成果との比較から、浅野氏時代の城の様子は明らかにされつつある。

復元されている二の丸表御門と平櫓

城は、本丸・二の丸を広大な内堀で囲み、その東・南・西の外側を中堀で囲んで三の丸とする。さらに、その外の南・東側を外堀で囲んで大手郭、北東側に北の郭、西側は太田川（本川）を堀に見立てて西の丸を配置したもので、城域は、東西・南北とも約1100m、面積は約120万㎡にもなる。このうち、城の遺構を見ることができるのは、内堀に囲まれた範囲のみで、三の丸や中堀・外郭・外堀などは市街地となっている。

周辺で見ることのできる遺構は、三の丸東北隅の学問所跡土塁があり、外郭西の丸では、太田川に沿って並ぶ外郭櫓台の一つが、発掘調査後に埋め戻され、堤防内に上部をのぞかせている。近年、市街地でも開発事業に係る発掘調査で、堀や石垣などの遺構が検出されることがある。

本丸は、東西約200m、南北約250mの方形をなす。絵図などによると、要所に二重櫓を配置して堀で囲み、南に中御門、東に裏御門を開く。北半は周囲にテラスを残して一段高くし（本丸上段）、藩主の居館である本丸御殿を置き、北西端には、東・南に小天守を伴う大天守があった。本丸下段には、馬場や土蔵があったらしい。周辺の櫓台や石垣、上段の切岸などは旧状をとどめているが、建物は外観が復元された大天守のみが見られる。

二の丸は、本丸の馬出郭で、東西95m、南北55mの方形をなす。西側に、三の丸からの表御門を開き、南側に平櫓、太鼓櫓と多聞櫓、北側に馬屋跡がある。建物は、馬屋跡を除いて復元されている。

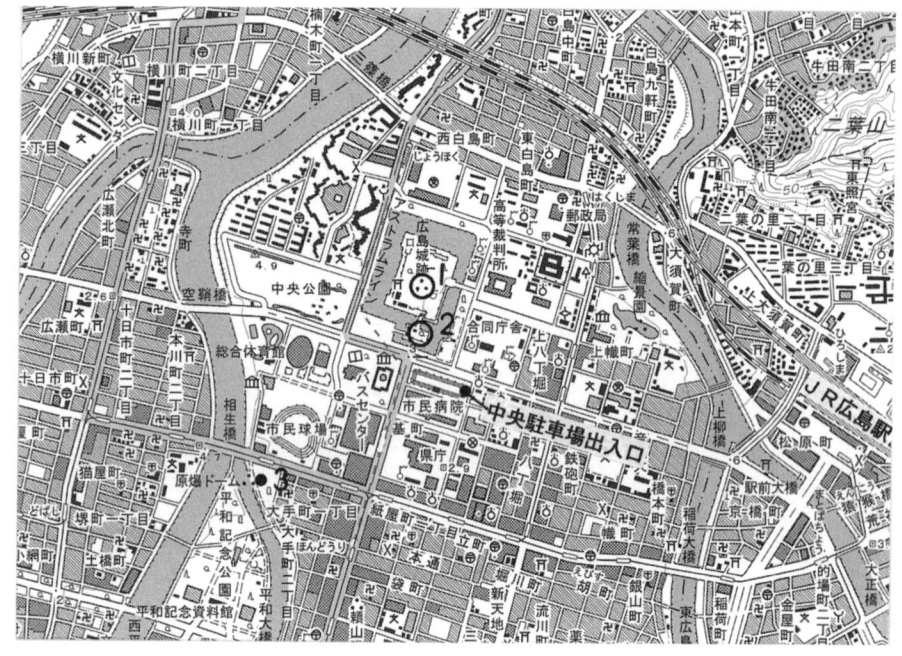

1　広島城跡本丸（広島大本営跡）　　2　二の丸　　3　原爆ドーム

　城域は、明治初年の廃城後、軍の中心施設として使用された。本丸は師団司令部、三の丸や外郭は兵営所や病院、練兵場である。本丸上段には、1894（明治27）年に**広島大本営**となった建物の基壇や前庭築山、桜の池跡が残り、本丸下段の南端には、被爆時の中国軍管区司令部防空作戦室跡も残る。この他、被爆後の火災で風化・変色した中御門跡の石垣や被爆樹木など、近世の広島城だけでなく、その後の広島の歴史を語る遺構がある。

メモ・気づき　外観復元された天守閣は博物館「広島城」。5層展望台から、かつては、広島湾に面していた城と城下町の立地を体感できる。

行き方　広島県庁の北約300ｍ。紙屋町交差点から徒歩約10分。車の場合は城内は駐車不可のため、城内堀南側の広島市中央駐車場（中央テニスコート地下）を利用し、広島城天守閣に入館すると駐車補助あり。

詳しく知る参考文献　256頁の78。　　　地形図（広島）

6 近代

保存の良好な明治時代の砲台跡

三高山要塞跡
江田島市沖美町三吉

立　　地	三高山（砲台山）尾根上
主要遺構	砲台・弾薬庫・火薬庫
時　　代	明治時代

<見どころ>
①三高山の位置環境
②砲台6基の配置状況
③地下弾薬庫、火薬庫の構造

北部砲台跡の砲座跡（2基で1砲台）

北部砲台跡の兵舎跡

概要　明治時代に、軍都広島や軍港呉の防備として広島湾の島嶼部などに建設された広島湾要塞群の一つで、全体の規模が大きい。

西能美島の標高約402mの三高山（砲台山）山頂から北に延びる尾根上に築かれており、安芸灘と広島湾をつなぐ厳島海峡・奈佐美瀬戸を眼下に見る位置を占め、対岸（西）には宮島がある。要塞跡は砲台山森林公園として整備されており、沖美町美能から頂上まで林道が開通している。規模の大きな北部砲台跡とやや小さな南部砲台跡がよく保存されている。

北部砲台跡は南北約250m、幅約50mの範囲に構築されており、砲台の台座6基（いずれも28cm榴弾砲座とされる）、これに付属した地下弾薬庫、砲台の南北端に砲弾照準用の観測所跡、これらの施設の北側端に地下兵舎、火薬庫などの建物が直線的に配置されている。砲台跡は、高さ約2mの切石積の側壁で囲まれた8×14mほどの敷地に、直径5.4m、深さ54cmの円形台座2基が一組で設置されており、これが3セット配備されている。各組の側

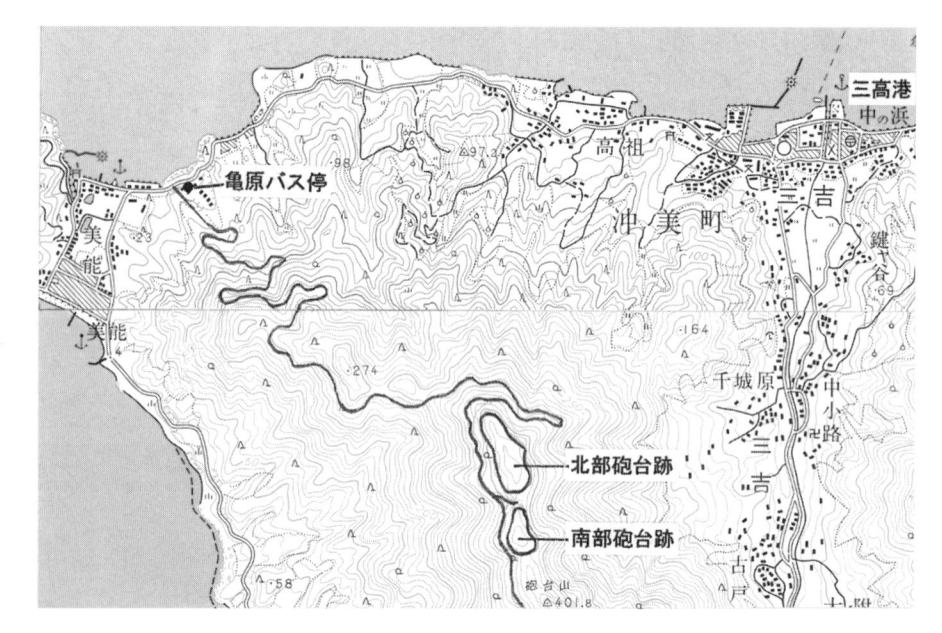

壁には幅 1.41 m、高さ約 1 m、奥行 40 cm の砲弾置場が合計 8 か所認められる。各組の砲台間には、花崗岩切石とコンクリートで構築された地下弾薬庫がある。内法は長さ 6.45 m、幅 3 m、高さ 2.5 m ほどの規模である。

　北側観測所の北方には、50 段の長い石段を下ると兵舎跡があり、その北側には石造の火薬庫跡がある。兵舎跡はレンガとコンクリートで構築され、内壁は白く漆喰が塗られている。火薬庫跡は花崗岩のブロック状切石を積んだ建物で、内法は長さ 29.1 m、幅 5.3 m の規模である。外壁面は荒削りであるが、内面は細かく仕上げている。東壁側に 2 か所の出入口を設けている。天井は元々木造で、現在は窓と一緒に整備・復元されている。

　南部砲台跡は、上陸兵対応の砲台とされており、砲台、兵舎、弾薬庫の施設がある。全体を、幅 1.5 m、高さ 1.2 m 以上の石垣を築いた溝（通路）で囲っているのが特徴で、通路で囲まれた範囲はおよそ 150 × 100 m である。

　広島湾の要塞群は日清戦争後に建設が開始され、三高山要塞は 1899（明治 32）年に起工、1901 年に竣工したとされるが、砲台は使用されなかった。

　本要塞跡と同様の施設を備えた砲台跡としては、宮島の**鷹ノ巣要塞跡**、呉

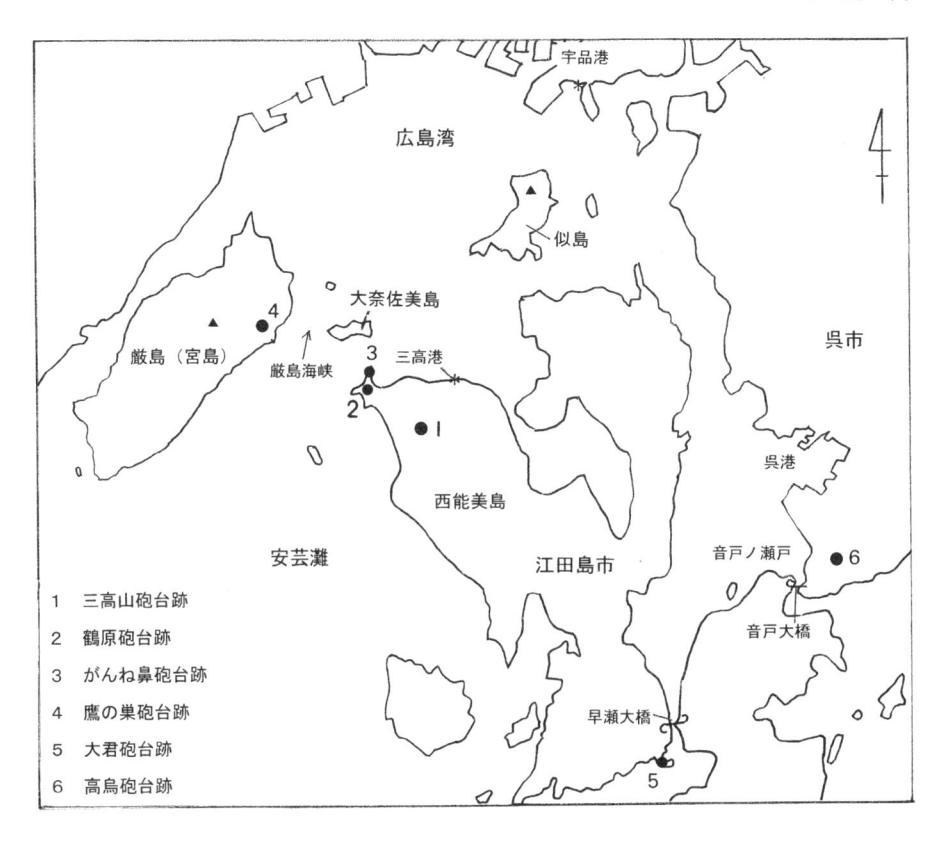

[地図: 広島湾周辺の砲台跡分布図]

1 三高山砲台跡
2 鶴原砲台跡
3 がんね鼻砲台跡
4 鷹の巣砲台跡
5 大君砲台跡
6 高烏砲台跡

市音戸の高烏要塞跡などがあり、いずれも、2基が一組で3セットの合計6基の榴弾砲座を備えた砲台であることが共通している。要塞跡などの近代遺跡の考古学的な調査は進んでいないので、分布や実態の把握が急がれる。

用語の意味 榴弾砲－弾体内に炸薬を詰めた破壊力の強い砲弾。

行き方 広島宇品港からフェリーで三高港へ（約35分）着き、県道36号線を西（美能方面）に進む。亀原バス停の所から創造の森・森林公園への林道を約3km登る。登り着くと駐車場に案内説明板あり。呉方面からは音戸大橋、早瀬大橋を経由して美能へ。

参考となる文献 256頁の79。　　地形図（似島・江田島）

要塞跡と毒ガス施設の遺跡

大久野島戦争遺跡
竹原市忠海町大久野島

立　　地　丘陵尾根上、海岸
主要遺構　砲台・弾薬庫・火薬庫
　　　　　毒ガス貯蔵庫、発電場他
時　　代　明治～昭和時代
<見どころ>
　①大久野島の位置環境
　②砲台などの要塞施設
　③毒ガス製造関係施設

忠海沖合の大久野島（手前が忠海港）

中部砲台跡の砲座跡

概要　忠海の沖合に送電用の高い鉄塔の見える島が大久野島で、島全体が明治時代以降の戦争関係遺跡として知られている。周囲が約4kmの南北に長い小島で、現在は瀬戸内海国立公園の「休暇村大久野島」として利用されている。

　大久野島の戦争遺跡は、1899（明治32）年に忠海港に芸予要塞の司令部が置かれて以後の砲台関係遺跡と、1929（昭和4）年、旧陸軍造兵廠忠海兵器製造所が置かれてから終戦までの毒ガス製造関係遺跡の、二時期の遺構が残されている。

　[要塞関係遺跡]　島の南東丘陵上の南部砲台跡、標高の最も高い山頂の中部砲台跡、北端付近の北部砲台跡などが分布し、主な遺構については見学できるよう整備されている。大鉄塔南側の**中部砲台跡**は、尾根上を長さ120m以上にわたって南北の壕を掘り、花崗岩切石で周壁・石垣を組んで、この北側に28cm榴弾砲台4基、南側に弾薬庫・兵舎を構築した要塞である。砲台

は2基(門)をセットで2か所南北に配備している。2基の砲座は、切石積壁でコ字形に囲まれた敷地に構築され、直径は5.4mで2.6m離して並べている。壁面には11か所に砲弾庫(置場)を設けている。いずれも幅141〜143cm、高さ101cm、奥行31cmほどの大きさで、奥壁に縦4列の弧状のくり込みを加工しており、砲弾4個を立てて納置したことがわかる。この上側の石には2個の金具が残り、壁面の各砲弾庫(置場)には扉が設置されていたこともうかがえる。砲台の南側には弾薬庫跡・兵舎跡7室が長屋状に配置されている。全て、下側がレンガ、上側・天井がコンクリート造りの半地下

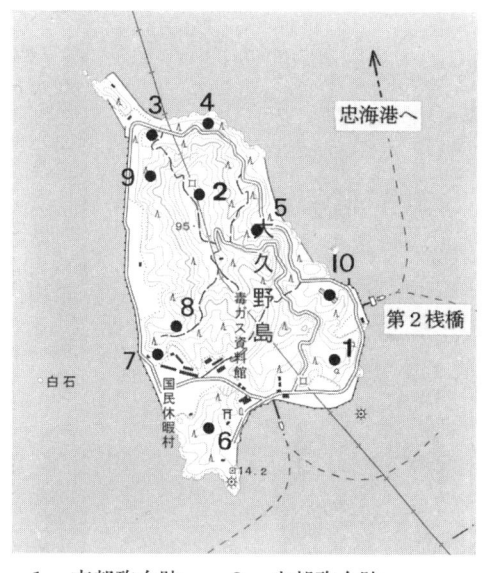

1　南部砲台跡　　2　中部砲台跡
3　北部砲台跡(西)　4　北部砲台跡(東)
5　火薬庫跡　　6　南部探照灯跡
7　三軒家毒ガス貯蔵庫跡
8　毒ガス貯蔵タンク置場跡
9　長浦毒ガス貯蔵庫跡　10　発電場跡

式の部屋で、内壁は漆喰が塗られている。北端と南端の部屋が同じ規模で、他の5室よりもやや小さい。5室は内法が長さ8m、幅5mの同じ規模・構造で、互いに行き来できるよう側壁の奥部をつなげている。

北部砲台跡は東西2か所の砲台跡からなる。西側の砲台跡には3基の砲台跡(本来は4基で、1基は破壊)と7か所の弾薬庫跡・兵舎跡が残っている。砲台は24cmカノン砲が設置されたとされ、砲座には円形に鉄芯が残存しているものがある。また、大砲が取り除かれた後、毒ガス容器保管場所とされており、コンクリート製の容器台座が8個整列したものもある。東側の砲台跡は12cmカノン砲の砲座4か所と弾薬庫跡3か所が現存している。

南部砲台跡は8基(門)の砲台が設置されていたとされるが、現在、4基の砲座と4か所の弾薬庫跡・兵舎跡が確認できる。

なお、島の東側の、北部砲台跡と第2桟橋との中間あたりの森の中に、レンガ造りの火薬庫跡があり、見学できる。

[毒ガス関係遺跡] 1945（昭和20）年まで16年間兵器工場が設置され、南側海岸付近・休暇村本館付近・西海岸一帯に毒ガス製造諸施設の建物跡、東海岸の第2桟橋付近の発電場関係施設などが分布していたが、毒ガス製造工場や製品倉庫などの建物は、戦後ほとんど取り壊されている。現在、見学が可能な主な遺構は、西海岸（長浦）を中心とした毒ガス貯蔵庫跡の一部や保管場所、東海岸の発電場跡や関係施設などである。

休暇村本館西側に鉄筋コンクリート造りの**三軒家毒ガス貯蔵庫跡**がある。

レンガ造り火薬庫跡

長浦毒ガス貯蔵庫跡の現状

並列した2部屋からなり、各室の床面には貯蔵タンク（10トン）をすえるコンクリート製の台座が残存している。糜爛（ただれ）性の猛毒ガス「イペリット」が貯蔵されていたとされる。

西海岸の広場の東側で、展望園地への遊歩道登り口に、毒ガス貯蔵タンク置場跡がある。丘陵西斜面の裾をコ字形に削って平坦面を造成し、コンクリート張して、ここにコンクリート製の台座を東西に4列、南北に8列、合計32基を整然と配置している。台座4個に横置きタンク1基を設置した、8基のタンク置場とみられている。

ここから山裾を北に少し進むとテニスコートの東側に、南北に向かい合っ

た貯蔵庫跡がある。基本的な構造は本館西側のものと同様であるが、細かな観察はできない。

さらに北に進むと、**長浦毒ガス貯蔵庫跡**と呼ばれている鉄筋コンクリート造りの大型貯蔵庫跡がある。南北に4部屋ずつ向かい合った建造物で、奥側の各3部屋は規模が大き

長浦毒ガス貯蔵庫跡のタンク置台跡

く天井も高い。この床面にはコンクリート製の台座が、6個のブロックを組み合わせて円形となるように配置されており、他場所の台座が長方形であるのと異なっている。ここに「竪型毒物貯槽」という鋼鉄のタンク（直径4m、高さ11m、容量85トン）6基が立て置かれ、イペリット又はルイサイトを貯蔵していたとされる。

東海岸の第2桟橋の北西側にある鉄筋コンクリート造りの巨大な建物が**発電場跡**である。全長約63m、最大幅約22mの平面規模で、床はコンクリート張り、壁面は白壁（漆喰）である。現在内部には機器類はないが、重油を燃料とした発電機8基が設置されていたとされている。

毒ガス資料館には、製造過程での陶器製の冷却装置、製品保管の木箱、防毒のための防護服、製造に従事した工員の所持品など、毒ガス製造に関係した多くの遺物や資料が展示されている。大久野島の歴史を知るビデオや写真、図書なども備えられ、毒ガス・戦争の悲惨さと平和への願いが語られている。

メモ・気づき 遺構によっては見学が困難なものや、山中には標示のない施設跡や遺物が点在しており、不用意な立ち入りは避けたい。

行き方 ＪＲ呉線忠海駅東側の忠海港から客船又はフェリーで12分。一般車は島内への乗り入れは不可のため、忠海港の駐車場（無料）に置いておく。大久野島第2桟橋に着くと、休暇村本館までの無料送迎バスあり。

詳しく知る参考文献 256頁の79。　　地形図（白水）

＜見学施設＞ 考古資料見学のための博物館・資料館等

＜見どころ＞　＜必見資料＞　①所在地等　②交通メモ　③休館日等

府中町歴史民俗資料館
　　＜見どころ＞　推定安芸国衙跡関係のあゆみや、在庁官人田所氏の「田所文書」などの解説。
　　＜必見資料＞　安芸駅館跡が有力な下岡田遺跡出土の軒丸瓦・軒平瓦、木簡、発掘建物跡の解説など。
　①安芸郡府中町本町 2-14-1（〒735-0006、Tel　082-286-3260）
　②府中「埃宮」バス停前。駐車は資料館西側の府中町公民館へ。
　③月曜日、祝日の翌日、年末年始。

海田町ふるさと館
　　＜見どころ＞　畝観音免公園と一体となり、海田の文化財を地図・資料・ビデオなどで解説。歴史資料室の図書も充実。
　　＜必見資料＞　畝観音免1・2号古墳の横穴式石室と出土遺物など。
　①安芸郡海田町畝 2-10-20（〒736-0005、Tel　082-823-8396）
　②国道2号線の「畝橋」バス停から瀬野川を渡り、ＪＲ山陽本線の踏切を渡るとすぐ。駐車場あり。
　③月曜日、祝日の翌日、年末年始。

東広島市中央図書館三ッ城古墳ガイダンスコーナー
　　＜見どころ＞　三ッ城古墳の解説と市内主要出土遺物の展示。
　　＜必見資料＞　三ッ城古墳の築造過程模型、出土古式須恵器（大型器台）、埴輪、白鳥古墳出土三角縁神獣鏡など。
　①東広島市西条中央 7-25-11（〒739-0006、Tel　082-424-9449）
　②ＪＲ西条駅から「中央図書館前」バス停。図書館内入口横。駐車場あり。
　③月曜日、祝日、年末年始。

東広島市出土文化財管理センター
　　＜見どころ＞　東広島市内・河内町出土の主要遺物の展示・解説。

見学施設

　　＜必見資料＞　黄幡1号遺跡の木樋、二反田1号古墳出土の須恵器（装飾付台付壺子持ち器台）、安芸国分寺跡出土の墨書須恵器、西本6号遺跡出土の墨書須恵器、金銅製馬具など。
①東広島市河内町中河内651-7（〒739-0006、Tel　082-420-7890）
②ＪＲ河内駅から東側の踏切を渡って線路の南側へ。駐車場あり。
③土・日曜日、祝日、年末年始。

戦国の庭　歴史館（吉川元春 館 跡展示室）
　　＜見どころ＞　吉川元春館跡の発掘調査成果、出土遺物の展示解説に加え、関連の万徳院跡・小倉山城跡の出土遺物や資料も展示解説。
　　＜必見資料＞　2個セットの便所桶、居館での生活を示す遺物、元春館跡の造成を示す土層はぎ取り断面、元春館跡復元模型など。
①山県郡北広島町海応寺255-1（〒731-1703、Tel　0826-83-1785）
②中国自動車道千代田ＩＣから国道261号線を北進、「蔵迫中央」交差点から国道433号線を進んで、車で約15分。駐車場あり。
③月曜日、祝日の翌日、年末年始。

安芸高田市歴史民俗博物館
　　＜見どころ＞　安芸高田市の文化財資料の展示・解説。毛利氏の拠城郡山城と関連城館資料の展示・解説。
　　＜必見資料＞　一ッ町古墳出土の亀形瓶（須恵器）、明官地廃寺跡出土の寺院名文字瓦（高宮郡内部寺刻銘）・火炎文軒丸瓦、郡山城跡西谷地点遺跡の郭の版築土層はぎ取り断面など。
①安芸高田市吉田町吉田278-1（〒731-0501、Tel　0826-42-0070）
②吉田市街地の国道54号線「消防署前」交差点から、県道6号線を美土里方面に約400ｍ進む。駐車場あり。郡山城跡見学拠点。
③月曜日、祝日の翌日、年末年始。

大田庄歴史館
　　＜見どころ＞　大田荘、今高野山関係資料、世羅町文化財資料の展示・解説。
　　＜必見資料＞　宇山祭祀遺跡出土遺物、康徳寺古墳出土遺物など。
①世羅郡世羅町甲山159（〒722-1123、Tel　0847-22-4646）

②世羅市街地の国道184号線の世羅町役場東側の交差点から南へ、今高野
　　　山（龍華寺）参道沿い、駐車場あり。
　　③月・火・木曜日、年末年始。

竹原市歴史民俗資料館
　　＜見どころ＞　竹原の文化財資料の展示・解説。江戸時代から栄えた塩田
　　　　　　　　に関する道具・資料の展示・解説。建物は1929（昭和4）
　　　　　　　　年建築の木造洋風建築で、旧竹原書院図書館。
　　＜必見資料＞　横大道1号古墳出土の金銅製冠片、轡・雲珠などの馬具類、
　　　　　　　　毘沙門岩下採集の須恵質陶棺片など。
　　①竹原市本町 3-11-16（〒725-0022、Tel　0846-22-5186）
　　②ＪＲ竹原駅から徒歩約10分。竹原町並み保存地区内。国道185号線「道
　　　の駅たけはら」の駐車場を利用。
　　③火曜日、年末年始。

福山市立福山城博物館
　　＜見どころ＞　福山城関係資料の展示・解説。福山藩政時代資料の展示・解説。
　　＜必見資料＞　宮の前廃寺跡出土の軒丸瓦・軒平瓦など。
　　①福山市丸之内 1-8（〒720-0061、Tel　084–922-2117）
　　②ＪＲ福山駅から徒歩3分。ふくやま美術館の駐車場を利用。
　　③月曜日（祝日の場合は翌日）、年末。（年始は元旦から開館）。

福山市しんいち歴史民俗博物館
　　＜見どころ＞　備後絣の保存・伝承に関する資料の展示・解説。新市町
　　　　　　　　の文化財資料の展示・解説。
　　＜必見資料＞　宮脇遺跡出土の細石器、二子塚古墳出土の遺物（双龍の環
　　　　　　　　頭柄頭など）、尾市1号古墳と相方城跡の復元模型・解説など。
　　①福山市新市町新市 916（〒729-3103、Tel　0847-52-2992）
　　②ＪＲ新市駅から徒歩約10分。駐車場あり。
　　③月曜日（祝日の場合は翌日）、年末年始。

福山市神辺歴史民俗資料館
　　＜見どころ＞　神辺町の発掘資料の展示・解説。神辺城跡関係資料の展示・

解説。
　　＜必見資料＞　迫山１号古墳出土の遺物（環頭柄頭の大刀など）
　①福山市神辺町川北6-1（〒720-2123、Tel　084-963-2361）
　②ＪＲ神辺駅から「神工前」バス停、吉野山公園を経由し、山上へ徒歩約30分。山上に神辺城跡の駐車場あり。
　③月曜日（祝日の場合は翌日）、年末年始。

広島県立歴史博物館
　　＜見どころ＞　草戸千軒町遺跡町並み遺構の実大復元、木組み井戸実物復元展示。瀬戸内の交易・交流を中心とした広島県の歴史資料の展示・解説。
　　＜必見資料＞　草戸千軒町遺跡出土品（国重文）
　①福山市西町2-4-1（〒720-0067、Tel　084-931-2513）
　②ＪＲ福山駅から徒歩５分。ふくやま美術館の駐車場を利用。
　③月曜日（祝日の場合は翌日）、年末年始。

府中市歴史民俗資料館
　　＜見どころ＞　備後国府関係資料の展示・解説。府中市の発掘調査資料の展示・解説。建物は1903（明治36）年建築の旧芦品郡役所庁舎を移築。
　　＜必見資料＞　推定備後国庁跡の発掘調査出土遺物など。
　①府中市土生町882-2（〒726-0021、Tel　0847-43-4646）
　②芦田川南側の府中東高校北側。駐車場あり。国道486号線の「剣先橋」交差点を南へ、府中新橋を渡って南進し、土生の大池北側土手を進む。
　③月曜日、祝日、年末年始。

広島県立歴史民俗資料館（みよし風土記の丘）
　　＜見どころ＞　浄楽寺・七ッ塚古墳群資料の展示・解説。県北地域の古代遺跡資料の展示・解説。
　　＜必見資料＞　矢谷墳墓（国史跡・矢谷古墳）出土の特殊器台・特殊壺（国重文）、寺町廃寺跡出土の軒丸瓦（百済系、水切り瓦）など。
　①三次市小田幸町122（〒729-6216、Tel　0824-66-2881）

②中国自動車道三次ICから国道375号線を東広島方面に進み、「風土記の丘入口」バス停へ。駐車場あり。

③月曜日（祝日の場合は翌日）、年末年始。

庄原市歴史民俗資料館（庄原田園文化センター内）

＜見どころ＞　庄原市の発掘調査遺跡資料の展示・解説。

＜必見資料＞　陽内遺跡出土の深鉢形縄文土器（中期、完形品）、和田原遺跡出土の銅鐸形土製品、尾崎遺跡出土の山陰型甑形土器など。

①庄原市西本町 2-20-10（〒727-0013、Tel　0824-72-1159）

②中国自動車道庄原ICから国道432号線を比和方面へ。「児童公園（南）」交差点そば。駐車場あり。

③火曜日（祝日の場合は翌日）、祝日、年末年始。

庄原市帝釈峡博物展示施設時悠館

＜見どころ＞　帝釈峡遺跡群の発掘調査資料の展示・解説。帝釈峡の自然の展示・解説。

＜必見資料＞　帝釈寄倉岩陰遺跡・馬渡遺跡の出土石器・縄文土器など。

①庄原市東城町帝釈未渡1909（〒729-5244、Tel　08477-6-0161）

②中国自動車道東城ICから県道23号線を庄原方面へ進み、帝釈郵便局の交差点から、まほろばの里へ。駐車場あり。

③水曜日（祝日の場合は翌日）、年末年始。

＜概論＞　知っておきたい考古学から見た地域相

　広島県は瀬戸内海に面し、東西は北部九州と近畿との中間に位置しており、南北は海路で四国へ、日本海方面とはいわゆる石見・出雲・伯耆地域と隣接しているといった地理上の特色ある位置にある。このため、早くから広範な諸文化の交流が著しく、各時代を通して地域特有の文化が造り出されてきた。
　ここでは、考古学から見た広島県ならではの地域文化の様相を概観し、留意点として整理しておきたい。

1　旧石器時代
(1) 環境と遺跡の分布・特徴
　打製石器の使用が特徴である旧石器時代は、日本では大きく前期と後期に区分されるが、現在のところ、ほとんどが後期（3～1万年前）の遺跡である。この時代は、地質学では氷期にあたり、海面が現在より100m以上も下がって、瀬戸内海は陸地で草原が広がり、山間部は落葉樹と針葉樹が混交するといった景観であったとされている。
　県内の後期旧石器時代の遺跡は、現在、70か所以上が知られ、比較的調査研究が進んでいる北部の冠高原周辺や三次・庄原地域、南部の賀茂台地などで多く確認されているが、具体的な生活がうかがえる遺跡は少ない。

(2) 石器製作や住居跡が確認された遺跡
　西中国山地にあたる冠遺跡群（廿日市市吉和）は、冠山の安山岩を石材とし、現地で旧石器時代から縄文時代にかけて石器を製作した遺跡である。石器は、①始良火山灰層（約2万5千～2万2千年前に鹿児島湾付近で噴出した堆積層）以下の石器群、②ナイフ形石器を中心とする石器群、③槍先形尖頭器を中心とする石器群、④縄文時代の石器群、の4段階があることが確認されている。発掘調査とその後の調査で、日本で最大の石器接合資料が明らかになっている。どんな製品がどの地域に供給されたのかなど、今後の研究が待たれる。
　三次・庄原地域では下本谷遺跡（三次市西酒屋町）が知られるが、近年、始

良火山灰層の確認に伴い、旧石器時代遺跡の発見や調査が相次いでいる。

西条盆地の**西ガガラ遺跡**（東広島市鏡山）では、およそ2万年前の、平地式の住居跡6軒や炉跡などが発掘されている。住居跡は楕円形に柱穴が並んでおり、全国的に集落跡の検出例がほとんどないだけに注目されている。

（3）細石器が初めて確認された遺跡

旧石器時代終末頃の資料とされる細石器（細石刃や細石核）が、1946（昭和21）年の**宮脇遺跡**（福山市新市町）の発掘調査で出土している。細石器は小さな剥片を組み合わせ、軸にはめ込み利器とするもので、日本で初めて確認するという歴史的発見であった。この時、基部を深く抉った石鏃（鍬形鏃）や早期の押型文土器なども出土している。遺物は、県立府中高校に所蔵されていた時の目録では、細石器と把握できる刃器・石核・剥片は73点、石鏃は27点（鍬形鏃は少なくとも10点）があり、いずれも安山岩とみられる。

宮脇遺跡は旧石器時代末期から縄文時代早期を盛期とした遺跡としてとらえられる。

2 縄文時代

（1）帝釈峡遺跡群の注目点

1万年前位になると、気候の温暖化が進んで海水面が上昇し、約6千年前の縄文海進期とされる時期には海水面が最も高くなり、現在よりも数m高かったといわれている。瀬戸内海も形成され、落葉広葉樹林帯が広がるなど、自然環境が大きく変わったことが、土器の発明、石器の改良など縄文文化を発展させた。

この時代は、縄文土器の様式の変化によって、草創期・早期・前期・中期・後期・晩期の6期に区分されている。中国山地の**帝釈峡遺跡群**は石灰岩地帯の岩陰や洞窟を利用した遺跡が特徴である。そのため、上帝釈の**帝釈寄倉岩陰遺跡**（庄原市東城町）や下帝釈の**帝釈観音堂洞窟遺跡**（神石郡神石高原町）では、縄文時代全時期の連続した遺物層が堆積しており、層位から土器の編年が確認できたことが大きな成果で、縄文時代研究の標準遺跡とされている。特に、草創期から早期にかけての推移は注目される。また、50か所を超え

概　論

る遺跡は、数箇所の群をなし、それぞれに中核的な遺跡をもつことも確かめられている。

（2）中国山地と交流・交易

　帝釈峡遺跡群の人々は、例えば、石器の石材は、安山岩は冠山産・香川県産、黒曜石は島根県隠岐島産・佐賀県腰岳産・大分県姫島産を使用している。縄文土器は九州や近畿地方の影響がうかがえるものがある。また、装身具の貝製品も海産の貝類であり、日本海、瀬戸内海とのつながりが想定される。中・四国、九州方面との広範囲の交流・交易が日常的であったのであろう。

　同じ中国山地の、早期から中期にかけての**陽内遺跡**（庄原市濁川町）では、墓地とも考えられている土壙群が発掘されており、一つの土壙から、完形の深鉢形土器が出土している。この土器は中部瀬戸内で特徴的な中期の船元式土器（岡山県倉敷市船元貝塚を標式）で、南北の交流・交易によって内陸部に搬入されたとみられる。

（3）瀬戸内沿岸の貝塚

　瀬戸内沿岸の広島湾岸・松永湾岸・福山湾岸などでは、長期にわたって堆積した貝塚を伴う遺跡が営まれているのが特徴である。広島湾内の**比治山貝塚**（広島市南区）は中期から晩期に営まれ、晩期には太田川の堆積作用によって陸地化していったことが明らかとされている。

　松永湾岸では、早くから調査され、「大田貝塚人」と呼ばれる埋葬された60数体の人骨が出土した**大田貝塚**（尾道市高須町）が有名である。前期から後期に営まれているが、中期の土器が多量に出土しているので、この時期が最も栄え、人骨もこれに伴うものと推定されている。

　馬取遺跡（福山市柳津町）も早くから知られている早期から晩期の長期間にわたる遺跡である。中期から後期が最盛期とみられており、特に後期の土器は馬取式土器と呼ばれ、この地域の標式となっている。現在、貝層の断面が覆い屋で保存されており、県内では見学できる唯一の貝塚である。

（4）貝塚と拠点集落

　福山湾岸の西側に位置している**洗谷貝塚**（福山市水呑町）は、県内では最大の貝層をもつ、早期から後期の集落遺跡である。香川県の安山岩（サヌカ

219

イト)の原石を浅い土坑に集めた集石遺構が2か所発掘されており、石材の重量は約45kgと報告されている。これは、石器の原石が四国から洗谷に運ばれ、その後、周辺遺跡などに供給されたとみられ、ここが交易の中継地的役割をもった拠点集落であったと考えられている。

　瀬戸内沿岸部の貝塚を伴った遺跡は、縄文時代の長期にわたって営まれており、各湾岸での拠点集落である。土器の様式から見ると、岡山県を中心とした中部瀬戸内の文化圏に属している。洗谷貝塚の集石遺構や、馬取遺跡・**大門貝塚**(福山市大門町)から大分県姫島産黒曜石の石鏃が出土していることなどは、瀬戸内海を介しての盛んな交易・交流活動を示している。

(5) 縄文時代の落とし穴

　近年、中国山地の**石谷2号遺跡**(庄原市口和町)や**半戸1号遺跡**(庄原市高野町)の発掘調査で、動物を捕獲する縄文時代の落とし穴がまとまって検出されている。石谷2号遺跡では、比高が60m余りの丘陵上や緩やかな斜面に等高線に沿うなど、4列の状態で合計約40基の土坑が見つかっている。斜面に並ぶ列の場合は、平面がおよそ1.5×1mの長方形から楕円形、深さ1.2m前後、底に直径15〜20cmの小穴がある土坑が、5〜6m間隔で等高線に沿って6基並んでいた。また、別の列では、同様の状態で7基並んで検出されている。落とし穴に伴った遺物は出土していないが、列ごとに時期が異なっていたことも考えられている。これらの遺跡は縄文中期から後期頃に比定されており、比較的長期にわたる猟場であったことも推測される。

3　弥生時代

(1) 水稲耕作の伝播と発展

　広島湾東側の海岸に面していた**中山貝塚**(広島市東区)は、県内では弥生時代の最古級の遺跡であるが、集落の様子については明らかでない。海が生活の中心であったとみられるものの、前期の弥生土器は北部九州系のものであり、水稲耕作が伝播していたことが考えられる。

　西条盆地の**黄幡1号遺跡**(東広島市西条町)は、前期から中期の集落遺跡で、木樋を使用した水路の検出と、木樋周辺から鍬、鋤先、板材など多くの木製

品が出土しているのが特徴である。水路は、両岸に木杭を打ち込んで護岸と
した幅約60cm、深さ約40cmの規模で、中に木樋を設置したものである。木
樋はヒノキの丸太を半分にし、内側を刳り抜いて作られており、長さ約5m、
幅約50cmの規模である。出土土器から中期のものとみられている。周囲で
は竪穴住居跡や掘立柱建物跡も検出されており、水路・木樋は水稲耕作に関
わる施設であった可能性が高い。

(2) 年輪年代測定を行う
　黄幡1号遺跡の木樋のそばから出土したヒノキ板材が、年輪年代測定でき
たことは注目される。木樋そのものは厚みが薄いので測定困難とされ、側の
板材や杭類から選定されている。測定対象の板材は、心材に続く辺材部で行
われており、紀元前200年代を示すものが原木の伐採年代に近い年代を示し
ているとされている。木樋の構築時期も紀元前200年前後と推定されており、
これまでの中期の年代観とは少なくとも100年は古くなる。すると、前期は
さらにさかのぼることになるだろう。

(3) 環濠 (溝) 集落の様子
　芦田川下流域の亀山遺跡 (福山市神辺町) や大宮遺跡 (同左) は、前期から
中期にかけての環濠 (溝) 集落である。**亀山遺跡**は、比高が約20mの独立
丘陵に営まれ、2重の環濠を基本としながら、最終的には南北約160m、東
西約130mの環濠としている。**大宮遺跡**は平地に営まれ、3重の環濠で囲ま
れていたと考えられている。両遺跡とも、環濠内の遺構については明らかで
ないが、当時は海岸付近に立地していたとみられ、前期の早い段階で、北部
九州から水稲耕作を伴う環濠集落が、先ず亀山遺跡で取り入れられ、やがて
大宮遺跡が営まれたものと考えられている。近隣にある両遺跡は、低丘陵上
と平地といった立地の違いがあるが、ここにどのような背景があったのか研
究の課題がある。

(4) 地域独特の塩町文化
　中期から後期にかけ、三次盆地を中心とした江の川支流域では、塩町式土器
と四隅突出型墳墓が一体となった独特の地域文化(塩町文化)が形成されている。
　塩町遺跡 (三次市大田幸町) は、馬洗川に支流の美波羅川が合流する付近の

比高が約30mの丘陵に営まれた集落跡である。1954（昭和29）年に発掘調査され、出土した多くの弥生土器に、凹線文という太めの沈線を竹ベラなどでめぐらし、これに刻み目や刺突を加えてめぐらすなど、装飾性の強い特徴的な文様が認められた。この土器は塩町式土器と呼んで、この地域の中期後半期の標式とされている。塩町式土器の分布状況をみると、備後地域北部に集中して出土しており、安芸地域の南部や島根県沿岸部などにも散見されるといった強い地域性がうかがえる。

（5）四隅突出型墳墓は塩町地域集団の墓

塩町式土器は、しばしば近隣の四隅突出型墳墓に供献された状態で出土している。馬洗川右岸の**陣山墳墓群**（三次市向江田町）では、尾根上の長さ約40mの範囲に、5基の四隅突出型墳墓が整列した状態で発掘されており、いずれの墳墓からも塩町式土器の壺や甕などが出土している。また、馬洗川左岸の**宗祐池西遺跡**（同市南畑敷町）、美波羅川右岸の**殿山墳墓群**（同市大田幸町）で検出されている四隅突出型墳墓でも塩町式土器が出土している。

塩町遺跡が存在している馬洗川と美波羅川が合流する付近に、塩町式土器を製作した有力な地域集団が台頭し、その長や実力者が、初めて四隅突出型墳墓を造り出したものと考えられるだろう。

（6）王墓に発展した四隅突出型墳墓

四隅突出型墳墓は、平面が方形や長方形の台状をなし、その四隅が突出した墳墓で、土壙墓など複数の埋葬主体部をもつものが多い。県内では、西は山県郡北広島町から東は庄原市にかけての県北地域に分布し、現在（2013年5月）のところ、10遺跡17基が知られ、中期から後期に営まれている。出雲地域と吉備地域の影響が顕著な**矢谷墳墓**（三次市東酒屋町）は最後の四隅突出型墳墓であり、馬洗川流域で弥生時代末期に最大の勢力を持った、最初の地域首長墓（王墓）としてとらえられる。県外では、後期に島根県や鳥取県で発展しており、**西谷墳墓群**（島根県出雲市）のように、出雲国の王墓といわれる大墳墓も築造されている。

（7）西本6号遺跡にみる後期の集落

後期には、集落が県内全域に分布しており、中でも大規模な開発に伴って

概　論

発掘調査が実施されている広島湾周辺、西条盆地と周辺などに大きな集落遺跡がみられる。

　西条盆地の**西本６号遺跡**（東広島市高屋町）は、南北約500ｍの範囲に居住地と墓地（墳墓）が区分されて営まれた集落跡である。竪穴住居や掘立柱建物などの建物跡は、丘陵のなだらかな斜面に100軒以上が存在し、墳墓はやや離れた丘陵頂部付近の小高い場所に設けられている。そこには土壙墓、箱式石棺墓など約170基が群在し、未発掘の範囲にも広がっている。頂部にある10数基はやや大きめの土壙墓で、近接して整然と並んであり、そのうちの一土壙墓から舶載品らしいガラス製の切子玉（長さ１㎝）が１点出土している。表面は六角形にカットしており、鮮やかな青緑色である。この被葬者は、墓の立地と合わせてみると、集団のリーダー的存在であったとみることができるが、墓そのものは集団墓地の一つで、突出した内容はない。

（8）河原石で墓を造った集団

　太田川下流域左岸の口田から高陽地域に、後期の終わり頃、太田川の河原石で構築した竪穴式石室や箱式石棺墓が集中して営まれており注目される。

　西願寺山遺跡群（広島市安佐北区）では、土壙墓とともに河原石による７基の石室や石棺があり、その周りに河原石を敷き詰めた状況が見られた。これらからの出土品は少量であるが、鉄製の武器や農工具の副葬に特徴があり、中には、舶載品と考えられる鋳造の鉄斧を出土したものがある。

　梨ヶ谷遺跡（同）は、丘陵の高い場所に住居群、川際の低い場所に墓地が営まれた集落跡である。墳墓は土壙墓群と、やや離れて墓域を区画した中に、河原石による２基の竪穴式石室が並列して発掘された。その一石室には武器や農工具の鉄器が副葬されていた。

（9）太田川河口に渡来人が移住か

　河原石を使ったこれらの墳墓の特徴を整理すると、①太田川左岸に接した丘陵上に位置している、②南北１㎞程の範囲内で営まれている、③石室はこの地域の竪穴式石室の初現のもので、河原石の使用は、古墳時代前期の**弘住１号古墳**（同）でも認められる、④副葬品は農工具の鉄器が主で、舶載品とされる鉄斧もある、などがあげられ、地域・時期・墓の形態が極めて限定さ

れたものであることが知られるのである。
　この地域は、当時は太田川の河口で、瀬戸内海と直結していた。河原石にこだわっているのは、材料がすぐ眼下にあったことに加え、太田川や広島湾の船運を管理・掌握したことの表れであったとみておきたい。外来の鉄斧は瀬戸内海航路を利用したもので、3世紀に朝鮮半島と倭国との交流・外交の中で、ここが渡来系集団の一移住地域となった可能性も考えられる。

4　古墳時代（前～中期）
（1）前期では最大級の前方後円墳が確認

　安芸高田市甲田町の**甲立古墳**は、2010（平成22）～2012年の確認調査で、墳丘全長約77mの前方後円墳で、出土した円筒埴輪から前期古墳であることが明らかとなった。墳丘は後円部は3段、前方部は2段の築成で、各段で原位置に立つ円筒埴輪が確認され、めぐらされているようである。表面には、段を除く斜面全体に葺石が施されている。後円部の頂部平坦面では、周縁の円筒埴輪列にかなりの数の楕円筒埴輪が混在している。また、その内側で、小さな礫敷上に家形埴輪5個ほどが並んで出土したことも県内では例のない注目点である。主体部上部での葬儀に関わるものとも推察できる。埋葬主体部については未掘であるが、南北の中軸線に沿った長さ約8.8m、幅約3mの大型墓坑が確認されており、今後の確認調査が待たれる。
　県内の前期の前方後円墳で、墳丘が60m以上のものは、帝釈川上流域の**辰の口古墳**（全長約77m、神石郡神石高原町）、芦田川下流域の**尾ノ上古墳**（全長推定60m、福山市加茂町）と甲立古墳の3例であり、甲立古墳はこの時期のものとしては最大級の墳丘である。

（2）開発で崩壊した前期の前方後円墳

　芦田川の支流の加茂川流域で、1999（平成11）年に発掘調査された**尾ノ上古墳**は、現在のところ芦田川下流域では最古の前方後円墳とみてよい。加茂の谷の最も奥側に位置し、芦田川下流まで見渡せる好所である。谷に延びる尾根上に築造され、前方部は低い先端側に設けている。開発により前方部のほとんどや、後円部の主体部が崩壊していたが、竪穴式石室が存在したこと

が確認されている。墳丘は後円部が3段、前方部が2段築成で、壺形埴輪や円筒埴輪がめぐり、葺石が施されているなど、甲立古墳と類似点が多い。尾ノ上古墳と甲立古墳は、それぞれの地域で、ヤマト政権と最初に同盟した地域首長（地理的・経済的に一定のまとまりをもつ地域を統治した首長）墓であったと考えられ、県内の古墳時代前期の動向を知るうえで重要な位置を占めている。

(3) 県内最大の前方後円墳は阿岐王国の王墓

三ッ城古墳（東広島市西条中央）は、県内の他の前方後円墳と比べると突出して大きな規模（墳丘は全長92m）である。畿内のものと比較すれば小型ともいえるが、全国的には、地方の古墳としては地域最大級の一例といえよう。畿内の5世紀代の大王墓の基本形態を模したものとして注目され、極めて政治的な背景のもとに営まれたことを物語っている。

三ッ城古墳が築造された中期は、ヤマト政権が大王墓に巨大な前方後円墳（応神陵古墳や仁徳陵古墳など）を営んだ「倭の五王」の時代である。安芸地域において、前期の前方後円墳が集中的に分布しているのは太田川の河口付近であるが、これに続く中期の大型古墳は認められず、突出した三ッ城古墳が、瀬戸内沿岸から離れた西条盆地に出現するのである。

早くから「阿岐国造」の墓といわれてきたように、とりまく環境からみても、広域首長（いくつかの地域首長をまとめ、広域統治を行った首長）墓であることは確かである。三ッ城広域首長は、県北などを含めた備後地域を視野に入れるために西条盆地に拠点を置き、広島湾岸をはじめ、瀬戸内海の海上交通を掌握することでヤマト政権を後押しし、その結果、安芸地域および周辺を広く統治したものと推察される。この範囲を「阿岐王国」としてとらえるなら、三ッ城古墳は、その国王阿岐直の王墓といえるであろう。

(4) 三次地域の帆立貝形古墳は密集度全国一

前方後円墳の前方部が短小のもの（A類）や、円墳に小さな方形の造出しが付いているもの＝造出し付き円墳（B類）を合わせて帆立貝形古墳と呼ぶとき、広島県には60数基があり、これは全国で最も多い数といわれている。その中の50数基が三次地域（合併前の三次市・双三郡）の馬洗川と支流域に集中している。こうした分布状態の特徴に加え、造出し付き円墳（B類）には、

225

糸井大塚古墳（全長約65m、三次市糸井町）、八幡山1号古墳（全長約45m、同吉舎町）、海田原4号古墳（全長約42m、同左）、三玉大塚古墳（全長約41m、同左）などのように、広域首長墓に該当する大型帆立貝形古墳が継続して含まれることが注目されるのである。

帆立貝形古墳は5世紀を中心とした中期古墳が多いが、これに連動するかのように、大小古墳が墳裾を接しながら密集する現象が、主として馬洗川流域に認められる。この状況は県内の他地域では見られない大きな特徴であり、その典型的な例が、みよし風土記の丘の浄楽寺・七ツ塚古墳群である。

（5）浄楽寺・七ツ塚古墳群の注目点

浄楽寺古墳群は116基が群在しており、その中に帆立貝形古墳（B類）が1基（1号古墳）あるが、最大の墳丘のものは円墳の12号古墳（直径約46m）であり、県内最大級である。これに次ぐものも円墳（37号古墳・直径約30m）で、帆立貝形古墳の1号古墳はさらに小規模である。

七ツ塚古墳群は、丘陵頂部付近には約40基が群在し、この中に前方後円墳1基、帆立貝形古墳（B類）2基が含まれている。最大の円墳である15号古墳（直径約28m）は、古墳群の主墳であるかのように丘陵の最も高い場所に築造されている。このような両古墳群のあり方は、帆立貝形古墳が集中した分布圏にありながら、古墳群の最有力者の墓は円墳にこだわっていたと考えられ、広域首長墓に該当する浄楽寺12号古墳が帆立貝形古墳（B類）ではなく、大型円墳であるということが留意されるのである。

浄楽寺古墳群と七ツ塚古墳群はやや離れたグループではあるが、連続した丘陵上に営まれており、同一の古墳群としてとらえることができる。したがって、総数176基であるが、七ツ塚古墳群を丘陵上部のものに限ると、150基余りの古墳群とみられ、他例のない密集状態といえる。

（6）他地域で例のない馬洗川流域の群在した古墳

浄楽寺・七ツ塚古墳群と類似した密集状態を示す古墳群としては、馬洗川の右岸に四拾貫古墳群（小原支群・太郎丸支群・日南支群）や、少しさかのぼった三良坂町の稲荷山古墳群などがある。**四拾貫古墳群**は全体で約140基であるが、中心的な位置にあるのが約50基の太郎丸支群である。ここでは帆立

貝形古墳が複数基含まれるが、直径約 30 m の円墳が主墳となるようである。

稲荷山古墳群は最近の測量調査などで、古墳群の概要が知られてきている。馬洗川左岸に向けて延びる丘陵尾根線に 68 基が確認されており、全て円墳である。主墳となるのは頂部付近の**Ｄ－16号古墳**（これまでＤ－8号古墳と呼んでいる）で、測量結果では、直径 36 × 38 m、高さ 4.2 〜 7m で、3 段築成の円墳と報告されている。埋葬主体部などについては未発掘のため明らかではないが、5 世紀後半頃の築造と考えられており、広域首長墓の範囲でとらえられる。また、この古墳は「一世代限りの首長墳であった」と想定されているが、ここに古墳群の成立背景を探求するポイントがあるだろう。

(7) 密集度の極めて高い三古墳群の歴史的背景

馬洗川に美波羅川が合流する地域から三良坂・吉舎にかけての馬洗川流域には、小古墳の群在箇所は多いものの、上記の三古墳群の密集度は特異である。これらの古墳群には次のような共通した留意点がある。

①馬洗川に向けて延びる一連の緩やかな丘陵上に営まれ、立地範囲が極めて限定されている。②小円墳を中心に、多くが墳裾を接しながら密集している。③主墳は大型円墳（直径 40 m 級）1 基で（四拾貫古墳群には不在）、大型の帆立貝形古墳は含まれていない。④5 世紀を中心に築造されている。

密集度の高いことでは、奈良県橿原市の新沢千塚古墳群の群集ぶりを想起させる。小円墳を中心とした立地状態は極めて類似しており、築造盛期が 5 世紀であることも共通する。発掘調査された古墳からは渡来系の金・銀製品が多量に出土しており、飛鳥地域に居住した百済系の渡来集団東漢氏に関わる古墳群との見方も有力である。四拾貫古墳群の小原 1 号古墳からは百済式の陶質土器片が出土しているが、限定された密集度の背景には、百済・伽耶（加羅）などからの渡来集団による大規模移住といった政治的要因も視野に入れる必要があるだろう。

(8) 5 世紀頃の芸備地域の勢力図

古墳時代中期の 5 世紀頃、「倭の五王」と呼ばれたヤマト政権の大王は、中国との外交を背景として、全国の統治を強力に進めていたとされる。同じ頃、安芸地域では、西条盆地を拠点に三ッ城広域首長がヤマト政権と同盟し、

特に瀬戸内海を含む南半部を広く統治して、「阿岐王国」を形成していた。一方、県北部の三次地域では、弥生時代の塩町文化以来、地域の独自性が強かった馬洗川中・下流域地域を中心に、「三谷王国」と呼ぶべき地域小国が成立したものと推察される。この最初の王（広域首長）が**糸井大塚古墳**の被葬者と想定できるが、ヤマト政権が全国統治を推し進めているとき、「阿岐王国」（王は三ッ城古墳の被葬者）との同盟を余儀なくされるなかで、王墓としては最初に帆立貝形古墳（B類）を営むことになったのではないだろうか。

5 古墳時代（後〜終末期）
（1）玄門式横穴式石室の分布の特徴
　横穴式石室は、奥の部屋の玄室と入口側の羨道からなるものが多い。その境に門構えの石組みで玄門を設け、玄室と羨道とを区分しているものがあるが、これは両袖式や片袖式とは異なる構造なので、玄門式と呼ぶ。玄門式石室の故郷は北部九州とみられるが、県内では特定の地域に偏って分布することが注目される。河川の流域で見ると、三次へ流れる可愛川下流域とその支流戸島川流域に集中している。二つの流域は、はぼ直線的に南北に長い流域平野を形成しており、まとまりやすい地域環境にあるといえる。最も北側にある顕著な古墳が**粟屋高塚古墳**（三次市粟屋町）で、6世紀後半の地域首長墓であろう。また、最も南側には7世紀になって、玄門式石室としては最大級の**戸島大塚古墳**（安芸高田市向原町）が築造され、両河川流域を広く統括した広域首長墓としてとらえられる。

　玄門式石室は、山陰方面からまず、可愛川下流域に伝えられ、さらにさかのぼって支流戸島川流域に展開したもので、この古墳の分布域が、古代に「高田郡」として形成されるのである。

（2）横穴式石室の床面に須恵器を敷く古墳
　横穴式石室に関する県北部の地域的特徴としてあげられるのが、石室の床面に須恵器を敷いたものがあることで、これまで発掘調査によって20数例知られている。北広島町、安芸高田市、三次市、庄原市など北部に広く分布し、瀬戸内沿岸部には見られない。県外では、島根・鳥取県の横穴墓で散見

されるくらいである。

　この「須恵器敷床」は、①完形の杯身や蓋を敷いたり、②完形のものと破砕した断片を混交して敷いたり、③甕なども加えて破砕した断片だけを敷いたりしている。多くの例は木棺をおく大きさの範囲に敷かれているとみられる。したがって、棺床・棺台の役割をもつもので、床面に平石を敷いたり、棺台石を配置したものと同じ意味の施設としてとらえられる。

(3) 須恵器敷床の意味

　石室奥の床面に敷石した例は比較的多いが、この石の下側からも耳輪や玉類などの遺物がしばしば出土し、敷石が追葬にあたって敷かれたものであることがわかっている。須恵器敷床も同様の例が知られており、石に代わって焼きの硬い須恵器が用いられたと考えられる。即ち、追葬または改葬にあたって、埋葬する床面を浄化して造りかえた施設であり、最初の埋葬時には無かったものである。須恵器敷床は埋葬にあたっての葬送儀礼の一つとしてとらえられ、広島県北部の、須恵器にこだわりを持った特定の地域集団で流行した地域文化といえるのである。

(4) 竜山石製の家形石棺が沼田川下流域に集中

　三原市街地から沼田川を少しさかのぼると、本郷町の市街地南側で、西から尾原川が合流する。以前はこのあたりまで船運があり、瀬戸内海と直結していたようである。尾原川流域には、兵庫県高砂市付近で産する竜山石で作られた家形石棺が4組（刳抜き式が2組、組合せ式が2組）もたらされており、その歴史的背景が注目される。これらは早くから古墳外へ持ち出されているが、全て横穴式石室に納置されていたとみてよい。

　竜山石は、早くからヤマト政権の王族や特定の有力豪族が利用してきた石棺材である。この地域の竜山石製家形石棺は、6世紀末から7世紀前半頃、瀬戸内海から沼田川を経由して製品が運搬されたものとみてよいが、当時、ヤマト政権の管理下で作製・配給されたと考えられる竜山石製家形石棺が、なぜこの沼田川・尾原川流域に集中しているのであろうか。

(5) 県内最大級の横穴式石室・梅木平古墳

　沼田川と尾原川の合流点に近い山麓に、県内では最大規模といえる巨大な

横穴式石室をもった梅木平古墳(本郷町下北方)が築造されている。玄室の奥壁は横長の大石を3段積み、両袖式の形態をなした畿内型石室である。石室内には家形石棺などは無く、出土遺物も知られていない。石室の構造から見ると、6世紀末から7世紀前半にかけて、梅木平古墳→貞丸1号古墳→貞丸2号古墳の順に築造されており、この地域の最初の広域首長墓である。貞丸1・2号古墳の状況からみると、梅木平古墳に竜山石製家形石棺が納められていた可能性が高く、尾原川流域の竜山石製家形石棺をもつ古墳と一体的にとらえられるべきである。この時期にヤマト政権との特別の関係が生まれていたとみることができる。

(6) 花崗岩製の家形石棺2組を納めた御年代古墳

竜山石製家形石棺をもつ古墳が営まれた後の7世紀半ば以降、花崗岩切石で造られた御年代古墳(本郷町南方)が築造されており、終末期の畿内型石室として非常に注目される。石室は、各壁が1段を基本とした石組みである。玄室は前後2室に分けられ、各部屋に花崗岩製の家形石棺(刳抜き式)を置いている。このような特徴は、畿内ではヤマト政権の特定の有力者の古墳で認められ、地方では極めて稀である。石室、石棺とも花崗岩にこだわっているとみられ、この背後には、竜山石製家形石棺をもつ古墳の後を継承するかたちで、沼田川下流域に影響力を持たねばならなかったヤマト政権の政策を読みとることができるのである。

(7) 7世紀後半に古代の各国が誕生

梅木平古墳の東方には、7世紀後半に創建された県内では最古級の横見廃寺跡(本郷町下北方)があり、奈良県明日香村の檜隈寺跡などと共通した火炎文の軒丸瓦が出土している。6世紀後半頃から7世紀にかけて畿内色の濃厚な古墳や寺院がこの地域に連続して営まれたことは、沼田川下流が安芸国と備後国との境界となったことと関わるものであろう。その時期については文献でも明確ではないが、『日本書紀』には天武13(684)年に「諸国の界を定めた」との記述があり、7世紀末であったとされる。御年代古墳の石室・2個の家形石棺は、畿内以外では極めて珍しく特異なもので、被葬者は古代国家の建設にあたり、国境設定に深く関与した人物を想定できる。

概論

(8) 吉備品治国の古墳

　県東部の芦田川下流域には、備後国が成立する以前に吉備品治国造と吉備穴国造が存在しており、それぞれ小国を形成していたと推察されるが、それらの拠点には、後期の傑出した横穴式石室墳が認められる。
　福山市駅家町の服部川流域には6世紀後半からの畿内型古墳が集中している。**山の神古墳**は、奈良県橿原市の沼山古墳と極めて類似した石室構造で、高取町にかけての穹隆状石室と密接な関係のもとに営まれたことがわかる。この形態の石室は渡来系氏族の東漢氏が被葬者と考えられている。その後、前方後円墳で両袖式の石室を構築した**二子塚古墳**から、**二塚古墳-大迫金環塚古墳**の大型石室が連続して営まれ、共通して優れた金銅製の副葬品とともに、この3基は吉備品治国の王墓としてとらえることができる。

(9) 芦田川下流域に集中する終末期の横口式石槨墳

　この地域に横口式石槨墳が3基存在することは、早くから豊元国が「備後における三個の特殊石室墳」として報告し、注目されてきている。横口式石槨墳は、一般的に横穴式石室墳の造営が終了した後も、特定の地域で、特定の人物を対象にして築造され、原則、単葬墓である。畿内以外の地方で営まれている場合は大変例外的なことで、特別な歴史的背景があったためである。
　この地域の3基は、①花崗岩の切石を巧みに組んで構築され、②石槨の前に羨道を付設した形態で、③石面に漆喰を塗っている、という共通した特徴がある。**猪の子1号古墳**（福山市加茂町）は、石槨部長さが2.82 mあり、最大級の長さとして注目されることや、左右対称を強く意識した**曽根田白塚古墳**（同芦田町）は、石室から変化した例ともいわれることも特記される。

(10) 尾市1号古墳の注目点

　尾市1号古墳（同新市町）は墳形、石槨の数・配置が最大の特徴である。正八角形墳であるが、墳丘内の円形の石列と合わせると、上円下八角墳であるといえる。正八角形墳は、畿内では大王墓級に限定されている墳形である。主体部の石槨は3個あり、全体の平面が十字形をなすという例のない構造である。2人を並列して合葬する例は、発掘調査で八角形墳であることが確認された奈良県明日香村の牽牛子塚古墳があるが、3人を埋葬するこのよ

うな石槨配置はみられない。

　次に、古墳築造にあたっての基準点が確認できることも県内では例がない。中央石槨・羨道の中央を走る南北基準線とこれに直交する東西基準線があり、その交点（中央石槨の南端中央）が設計の原点である。東西・南北基準線の端部が八角の稜角部にあたり、墳形と主体部が一体で設計されていることがわかるのである。

(11) 横口式石槨墳の被葬者像

　奈良県の石槨墳は、被葬者はほとんど王族と考えられているが、地方の場合は、それに有力官人が候補としてあげられる。7世紀の後半はヤマト政権が古代統一国家の建設を進めている時期であり、各国の設定が重点政策であった。中でも、吉備の勢力を地方組織に位置付けることが大きな課題で、まず、吉備西端の「備後国」設置を企図したのであろう。『日本書紀』に出てくる壬申の乱で活躍した「大分君」の例から推察すると、芦田川下流域の石槨墳に葬られた人物は、「吉備品治国」出身の有力者が、天武朝で功績をあげて中央官僚となり、「備後国」設置の使命を受け、それを現地で遂行した官人達であったと考えられる。

6　古代（奈良〜平安時代）

(1) 神社形式の祭祀建物

　弥生時代後期の大集落跡が発掘されたことで知られている**西本6号遺跡**（東広島市高屋町）で、白鳳期（7世紀後半）の掘立柱建物跡群が規則的に検出されている。丘陵の東側斜面を利用しており、溝と柵で南北約100m、東西約80mの方形の区画を造り、この中に、同じ時期に建てられていたと考えられる8棟の掘立柱建物が検出されている。このうち、中央に位置している棟持柱付きの高床建物（桁行4間、梁行2間）と、その南隣りの四面庇付き建物（桁行5間、梁行4間）が中心的施設である。前者は総柱で、南側を入口とした特異な建物で祭殿、後者は建物群の中で最大の建物で主殿と想定し、祭祀と官衙的性格を持つ神社形式の遺構とも考えられている。

概　論

（2）西本6号遺跡の墨書土器
　建物跡群を取り囲む南北の溝から須恵器の杯身・蓋、高杯、壺、土師器椀など多くの土器が出土しており、その中に墨書された高杯がある。口径10.5cmのもので、杯部の一部と脚部は欠損している。杯部の内面に「解□」の2文字があり、「解除」との解釈が示されている。高杯で、内面に墨書という記し方は祭祀に伴うものとされる。「解除」と読むとき、天武朝に始められたとされる諸国大祓との関連が考えられている。遺構や出土遺物が、天武・持統朝という短期間に位置付けられることが、本遺跡の性格を物語るものである。

（3）『日本霊異記』に記された三谷寺
　寺町廃寺跡（三次市向江田町）は、平安時代の説話集『日本霊異記』に「備後国三谷郡の大領の先祖が、百済国から禅師弘済を招いて造った三谷寺」と記された寺院であることは、発掘調査の結果からもより確かとなっている。地方の寺院跡で古代の文献から寺院名が知られる例は稀である。
　発掘調査によって法起寺式伽藍配置が明らかとなっている。県内の白鳳期創建の寺院跡で、これほど遺構が良好に残っていた例はない。素弁蓮華文の軒丸瓦は百済の様式であり、また、建物の塼積基壇は、百済の軍守里廃寺などと類似した仕様とされる。三谷寺は百済文化を取り入れた、この地域最古の寺院であり、地域文化発展の拠点として注目されるのである。
　寺町廃寺跡で出土した軒丸瓦は、創建期の7世紀後半から平安時代の初め頃までの様式があるが、各様式に下端部を尖らせたいわゆる「水切瓦」が認められることが知られている。この瓦は、三次市の**上山手廃寺跡**、**寺戸廃寺跡**で使用され、馬洗川下流域特有の地域文化である。県内では**明官地廃寺跡**（安芸高田市吉田町）、**横見廃寺跡**（三原市本郷町）に伝播し、県外では出雲市（神門寺境内廃寺跡）、岡山市（大崎廃寺跡）などで認められ、当時の地域間交流の範囲を知ることができるのである。

（4）同一伽藍の設計で建立された二つの寺院跡
　上山手廃寺跡は、法起寺式伽藍を基本としながらも塔跡などが検出されていないが、寺町廃寺の建立がなった後、同じ規格（設計図）で造営されたと

考えられている。両寺院跡は直線距離で1.2kmほどの近隣にあり、共に古代三谷郡の三谷郷に位置すると想定され、郡司クラスの在地の有力者が関わって、互いに密接な関係にあったことは確かである。このような状況について、『出雲国風土記』に記された、大原郡斐伊郷(ひのさと)にある二か所の新造院との共通性が指摘されている。斐伊郷には、郡家の近隣に、郡司など在地の有力者によって造営された僧寺と尼寺とが存在していた。三谷郷の場合は、寺町廃寺を三谷僧寺、上山手廃寺を三谷尼寺に比定することが可能である。天平期になって、国毎に国分寺と国分尼寺が建立されていく政策のきっかけ、あるいは先取りともいえる姿（森浩一『僕の古代史発掘』角川書店2003）を、この地域で具体的に見ることができるのである。

（5）出土の文字瓦は寺院名

寺町廃寺が文献から三谷寺であることが明らかにできるのに対し、出土した文字瓦によって寺院名が確認できたのが明官地廃寺（安芸高田市吉田町）である。これまでの調査で金堂や塔の建物跡が検出されているが、全体の伽藍配置については不詳である。

文字瓦は塔跡付近の瓦溜まりから出土し、文字は平瓦の凸面にヘラで書かれている。縦書きの二行で、一行目が「髙宮郡」、二行目に「内マ寺」(たかみやぐんうちべごう)(マは部の略字)とある。このあたりは、古代には髙宮郡内部郷にあたり、郷名を寺院名としていたとみられる例として注目される。

（6）火炎文の軒丸瓦も出土

明官地廃寺跡の軒丸瓦には、蓮華文に火炎文(かえんもん)と呼ばれる文様を加えたものがある。火炎文の瓦は奈良県では山田寺式といわれ、県内では横見廃寺跡（三原市本郷町）や**正敷殿廃寺跡**(しょうしきでんはいじ)（安芸高田市向原町）で出土している。奈良・明日香→沼田川下流域・横見廃寺→可愛川中流域・内部寺の文化経路でもたらされたとみられ、東漢氏(やまとのあやし)との関わりが深いことが推定されている。

また、軒丸瓦に水切瓦が見られることも留意点で、郡名を寺院名とした馬洗川下流域の三谷寺（寺町廃寺）との交流を示すものである。

（7）安芸国分寺跡出土の墨書は語る

歴史公園として整備されつつある**安芸国分寺跡**で、僧坊跡(そうぼう)の東側で大型の掘

概　論

立柱建物跡が検出されている。桁行（東西）7間、梁間（南北）2間の建物に、南と北に庇が1間付けられている。近辺からは「国院」や「国師院」と墨書された須恵器杯身や蓋が出土しており、この建物は、中央から派遣された国師と呼ばれる僧侶の居所である国師院跡とみられている。各国の仏事や寺院の監察を行ったとされる国師の居所・役所が国分寺内に設けられていたことになり、これまで発掘例がない。また、国師院跡の北東では、講師院跡と推定される建物跡も検出されており、寺域が拡大してきている。このような新たな建物跡の存在は、安芸国府の所在地を探求・推定するうえで一石を投じるものといえよう。

7　中世（鎌倉～室町～戦国～安土桃山時代）

(1) 都市遺跡の現状

　県内の都市遺跡としては、交通・交易の港町として知られる**草戸千軒町遺跡**（福山市草戸町）、**鞆市街地遺跡**（同鞆町）、**尾道中世遺跡**（尾道市土堂町など）、**宮島中世遺跡**（廿日市市宮島町）などが知られる。

　草戸千軒町遺跡は、当時は深く湾入した福山湾近くに形成され、鎌倉時代後半から戦国時代前半にかけての長期にわたる都市・集落遺跡である。発掘調査は、1961（昭和36）年以来30数年間にわたり、面積は約6万7千㎡が実施され、実に膨大な資料が得られている。遺跡は調査地域にとどまらず、芦田川東側の市街地に及び、全体としては1km四方とも想定されているので、発掘調査が終了したわけではない。

　他の上記の遺跡も現在市街地の地下にあり、工事や開発などに伴う発掘調査の際、何層もの遺構の堆積が確かめられてきているが、制限された範囲での調査なので、全体像をつかむに至っていないのが現状である。

(2) 広島県で特筆される製鉄遺跡

　製鉄遺跡は、山間部の北広島町で調査が進んでいる。**坤束製鉄遺跡**（山県郡北広島町）は、丘陵斜面を断面がL字状に削って作業場をこしらえ、製鉄炉と鞴座、砂鉄置き場、炭置き場を設けており、敷地内には、燃料の炭を焼く炭窯まである。13～14世紀に操業されたとされ、同様の遺跡は北広島町の旧豊平町域だけで約200か所が確認されており、その集中ぶりが注目

235

される。発掘調査された槇ヶ原製鉄遺跡（同）、矢栗製鉄遺跡（同）と合わせて三遺跡が県史跡に指定されている。

（3）城館遺跡の現状

　中世の諸遺跡のなかでも、城館跡は山を利用したものが多く、容易に目視することができ、地元に伝承が残ることもあって、古くから注目されてきたという特徴がある。県内には約1300か所が知られているが、大規模なものは全体の1割程度で、半数以上は、面積が3000㎡以下の小規模なものである。また、城館跡に関わる同時代の記録が残るものも全体の1割程度しかない。

（4）城館遺跡の出現

　鎌倉幕府の成立や承久の乱の後、西国には多数の東国武士が地頭として入ってくる。武士たちは新しい領地に定着するが、その実態は明らかではない。この時期から南北朝期にかけての領主の館とされるのは、小早川氏と関わる三太刀遺跡（三原市本郷町）や御薗宇城跡（東広島市高屋町）などがある。低丘陵をうまく利用して土塁に見立て、広大な敷地を確保したものである。芸備地方は、台地や平地の広がる東国とは異なり、丘陵とそれを刻む谷地形が多いことから、東国風の方形館が造りがたかったのかもしれない。

　これらの領主は、館の他に城を持つ。それは、吉川氏の駿河丸城跡（山県郡北広島町）や枝の城跡（同）のように、低丘陵先端の背後を掘り切っただけの小規模なもので、遺構は掘立柱建物と柵のみ、遺物はほとんどみられず、生活の痕跡が薄いものである。これは、史料にみられるように、緊急時、臨時に立てこもるための施設である。つまり、日常的には館に住み、緊急時に城に立てこもったことが知られる。

（5）砦は村の城

　西遷してきた武士は、自領を保持あるいは拡大すべく互いに争うが、在地の農民も、緊急時に自らを守るため、共有の村の城を持った。小規模で遺構・遺物がほとんど見られない砦である。規模・構造・内容的には、この頃の領主の城と差がないが、集落背後の小山や氏神社を利用した小奴可城跡（山県郡北広島町）・恵下城跡（広島市安佐北区）や、村共有の炭窯や墓地などを利用した平家ヶ城跡（山県郡北広島町）・末近城跡（尾道市御調町）など、その土地・

概　論

地域の状況に応じて、既存の共有地が利用された。
(6) 国人領主の本拠

　応仁・文明の乱（15世紀後半）頃になると、西遷領主もそれぞれの地域で地位を確立し、日常的に維持・管理される本拠としての城を持つようになる。毛利氏の**郡山本城跡**（安芸高田市吉田町）、吉川氏の**小倉山城跡**（山県郡北広島町）、熊谷氏の**伊勢ヶ坪城跡**（広島市安佐北区）、宍戸氏の**五龍城跡**（安芸高田市甲田町）、山内氏の**甲山城跡**（庄原市本郷町）などである。

　これらの城は、丘陵の頂部に主郭を置き、その周囲に複数の郭を計画的に並べるもので、切岸や堀切、竪堀、土塁、通路などの造成と、建物や門、柵などの建設がみられる。出土遺物も、土器や陶磁器、鉄製品など日常的な生活道具がみられ、山城での生活があったことが知られる。16世紀になると領主権力の拡大に伴い、より機能的な場所に本拠城を移動するものや、場所は変えず、城域を拡張するものがみられ、後半には郭の拡張や直線化、枡形虎口、石垣など、時代に合わせて新技術の導入がみられる。

(7) 領主の屋敷

　国人領主層以外では、低丘陵先端を利用した館城、平地の方形館などの**屋敷**が本拠として使用された。

　館城は、村の城と同様に、低丘陵先端の背後を掘り切って単郭としたものだが、郭の規模は大きく、土塁をめぐらした内部に複数の建物や土坑、井戸などをもち、多くの出土遺物があって生活痕跡が明瞭なものである。発掘調査された**薬師城跡**（東広島市河内町）、**行武城跡**（三原市大和町）などがある。

　方形館は、館の周りに方形の堀と土塁をめぐらしたもので、**高杉城跡**（三次市高杉町）、**荒谷土居屋敷跡**（東広島市西条町）、**城仏土居屋敷跡**（同八本松町）などがある。館城と同じく、開発に係る発掘調査で明らかにされる場合が多く、現地に保存されたものを見る機会は多くない。

(8) 戦いのための臨時施設＝陣

　応仁の乱の後、芸備には周防の大内氏、出雲の尼子氏の進出があり、各地で争乱が続く。芸備の領主は、両勢力の間で自らの存続を図るが、戦乱となれば臨時的な軍事施設である**陣**を設ける。即ち、本拠を守るための**出城**と、

237

攻めるための**陣城**である。
　安芸南西部の広島市の石内川沿いには、大内氏の進出に対し、安芸分郡守護武田氏が対峙したときの陣とされる小規模で簡易な防御施設をもつ**今市城跡**、**串山城跡**、**伴城跡**、**伴東城跡**（いずれも広島市佐伯区・安佐南区）などが発掘されている。
　また、1540（天文9）年に尼子氏が毛利氏の本拠郡山城を攻めた（郡山合戦）ときの陣城である**風越山城跡**（安芸高田市吉田町）、**青山城跡**（同）は、史料とともにに現地の遺構が良好に残存している。風越山城跡は、なだらかで広大な山頂部の周りを横堀と土塁で囲んだ造りで、青山城跡は、長大な尾根上に、本拠城に劣らぬ構造の郭群を並べた城である。尼子氏は、同時期に異なった形態の陣城を造っていたことが分かる。

（9）戦国大名毛利氏に見る本拠の変遷

　戦国前期の戦乱を経るなかで、毛利氏は芸備地方を掌握する。毛利氏の本拠は4期の変遷が知られている。Ⅰ期は、南北朝期から室町期（14〜15世紀前半）で、史料に「吉田城」の記載があるが、場所は明らかではない。立てこもるための臨時施設である。国人領主であったⅡ期の戦国前期（15世紀後半〜16世紀前半）には、郡山の一部に、日常的に維持・管理される本拠である郡山本城がある。郡山合戦を経て戦国大名となったⅢ期の戦国後期（16世紀第3四半期）には、城域を郡山全域に拡張して郡山城となる。郡山城は毛利氏の権力を城に置き換えたもので、城主のいる中枢部を、家臣たちの内郭部、外郭部、周縁部で重層的に囲んだ4重構造としている。さらに、豊臣大名となったⅣ期の織豊期（16世紀末）には、本拠を吉田郡山城から平地の広島城に移している。
　こうした本拠の変遷は、吉川氏でも、庶家が分立し駿河丸城、枝の城があったⅠ期、国人領主として小倉山城を本拠としたⅡ期、日山城に移り、毛利氏権力の一翼を担ったⅢ期、豊臣大名として出雲富田城に移ったⅣ期と、毛利氏と同様の動きをみることができる。

（10）権力を示す館

　戦国後期、国人領主は権力の象徴ともなる大規模山城に居住したが、山麓に隠居所や居館を持つものもある。

概論

　吉川元春館跡（山県郡北広島町）は、1583（天正11）年、元春から元長への家督相続に伴い隠居所として建設が始まったもので、元春の死後は、元長、広家の居所となる。日山城下町の中心施設で、正面は幅110ｍ（1町）で石垣とし、中央に門を開く。館内は非日常の接客空間と日常の生活空間に分離され、建物や庭園に中世的権威を踏襲しながら石垣などの最新技術を取り入れ、権威を視覚的にも示している。

　平賀氏の本拠白山城の麓にある**御土居遺跡**（東広島市高屋町）は、間口90ｍ（50間）を石垣とし、側面を堀と土塁で画す。館内は一部しか調査されていないが、鍛冶工房とされる掘立柱建物や廃棄された土師質土器皿の集中などが発見されている。戦国後期から織豊期の館とされる。

(11) 織豊期（安土桃山時代）の城

　毛利輝元は、1582（天正10）年の備中高松城での羽柴秀吉との和睦後、次第に豊臣政権の中に組み込まれていく。**広島城**は、輝元上洛の翌年の1589（天正17）年、郡山城に代わる毛利氏の本拠として築造が始まる。当初の姿は明らかではないが、石垣による内堀・中堀・外堀に囲まれた広大なもので、縄張りや天守の建物、金箔瓦の使用など、豊臣政権の強い影響があったことがうかがえる。

　三原城は、瀬戸内海を重視した小早川隆景が、1567（永禄10）年に築城を始めたとされるが、本格的に整備されたのは、隆景が引退した1595（文禄4）年以後と考えられる。海岸を埋め立て、堀で区画した郭を連ね、舟入りを持ち、海を強く意識した城である。天守台は改修された痕跡がある。この時期、三吉氏の**比熊山城**（三次市三次町）も築造あるいは改造されている。

　これら新たに築造された城以外でも、毛利氏の郡山城、吉川氏の日山城、小早川氏の**新高山城**（三原市本郷町）など、従来からの本拠城は郭の拡張や石垣・石塁などで整備されており、本拠が移った後も使用されていた可能性が高い。また、**相方城跡**（福山市新市町）や**神辺城跡**（同神辺町）のように、従来からの城を石垣により大きく改修するものがみられるが、これらは、毛利氏領国の要衝にあるので、領国の押さえとして重視されたものと考えられる。

8 近世（江戸時代）
（1）福島正則と城

　関ヶ原の合戦（1600年）の後、芸備には毛利氏に代わって福島正則が入る。正則は広島城を本拠とし、領国の要所に支城を配置する。広島城では、それまでの城域を本川（太田川）まで広げて櫓を並べ、石垣の改修などを行っている。

　支城は、神辺、鞆、三原、三次、東城、小方に置いたが、三次の**尾関山城**、小方の**亀居城**（大竹市）以外は、従来の城を利用または石垣などで改修したものである。一部を除いて、1619（元和5）年の正則の改易と共に廃城となっている。尾関山城跡は、比熊山城山麓の小山を利用したもので、3本の川にはさまれた三次町との一体的な使用が考えられる。亀居城は、周防の毛利氏との境の水陸交通の要所に築造され、丘陵上の郭群から港湾までを一体の城とし、倭城に類似した構造をなしている。

（2）浅野氏と水野氏の城

　広島城の無断修復による福島正則の改易後、安芸には浅野氏、備後には水野氏が入る。浅野氏は広島城に入るが、その頃描かれた「正保城絵図」（1644〜48）の描写は、現在の街区に類似しており、当時の町割りは基本的に現在まで踏襲されているらしい。

　福山城は、備後に入った水野氏が海に面した福山に新たに築造したもので、低丘陵上の本丸・二の丸を内堀で囲み、外側の平地を外堀で囲む。舟入りで海とつながるほか、郭の縁辺は屈曲し、多数の櫓や出角、入角で防御を固めるなど、最新技術による堅固な城としている。

　これ以後、新たな築城はない。ただ、幕末に浅野藩支藩が置かれた吉田には、郡山城の麓に**御本館**と呼ばれる館が設けられている。

9 近代・現代（明治〜昭和時代）
（1）軍都広島の遺跡・遺産

　1888（明治21）年、広島に陸軍の第五師団が発足し、翌年、呉に海軍の呉鎮守府が開庁して、軍都広島、軍港呉の歴史が始まった。第五師団司令部庁

概論

舎は広島城本丸跡に建設され、1894（明治27）年の日清戦争直前にはここが広島大本営にあてられた。大本営建物は原爆で倒壊しているが、現在、花崗岩の精巧な切石による建物基壇と礎石が残されている。建物は当時の写真によると、木造二階建ての瓦葺き、擬洋風建築とされるもので、外壁に白く漆喰が塗られているのが特徴である。この建物基壇・礎石とほぼ同様の遺構が、本丸東側の司法書士会館新築地点の発掘調査（2006年）で検出されている。これは歩兵第十一連隊兵舎のうちの一棟に該当する建物基壇とみられ、その下部の基礎には、松杭の束、ぐり石、切石を重ねて厳重に補強された土台を造っていたことが注目される。**大本営跡**建物基壇の下部基礎も、同様かそれ以上の構造であるとみられる。

　広島市では、広島城跡周辺や宇品港にかけ、軍事機関・施設が設けられ、軍都の様相が顕著となったことは、広島特有の現象である。当時の建物は少なくなったが、軍用の牛肉缶詰工場として1911（明治44）年に建設された赤レンガ造の「陸軍糧秣宇品支廠」は、現在、広島市郷土資料館（南区宇品御幸）として利用されている。

（2）軍港呉の遺跡・遺産

　呉市では、呉鎮守府庁舎のレンガ造建物が、現在、海上自衛隊呉地方総監部の庁舎として利用され、一般公開も行われている。また、入船山公園の記念館（幸町）には、**呉鎮守府司令長官官舎**が1905（明治38）年の建築当初の状態で復元（国重文）され公開されている。1890（明治23）年に完成した**呉鎮守府水道**（二河水源池取入口）は、宮原浄水場で浄化し、海軍構内に配水した軍港水道であったが、現在は、呉市水道局の管轄のもとに、市民への一水源として利用されている。

　1903（明治36）年に設立された海軍工廠の関係施設としては、入船山記念館に移設され、現在も動いている高さ約10mの塔時計、戦艦大和を建造した造船ドック、海岸公園「アレイからすこじま」のレンガ造倉庫群や花崗岩の切石を組んだ護岸・階段などが現在も使用されている。

（3）日清戦争後の広島の防衛施設

　日清戦争後は、広島湾の防備として、元宇品（宇品島）に広島湾要塞司令

241

部が置かれ、砲台の建造など広島湾要塞が築造された。特に、厳島（宮島）と西能美島の間の厳島海峡や奈佐美瀬戸は重視され、砲台が集中的に配備されている。これらの砲台跡のうち、西能美島の**三高山砲台跡**（江田島市沖美町）は、山頂尾根に築かれた規模の大きな要塞跡で、砲台、弾薬庫、兵舎、火薬庫など諸施設がよく保存・整備されている。宮島の鷹ノ巣要塞跡も砲台跡や観測所跡などが残存しているが、整備が遅れている。

また、呉軍港の防備のため、芸予諸島も要塞地帯に指定され、竹原市忠海町に芸予要塞司令部が設置された。忠海町の南沖に浮かぶ大久野島には3か所に砲台が配備されたが、使用されることはなかった。

大久野島は、その後、陸軍造兵廠により、島全体に毒ガス製造工場や製品貯蔵庫などが建設され、極秘のうちに毒ガス兵器が製造された。戦後はほとんどの施設がとり壊されたが、**毒ガス貯蔵庫跡**の一部や**発電場跡**などは残存し、見学できる。

（4）被爆地広島を象徴する原爆ドーム

国史跡・原爆ドーム（旧広島県産業奨励館）は、広島県では最も最近の歴史遺産である。1914（大正3）年に広島県物産陳列館として建築され、1945（昭和20）年の原爆投下によって損傷・破壊したが、昭和、平成の保存修理により補強され、1995（平成7）年に史跡に指定、翌1996（平成8）年には世界遺産に登録された。指定までには、保存の賛否をめぐって論争が展開したが、今や核兵器の怖さを訴え、廃絶・恒久平和を願う、正に世界の遺産である。現在、被爆建物の多くは、老朽化ということから取り壊される状況で、保存への対応ができていない。一方、旧日本銀行広島支店や広島市レストハウス（元大正屋呉服店）、福屋百貨店、広島市江波山気象館などのように、補修されながら今も大いに活用されている施設もある。

原爆ドームは3年毎に「健康診断」が行われ、劣化の状況把握や保存対応がとられるようになった。被爆建物は、現在は文化財として指定することはむずかしいようであるが、広島ならではの歴史遺産であり、何とか補修・改修を行い、保存・活用の方向を探る努力が必要である。

〈附編〉 広島県の中世城館跡の分類と編年

1 城館跡の分類

　県内約1300か所の城館跡と発掘調査された約120か所の城館跡のデータを分析すると次のようになる。

　規　模　3,000㎡未満＝55％、12,000㎡未満＝34％、12,000㎡以上＝11％
　比　高　10m未満＝12％、20m未満＝10％、50m未満＝24％、50m以上＝54％
　生活度　生活の場（恒久施設）＝55％、臨時的な場（臨時施設）＝45％

　これを表にまとめ分類すると次のようになる。
　大きくは城館跡の使用形態（生活度）で二分し、それぞれを規模と比高で細分。該当欄に機能による種別を記入した。

使用形態	恒久施設			臨時施設		
比高＼規模	小	中	大	小	中	大
50m以上	城	城	城	陣	陣	陣
50m未満	城	城	城	砦・陣	陣	—
20m未満	屋敷	屋敷	平城	砦	—	—
10m未満	屋敷	屋敷	屋敷・平城	—	—	—

2 城館跡の種類と内容

　城……領主の本拠。恒常的に生活。山城の場合が多い。規模により**大規模・中規模・小規模**に細分される。(28％)
　屋敷…防御機能を備えた生活の本拠。出土遺物が多い。(24％)
　　　方形館（平地を横堀と土塁で方形に区画）、**館城**（低丘陵背後を掘り切り土塁をめぐらす）、**館**（正面に石垣を持つ大きな屋敷・主にⅣ期）
　平城…水堀や石垣で画した複数の大きな郭を持つ。(主にⅣ期 3％)
　陣……臨時的な軍事施設。造成は不十分。(主にⅡ期。24％)
　　　出城（本城に対する支城）、**陣城**（城攻めのための臨時施設）
　砦……生活感のない小さな臨時施設。施設は貧弱。(主にⅠ・Ⅱ期。21％)

243

3 城館跡の編年

年代の区分け　政治や社会の状況から次の4期に区分けする。

Ⅰ期＝南北朝・室町期（15世紀前半以前）、Ⅱ期＝戦国前期（15世紀後半〜16世紀前半）、Ⅲ期＝戦国後期（16世紀後半）、Ⅳ期＝織豊期（16世紀末）

城館跡の使用年代　遺構・遺物による考古学的年代に同時代史料による年代を加えて使用年代を特定する。

時期別の出現比率（発掘調査データ・不明20％を除く）

Ⅰ期＝15％、Ⅱ期＝67％、Ⅲ期＝11％、Ⅳ期＝7％、

種類別の出現比率（％）

	城	屋敷	平城	陣	砦
Ⅰ期	18	46	−	−	36
Ⅱ期	31	17	2	35	15
Ⅲ期	75	25	−	−	−
Ⅳ期	13	37	50	−	−

4 城館跡の編年からわかること

- 城館跡はⅠ期から見られるがⅡ期に最も増加（67％）し、その後減少する。
- 城はⅠ期からⅢ期まで小規模城から大規模城へと変遷。Ⅱ期に定着・増加する。Ⅲ期には大規模城に集約。比率の増加は陣・砦の減少に伴う相対的なもの。Ⅳ期には著しく減少。長期に使用されるものもある。
- 屋敷は全時期を通じ安定的に見られる。Ⅰ・Ⅱ期の方形館・館城には地域性があり、館はⅣ期が中心。
- 平城はⅣ期に現れ近世に続く。
- 陣はⅡ期に集中して見られる。出城には本拠城に付属するもののほか、領地の境界、交通の要所の見張りなどがある。
- 砦はⅠ期に特徴的に見られる。規模・構造の類似するものは多い。
- 出現状況の差は、①領主の本拠である城・屋敷・平城と②戦時の施設である陣、③村とのかかわりが深い砦、という性格の違いに起因する。

附編

	城	屋敷	平城	陣	砦
Ⅰ期 (南北朝・室町期)	恵下城跡	三太刀遺跡	―	(―)	恵下城跡　平家ヶ城跡
Ⅱ期 (戦国前期)	郡山城跡(本城)	薬師城跡　寺家城跡	―	三ツ城跡　串山城跡	小奴可城跡　月見城跡
Ⅲ期 (戦国後期)	日山城跡(部分)	荒谷土居屋敷跡	―	(―)	―
Ⅳ期 (織豊期)	(―)	吉川元春館跡	広島城跡(部分)	―	―

広島県の中世城館跡の分類と変遷 (約1:10,000)

245

主要な遺跡の略年表

	（安芸地域）	（備後地域）
旧石器時代（～1万年前）		和知白鳥
後期（25000年前～）	冠（石器製作）	下本谷
	西ガガラ（住居）	
	地宗寺	宮脇（細石器～縄文早）
縄文時代（～2800年前）		
草創期		馬渡（旧石器～縄文前）
早期	西ガガラ（住居）	観音堂洞窟（全期層）
		寄倉岩陰（全期層）
前期（6000年前～）		
中期	山中池南	大門（貝塚、～晩）
		大田（貝塚・埋葬）
		陽内
後期（4000年前～）	比治山（貝塚）	洗谷（貝塚）　芋平
		馬取（貝塚）
晩期	中山（貝塚）	神谷川
弥生時代（～3世紀後半）		
前期（前800-300年～）	中山（貝塚）	亀山（環濠）
		大宮（環濠）
中期	黄幡1号	御領（環濠）
	木の宗山（銅鐸・銅剣・銅戈が伴出）	

略年表

後期		浄福寺2号（住居・墳墓） 西本6号（住居・墳墓） 恵下山　毘沙門台 西願寺山（墳墓） 梨ヶ谷（住居・墳墓）	神谷川	塩町（住居） 陣山（四隅） 佐田谷（四隅） 花園（墳墓） 矢谷（四隅）

古墳時代（3世紀後半～7世紀半ば）			
前期（4世紀）	中出勝負峠8号 甲立（前方後円） 宇那木山2号（前方後円） 中小田1号（前方後円か） 山武士塚1号（前方後円） 弘住1号（前方後円）		大迫山1号（前方後円） 辰の口（前方後円） 尾ノ上（前方後円） 潮崎山（前方後円か） 石鎚山1号 掛迫6号（前方後円か）
中期（5～6世紀前葉）	三ッ城（前方後円）		亀山1号　兜山 浄楽寺12号 糸井大塚（帆立貝） 三玉大塚（帆立貝）
後期（6世紀～7世紀前葉）	湯釜（前方後方） 助平 畝観音免1・2号 給人原 梅木平　戸島大塚（方） 貞丸　　山部大塚		山の神 二子塚（前方後円） 二塚　　迫山1号 大迫金環塚 唐櫃（前方後円） 黒谷暮坪1号
終末期（7世紀中葉～8世紀初頭）	御年代（方か）		大坊　　神田2号 大佐山白塚（方） 猪の子1号（横口式石槨）

		曽根田白塚（横口式石槨）	
		尾市1号　（八角）	
		（横口式石槨）	
飛鳥時代 （7世紀〜710年）	横見廃寺 明官地廃寺 西本6号（神社祭祀）	寺町廃寺（法起寺式） 伝吉田寺（法起寺式） 小山池廃寺 宮の前廃寺（法起寺式）	
奈良・平安時代 （710〜1185年）	安芸国分寺 下岡田（安芸駅館）	備後国分寺 ツジ（備後国庁） 下本谷（三次郡衙）	
鎌倉〜安土桃山時代 　南北朝・室町 　　（〜15世紀前半） 　戦国前期 　（15世紀後半〜 　　　16世紀前半） 　戦国後期 　　（16世紀後半） 　安土桃山　（16世紀末）	駿河丸城　　御薗宇城 枝の城 郡山本城　　木村城 小倉山城　　白山城 伊勢が坪城　鏡山城 五龍城 銀山城 猿掛城 郡山城　　　頭崎城 日山城 今田氏館 高松城 吉川元春館 広島城 万徳院	三太刀（館） 高山城　　比叡尾山城 神辺城　　高杉城 一乗山城　甲山城 　　　　　南天山城 新高山城　大富山城 　　　　　五品嶽城 三原城　　比熊山城 相方城	

略年表

江戸時代	広島城	福山城　六の原製鉄
（1603〜1867年）	亀居城	堂々川砂留
		金名の郷頭　古家真屋敷
明治・大正・昭和時代	広島大本営	
	三高山要塞　鷹ノ巣要塞	
	高烏要塞	
	大久野島要塞	
	大久野島毒ガス	
	原爆ドーム	

＜表について＞

- 時代・時期がまたがっている遺跡については、主となる時期に位置付けています。
- 縄文時代の（全期層）は、縄文時代全時期の堆積土層をもつことを示します。
- 弥生時代の（環濠）は環濠（溝）集落、（四隅）は四隅突出型墳墓です。
- 古墳時代については、古墳（墳墓）のみを取りあげました。
- 古墳の墳形については、前方後円墳、前方後方墳、帆立貝形墳、方墳、八角形墳について（　）に示しました。
- 飛鳥時代の（法起寺式）は、西に金堂、東に塔の伽藍配置が確認されている寺院跡に記しています。
- 鎌倉〜安土桃山時代については、城館跡を中心に取りあげました。
- 明治〜昭和（20年まで）時代は、戦争関係遺跡をあげています。

詳しく知る参考文献（参考となる文献）

<旧石器・縄文・弥生時代>

1 川越哲志「広島県福田・木の宗山遺跡」『探訪　弥生の遺跡（西日本編）』有斐閣選書R 1987
　吉田　広「福田木ノ宗山の遺跡と銅剣・銅戈－広島の武器形青銅器・補遺」『考古論集』（川越哲志先生退官記念論文集）2005
2 広島県教育委員会『高陽新住宅市街地開発事業地内埋蔵文化財発掘調査報告』1977
3 広島県教育委員会『西願寺遺跡群－広島市高陽町矢口所在遺跡群の調査概報－』1974
4 広島大学環境保全委員会埋蔵文化財調査室『広島大学東広島キャンパス埋蔵文化財発掘調査報告書Ⅱ－ががら地区の調査－』2004
5 帝釈峡遺跡群発掘調査団編『帝釈峡遺跡群』亜紀書房 1976
　潮見　浩『帝釈峡遺跡群』（吉備考古ライブラリー・3）吉備人出版 1999
　河瀬正利「帝釈峡遺跡群」『考古学から見た地域文化』渓水社 1999
　河瀬正利『中国山地の縄文文化－帝釈峡遺跡群－』新泉社 2007
6 広島県教育委員会・（財）広島県埋蔵文化財調査センター『松ヶ迫遺跡群発掘調査報告』1981
　加藤光臣「矢谷墳墓群（国史跡「矢谷古墳」）について」『芸備』第25集（特集・広島県の弥生時代墳墓）1996
　加藤光臣「矢谷弥生墳墓群（国史跡「矢谷古墳」）の歴史的意義」『芸備』第39集 2011
7 三次市教育委員会『史跡　花園遺跡－調査と整備－』1979
　伊藤　実「花園遺跡」『三次市史Ⅱ』（遺跡・山城編）2004
8 （財）広島県埋蔵文化財調査センター『佐田谷墳墓群』1987
　妹尾周三「佐田谷墳墓群の調査」『芸備』第25集（特集・広島県の弥生時代墳墓）1996

<古墳時代>

9 妹尾周三「広島市安佐北区湯釜古墳について」『芸備』第16集 1985
10 広島県安芸郡海田町教育委員会『畝観音免古墳群』1979
　河瀬正利「畝観音免古墳群」『芸備』第26集（特集・横穴式石室の地域相）1997
　脇坂光彦「広島湾周辺の横穴式石室と安芸国の成立」『考古論集』（河瀬正利先生退官記念論文集）2004
11 広島県立可部高等学校史学研究部『はにわ』10～13号 1971～74

参考文献

井出三千男・善入義信編『可部古墳群－目で見る給人原古墳群－』1974
高下洋一「給人原古墳群について」『芸備』第 26 集（特集・横穴式石室の地域相）1997
12 脇坂光彦・安間拓巳「中馬八ッ塚古墳群の測量調査報告」『芸備』第 38 集（特集・古墳の地域相研究 3）2010
脇坂光彦・安間拓巳「中馬八ッ塚 5 号古墳の測量調査報告」『芸備』第 41 集（特集・考古学から探る地域相 2）2012
13 脇坂光彦・小都　隆「山部大塚古墳の測量調査」『芸備』第 11 集 1981
14 小都　隆・松井輝昭「原始・古代の向原」『向原町誌』上巻（向原町誌編さん委員会編）1992
15 東広島市教育委員会『史跡三ッ城古墳－発掘調査と整備の記録－』1995
財団法人東広島市教育文化振興事業団『史跡三ッ城古墳発掘調査報告書－史跡三ッ城古墳保存整備事業に係る発掘調査－』2004
脇坂光彦「三ッ城古墳研究ノート」『芸備』第 24 集 1995
16 藤田　等・本村豪章「竹原周辺の考古学的考察」『竹原市史』第 2 巻　論説編 1963
17 福井万千「原始・古代編」『三原市史』上巻 1977
18 本村豪章「後期古墳の一様相－安芸・御年代古墳を中心として－」『考古論集』（慶祝松崎寿和先生六十三歳論文集）1977
脇坂光彦「御年代古墳」『探訪　日本の古墳（西日本編）』有斐閣選書 1981
脇坂光彦「石室の特徴からみた御年代古墳の性格」『芸備古墳文化論考』1985
妹尾周三「古墳時代終末期の安芸地方－御年代古墳と竜山石製の家形石棺を中心として－」『芸備』第 24 集 1995
脇坂光彦「御年代古墳の測量調査報告」『芸備』第 36 集（特集　古代遺跡の地域相研究）2008
19 脇坂光彦・田邊英男「黒谷暮坪 1 号古墳の調査報告」『芸備』第 19 集 1988
20 脇坂光彦「神田 2 号古墳の測量調査」『芸備』第 18 集 1987
脇坂光彦「軸式扉石をもつ終末期古墳の一例」『考古学と地域文化』（同志社大学考古学シリーズⅢ）1987
21 神石町教育委員会・広島大学文学部考古学研究室『広島県神石郡神石町辰の口古墳』1995
22 脇坂光彦「八鳥塚谷横穴墓群の測量調査」『芸備』第 14 集 1984
23 脇坂光彦「庄原市明賀古墳の測量調査」『芸備』第 22 集 1992
稲垣寿彦「唐櫃古墳を掘る」『みよし風土記の丘』No.49　1994

稲垣寿彦「広島県史跡「唐櫃古墳」の調査」『芸備』第26集（特集・横穴式石室の地域相）1997
庄原市教育委員会『広島県史跡　唐櫃古墳』2000
24　広島大学文学部考古学研究室『広島県庄原市掛田町旧寺古墳群測量報告』1983
25　桑原隆博「粟屋高塚古墳」『三次市史Ⅱ』（遺跡・山城編）2004
26　伊藤　実「岩脇古墳」『三次市史Ⅱ』（遺跡・山城編）2004
27　伊藤　実「浄楽寺・七ッ塚古墳群」『三次市史Ⅱ』（遺跡・山城編）2004
植田千佳穂「史跡浄楽寺・七ッ塚古墳群測量調査報告Ⅱ」『広島県立歴史民俗資料館研究紀要』第5集 2005
植田千佳穂「三次地域の大古墳群－浄楽寺・七ッ塚古墳群を中心として－」『芸備』第33集（特集　古墳の地域相研究1）2006
28　広島県双三郡吉舎町教育委員会『三玉大塚－調査と整備－』1983
29　神辺町教育委員会「迫山第1号古墳発掘調査概報」『神辺町埋蔵文化財調査報告』Ⅲ 1983
30　広島県教育委員会・（財）広島県埋蔵文化財調査センター『石鎚山古墳群』1981
福山市文化財協会『福山市加茂町石鎚山古墳群』1981
31　広島県立府中高等学校生徒会地歴部『古代吉備品治国の古墳について』1967
32　篠原芳秀・新谷武夫「広島県史跡・猪の子古墳について」『芸備』第2集 1974
33　備陽史探訪の会『掛迫第6号古墳墳丘測量調査報告書』2001
篠原芳秀「掛迫6号古墳について」『芸備』第38集（特集　古墳の地域相研究3）2010
34　脇坂光彦「山の神古墳出土の馬具」『地歴』第9号（広島県立府中高等学校地歴部）1981
35　脇坂光彦「二子塚古墳の特色・保存」『芸備』第33集（特集　古墳の地域相研究1）2006
福山市教育委員会『広島県史跡二子塚古墳発掘調査報告書』2006
福山市教育委員会・福山市文化財協会『国指定史跡二子塚古墳－福山市駅家町所在－』2009
36　篠原芳秀「大迫金環塚古墳」『探訪・広島の古墳』1991
37　脇坂光彦「大佐山白塚古墳研究メモ」『芸備』第8集 1979
脇坂光彦「大佐山白塚古墳研究メモ補遺」『芸備』第10集 1980
38　脇坂光彦「広島県下における終末期古墳の一例－尾市1号古墳について－」『古代学研究』第95号 1980
新市町教育委員会『尾市1号古墳発掘調査概報』1985
福山市教育委員会『尾市1号古墳発掘調査報告書』2008
脇坂光彦「広島の終末期古墳研究その後」『古代学研究』第180号（森浩一先生傘寿記念論文集）2008

39　脇坂光彦「曽根田白塚古墳の測量調査」『草戸千軒』No.102　1981
40　上下町教育委員会『広島県上下町南山古墳』1991

<古　代>

41　広島県教育委員会『安芸国分寺跡－第1～3次調査概報－』1970～72
　　財団法人東広島市教育文化振興事業団『史跡安芸国分寺跡発掘調査報告書』1999
　　財団法人東広島市教育文化振興事業団『史跡安芸国分寺跡発掘調査報告書Ⅱ～Ⅸ』2000～07
　　財団法人東広島市教育文化振興事業団『阿岐のまほろば特集号　史跡安芸国分寺跡－出土木簡とその概要』2001
　　東広島市教育委員会『国分寺造営の謎を探る－安芸国分寺出土木簡は語る－』（第8回　安芸のまほろばフォーラム記録集）2003
42　広島県教育委員会『下本谷遺跡発掘調査概報』1980
　　広島県教育委員会『下本谷遺跡第2～5次発掘調査概報』1981～84
　　妹尾周三「下本谷遺跡」『三次市史Ⅱ』（遺跡・山城編）2004
43　三次市教育委員会『備後寺町廃寺－推定三谷寺跡第1～3次発掘調査概報』1980～82
　　広島県立歴史民俗資料館『ひろしまの古代寺院寺町廃寺と水切り瓦』（平成10（1998）年度考古企画展）1998
　　妹尾周三「寺町廃寺」『三次市史Ⅱ』（遺跡・山城編）2004
44　福山市教育委員会・福山市文化財協会『史跡宮の前廃寺跡－調査と整備－』1977

<中　世>

45　広島県教育委員会『広島県中世城館遺跡総合調査報告書』第1集1993
46　広島県教育委員会『広島県中世城館遺跡総合調査報告書』第2集1994
47　広島県教育委員会『広島県中世城館遺跡総合調査報告書』第3集1995
48　広島県教育委員会『広島県中世城館遺跡総合調査報告書』第4集1996
49　篠原達也「熊谷氏の高松城跡－遺構の概観と史料の再検討について－」『芸備地方史研究』221　2000
50　広島県教育委員会『小倉山城跡－第1次発掘調査概要－』2001
　　広島県教育委員会『小倉山城跡発掘調査報告書・小倉山城跡の研究』2002
　　北広島町教育委員会『史跡吉川氏城館跡　小倉山城跡整備事業報告書』2006
　　小都　隆『吉川氏城館跡－中世安芸の城と館－』（日本の遺跡33）同成社2008
　　平川孝志「小倉山城跡の登城路」『芸備』第37集（特集　遺構から見た芸備の城館跡）2009
51　広島県教育委員会『吉川元春館跡－第1～5次発掘調査概要－』1996～2000

広島県教育委員会『吉川元春館跡の研究』2001
　　　北広島町教育委員会『史跡吉川氏城館跡　吉川元春館跡整備事業報告書』2007
　　　小都　隆『吉川氏城館跡－中世安芸の城と館－』（日本の遺跡33）同成社2008
　　　佐藤大規「城館跡の建物－吉川元春館の構造に関する考察－」『芸備』第37集（特集　遺構から見た芸備の城館跡）2009
52　広島県教育委員会『史跡吉川氏城館跡　万徳院跡－第1〜3次発掘調査概要－』1993〜95
　　　広島県教育委員会『万徳院跡の研究』2000
　　　千代田町教育委員会『史跡吉川氏城館跡　万徳院跡整備事業報告書』2002
　　　小都　隆『吉川氏城館跡－中世安芸の城と館－』（日本の遺跡33）同成社2008
53　豊平町教育委員会『坤東製鉄遺跡』1997
54　岸田裕之「広島県史跡　今田氏城館跡」『広島県文化財ニュース』127　1990
55　吉田町教育委員会『史跡毛利氏城跡保存管理計画策定報告書』1988
　　　小都　隆「郡山城」『季刊考古学』26（戦国考古学のイメージ）1989
　　　木村信幸「郡山城と城下町吉田」『中国の盟主・毛利元就』ＮＨＫ出版1997
　　　小都　隆「郡山城の構造的研究」『中世城館跡の考古学的考察』渓水社2005
　　　川尻　真「郡山城下町の調査」『芸備』第37集（特集　遺構から見た芸備の城館跡）2009
　　　安芸高田市教育委員会・財団法人安芸高田市地域振興事業団『郡山城跡（西谷地点）』2009
56　千代田高等学校地理歴史部『山城－広島県西部における中世城郭の調査』1979
　　　表　邦男「五龍城」『図説中世城郭事典』3　1987
57　東広島市教育委員会『広島県史跡鏡山城跡調査報告』1987
　　　東広島市教育委員会『鏡山城　その歴史と意義－大内氏の地方支配を探る－』（第5回安芸のまほろばフォーラム資料）1999
58　松村昌彦「御薗宇城跡」『広島県の主要城跡』（芸備友の会）1983
　　　東広島市教育委員会『頭崎城跡発掘調査報告書』1992
59　太田雅慶「竹原小早川氏と木村城跡」『広島県文化財ニュース』63　1974
60　三原市『三原市史』第1巻　通史編Ⅰ1977
　　　三原市教育委員会『史跡小早川氏城跡（妻高山城跡）保存管理計画策定報告書』1984
61　西本省三「新高山城の現状とその考察」『広島県文化財ニュース』64　1975
　　　三原市『三原市史』第1巻　通史編Ⅰ1977
　　　村田修三「新高山城」『図説中世城郭事典』3　1987
62　小都　隆「県史跡　五品嶽城跡」『広島県文化財ニュース』114　1987

参考文献

63　西城町教育委員会『広島県比婆郡大富山城跡』1984
64　谷本　寛「山内首藤氏の甲山城について」『芸備地方史研究』221　2000
65　村田修三「日熊山城跡」『図説中世城郭事典』3　1987
　　新祖隆太郎「比熊山城跡」『三次市史Ⅱ』（遺跡・山城編）2004
66　小都　隆「高杉城跡」『広島県文化財ニュース』1041983
　　小都　隆「三次市高杉城跡について」『芸備』第29集 2000
67　国立歴史民俗博物館　共同研究「中世荘園の現地調査－太田荘の石造遺物」『国立歴史民俗博物館研究報告』第9集 1986
68　小都　隆『広島県相方城跡の研究』（『芸備』第7集）1979
　　小都　隆「相方城跡の研究その後」『芸備』第24集 1995
　　楠見　久・片山貞昭「相方城跡の石垣」『芸備』第24集 1995
　　中井　均「相方城石垣についての考察」『中世城郭研究』9 1995
　　（財）広島県埋蔵文化財調査センター『城山－新市地区土地造成事業に伴う発掘調査報告書－』1996
　　尾多賀晴悟「相方城跡発掘調査の速報」『芸備』第28集（特集　広島県の中世城館）1998
　　新市町教育委員会『広島県史跡相方城跡－環境整備事業（発掘調査）報告書』2002
69　神辺町教育委員会『神辺城跡発掘調査報告』（神辺町文化財シリーズNo.4）1977
　　神辺郷土史研究会『神辺城の歴史－神辺の歴史と文化第6号－』1978
　　佐藤昭嗣「神辺城の頃－備後の拠点都市を探る－」（菅茶山遺芳顕彰会）2003
70　松下正司編『草戸千軒町遺跡』日本の美術No.215　至文堂 1984
　　広島県草戸千軒町遺跡調査研究所『草戸千軒町遺跡発掘調査報告Ⅰ～Ⅴ』1993～96
　　松下正司編『よみがえる中世8－埋もれた港町　草戸千軒・鞆・尾道』平凡社 1994
　　岩本正二『草戸千軒』（吉備考古ライブラリー・6）吉備人出版 2000
　　鈴木康之『中世瀬戸内の港町－草戸千軒町遺跡－』新泉社 2007
71　志田原重人「渡辺氏と草戸千軒」『草戸千軒』109　1982

<近　世>

72　六の原製鉄場跡発掘調査団『広島県史六の原製鉄場跡－調査と整備の記録－』1990
　　河瀬正利「六の原たたら」『中国地方製鉄遺跡の研究』（広島大学考古学研究室編）渓水社 1993
73　比和町教育委員会『古家真』名越家総合調査－屋敷跡発掘調査報告－』2005
74　福山市教育委員会「金名の郷頭第1次調査」『福山市内遺跡発掘調査概要Ⅲ－2007年度（平

成19年度）－』2009
75 福山市『福山市史』上巻　1963
　　村上正名『福山城』（福山市文化財シリーズ1）1971
　　福山市教育委員会・福山市埋蔵文化財発掘調査団『福山城跡－福山駅前広場整備工事（地下送迎場）に伴う第3・4次発掘調査報告書－』2010
　　福山市教育委員会『福山城跡－福山駅前広場整備工事（地下送迎場）に伴う第5次発掘調査報告書－』2010
76 三原市『三原市史』第1巻　通史編1　1977
　　財団法人広島県埋蔵文化財調査センター『三原城跡』1997
77 大竹市教育委員会『芸州亀居城跡－第1・2次発掘調査報告』1980
78 広島県教育委員会『広島城外郭櫓跡発掘調査概報』1980
　　広島市教育委員会『史跡広島城跡二の丸第1・2次発掘調査報告』1988・1989
　　広島市「城下町広島」・「広島城の四〇〇年」『図説広島市史』1989
　　財団法人広島市歴史科学教育事業団『広島城中堀跡発掘調査報告』1992
　　財団法人広島市歴史科学教育事業団『広島城外堀跡西白島交差点地点』1993
　　財団法人広島市文化財団『広島城跡基町高校グラウンド地点』1999
　　財団法人広島市文化財団『広島城跡太田川河川事務所地点』2006
　　株式会社パスコ・財団法人広島市文化財団『広島城跡司法書士会館新築地点発掘調査報告書』2007
　　株式会社パスコ・財団法人広島市文化財団『広島城跡八丁堀地点発掘調査報告書』2010
　　国土交通省中国地方整備局・株式会社パスコ『広島城跡上八丁堀地点－広島合同5号館埋蔵文化財調査にかかる発掘調査報告書－』2010

＜近代・現代＞
79 広島県教育委員会『広島県の近代化遺産－広島県近代化遺産（建造物等）総合調査報告書－』1998
　　十菱駿武・菊池　実『しらべる戦争遺跡の事典』柏書房 2002
　　戦争遺跡保存全国ネットワーク編『日本の戦争遺跡』平凡社新書 2004
　　奥本　剛『呉・江田島・広島　戦争遺跡ガイドブック』光人社 2009

参考文献

［追　補］　次の参考文献を合わせてご利用ください。
　＜古墳など＞
　　A　脇坂光彦・小都隆企画・編『探訪・広島の古墳』1991
　＜城館跡など＞
　　B　芸備友の会『広島県の主要城跡』（『芸備』第13集）1983
　　C　西本省三・葛原克人編『日本城郭大系第13巻　広島・岡山』新人物往来社 1980
　　D　小都　隆『中世城館跡の考古学的研究』渓水社 2005
　＜旧石器～古代全般の遺跡など＞
　　E　広島県『広島県史（考古論）』1979
　　F　松崎寿和『広島県の考古学』郷土考古学叢書8　吉川弘文館 1981
　　G　森浩一企画　脇坂光彦・小都隆共著『日本の古代遺跡　26　広島』保育社 1986
　＜全時代についての考古学から見た論説・視点＞
　　H　脇坂光彦・小都隆編『考古学から見た地域文化－瀬戸内の歴史復元－』渓水社 1999

広島県の主要河川と代表的遺跡などの略位置

○（遺跡等） 1 木の宗山遺跡 2 帝釈寄倉岩陰遺跡 3 矢谷墳墓 4 寺町廃寺跡
　　　　　　5 安芸国分寺跡 6 三高山要塞跡 7 大久野島戦争遺跡 8 草戸千軒町遺跡
● （古墳） 1 畝観音免古墳群 2 三ッ城古墳 3 戸島大塚古墳 4 甲立古墳
　　　　　　5 浄楽寺・七ッ塚古墳群 6 三玉大塚古墳 7 御年代古墳 8 尾市1号古墳
　　　　　　9 二子塚古墳　　▲（中世城館跡） 1 小倉山城跡 2 吉川元春館跡
　　　　　　3 郡山城跡 4 鏡山城跡 5 木村城跡 6 高山城・新高山城跡
　　　　　　7 大富山城跡 8 五品嶽城跡 9 相方城跡　　□A 広島城跡　B 福山城跡

あとがき

　本書で紹介した遺跡・文化財は、主要遺跡のごく一部ではありますが、利用していただくなかで、それぞれの地域には、多くのすぐれた文化遺産が身近に存在しているのだということを、改めて認識していただけると思います。
　これらの遺跡は、見学しやすいように公有地化されたものもありますが、多くは私有地です。付近の皆さんに迷惑とならないよう、探訪の際は立入りや駐車などに留意しましょう。
　また、季節によっては、ハチ（特にスズメバチ）やヘビ、イノシシなどへの注意・対策も必要です。
　遺跡・文化財のなかには、例えば、古墳や城館跡などのように、周囲の自然と調和しながら、各地域でのシンボル的遺産となっているものが少なくありません。このような遺跡は、それが営まれた当時の権力層・有力者層、技術者、地域住民など、先人達の様々な英知が結集されて創出された歴史的文化です。遺跡（遺構）の規模が大きければ大きいほど、より多くの人々が参画して造り出されていることでしょう。
　地域や郷土の歴史を探求していこうとするとき、まず、近くの遺跡・文化財が確かな資料です。そこには、文献（歴史書）には書かれていない歴史事実が隠されています。「百聞よりも一見」、再発見に出かけてみてください。
　おわりに、遺跡の現地踏査や執筆にあたり、内田　実（福山市）、加藤光臣（三次市）、後藤研一（広島市）の方々（敬称略）に御協力いただきました。深謝いたします。

　　2013（平成25年）5月

　　　　　　　　　　　　　　　　　　　　　　　　　脇坂光彦・小都　隆

編著者紹介

脇坂　光彦（わきさか　みつひこ）
1945 年　広島県東広島市生まれ
同志社大学文学部文化学科卒業
日本考古学協会会員

小都　隆（おづ　たかし）
1946 年　広島県安芸高田市生まれ
広島大学大学院文学研究科修士課程修了
日本考古学協会会員、博士（文学）

共同の編著書

『日本の古代遺跡　26　広島』（保育社、1986 年）
『探訪・広島の古墳』（芸備友の会、1991 年）
『考古学から見た地域文化－瀬戸内の歴史復元－』（渓水社、1999 年）
広島の地域考古学の研究会である「芸備友の会」を協同で運営。機関誌『芸備』を定期的に刊行し（現在、第1～41集を発刊）、遺跡・文化財の研究情報を提供している。

百聞よりも一見
探訪・広島県の考古学

発　行　平成 25 年 8 月 10 日
編著者　脇坂光彦・小都　隆
発行所　㈱渓水社
　　　　広島市中区小町 1-4
　　　　電　話（082）246-7909
　　　　FAX（082）246-7876
　　　　E-mail：info@keisui.co.jp
　　　　Ｕ Ｒ Ｌ：http://www.keisui.co.jp

ISBN978-4-86327-224-8　C0020

図書のご案内

考古学から見た地域文化

脇坂光彦・小都 隆 著／Ａ５並製・340頁／3700円

序章　考古学から見た地域文化
一　広島県における旧石器時代石器群
二　神戸平野の環濠集落
三　広島県前期古墳出土の特徴ある青銅鏡について
四　古式古墳群について——三次地域における様相——
五　吉備西部の横穴式石槨と首長墓
六　広島の古瓦
七　「物」としてみた広島の古代木簡
八　古代・中世の製鉄
九　古代の塩づくり
十　草戸千軒町遺跡と瀬戸内の港
十一　瀬戸内の中瀬土器——吉備地域の土師質土器を中心に——
十二　芸備の小規模城
十三　広島県内における石造物研究の現状と課題
十四　近世の製鉄
十五　近世街道・石畳遺跡の調査と保存・活用
十六　原爆ドームと被爆建物群

【コラム】1.帝釈狭遺跡群／2.宮脇遺跡と細石器／3.サヌカイト、安山岩と黒曜石／4.中小田古墳群／5.三ツ城古墳／6.製鉄用の木炭窯／7.沖浦遺跡／8.万徳院跡の庭園／9.広島城跡

サヌカイトと先史社会

竹広文明　著／Ａ５上製・350頁／8000円

旧石器時代、縄文時代、弥生時代のサヌカイト利用状況と石材原産地、その採取および入手、石器製作、先史社会の諸段階を多くの図表を駆使して通史的に検討する。

日本古代鉄器生産の考古学的研究

安間拓巳　著／Ｂ５並製・296頁／6500円

鍛冶遺構を網羅的に収集・分析、文献史料からの検証と金属学的な化学分析の成果を援用して古代の鉄器生産の実相を把握。鉄・鉄器の流通と鍛冶技術の伝播・専業化を検証する。